Cross-Border E-Commerce
Live Streaming Course

跨境电商直播教程

丁　瑾◎编著

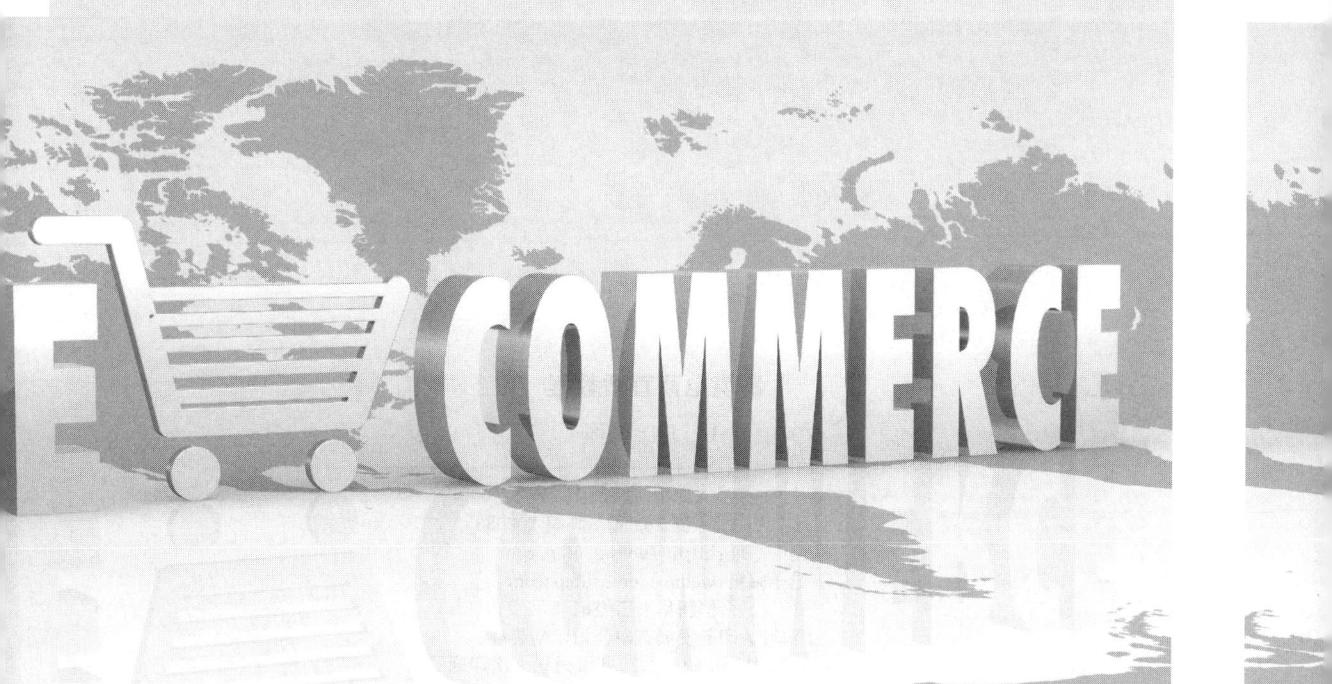

上海财经大学出版社
SHANGHAI UNIVERSITY OF FINANCE & ECONOMICS PRESS

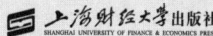

本书由上海财经大学浙江学院发展基金资助出版

图书在版编目(CIP)数据

跨境电商直播教程 / 丁瑾编著. -- 上海：上海财经大学出版社, 2024. 11. -- ISBN 978-7-5642-4414-9

Ⅰ. F713.365.2

中国国家版本馆 CIP 数据核字第 2024F8K802 号

□ 责任编辑　肖　蕾
□ 封面设计　张克瑶

跨境电商直播教程

丁　瑾　编著

上海财经大学出版社出版发行
(上海市中山北一路 369 号　邮编 200083)
网　　址：http://www.sufep.com
电子邮箱：webmaster@sufep.com
全国新华书店经销
上海叶大印务发展有限公司印刷装订
2024 年 11 月第 1 版　2025 年 6 月第 2 次印刷

787mm×1092mm　1/16　14.25 印张　285 千字
定价：46.00 元

前　言

党的二十大报告指出："推动货物贸易优化升级，创新服务贸易发展机制，发展数字贸易，加快建设贸易强国。"跨境电商作为近年来数字贸易的发展载体，极大地推动了数字中国建设，成为推动建设贸易强国的新动能。作为跨境电商新风向的跨境电商直播更是顺势而起，助推着外贸数字化的跃升发展。

2016 年被认为是国内直播电商元年，以淘宝、京东等为首的电商平台开创了国内直播领域的全新分支——电商直播。根据中国互联网信息中心（CNNIC）2024 年 3 月发布的《第 53 次中国互联网络发展状况统计报告》，截至 2023 年 12 月，我国网民总数已达 10.92 亿，其中，网络直播用户规模达到了 8.16 亿人，占据了网民整体的 74.7%。在这一庞大的用户群体中，电商直播用户规模为 5.97 亿人，占比网民整体的 54.7%。随着用户数量的持续增长，直播电商市场规模也呈现出迅猛扩张的态势。据相关研究机构估算，2023 年我国直播电商市场的总规模达到了 4.9 万亿元，与上一年相比实现了 35% 的同比增长。

"加快建设贸易强国"的提出，"一带一路"高质量发展的推进，便利通关、扩大自贸区范围、优惠税收等政策的相继出台，以及大数据、云计算等新兴技术的兴起，一定程度上激励了多方市场主体纷纷下海，入局跨境电商直播，他们希望将国内成熟的直播电商模式复制到跨境电商领域，实现货通全球。"直播＋电商"的新零售业态在国内加速兴起，加之近年来线下外贸渠道严重受挫，而线上跨境电商销售额却不断增长，这促使海外商家纷纷涉足"跨境直播"新领域以寻求出路。

跨境电商直播行业的飞速发展，也使得社会对具备国际经济贸易、跨境电商、商务英语、国际营销、网络运营等专业背景的复合型人才的需求量猛增。同时，为了顺应融媒体技术发展趋势，高校教学将课程与实践相结合，培养学生创新创业能力，推动校企"双主体"合作育人，为地方跨境电商企业培养直播行业人才。在立德树人根本任务的驱动下，我们联合企业、职业培训机构、高校，以校企双元育人、培养跨境电商直播行业应用型技术技能人才为目标，共同策划编写了本书，以期让跨境电商直播行业的新手们系统、快速地掌握相关技能。

本书从实战角度出发，注重经验传授和创业指导，通过三大部分共十章内容的编排，深入浅出地讲解了跨境电商直播领域的相关要领。第一部分为跨境电商直播认知，包括第一章跨境电商直播概述和第二章跨境电商直播平台概述。第二部分为跨境电商直播人、货、场安排，包括第三章至第八章，涉及跨境电商直播间打造、直播选品、主播人设打造、直播脚本、直播话术和直播复盘六大主体内容。第三部分为跨境电商直播平台实操，包括第九章和第十章，选择了 TikTok 和亚马逊两大具有代表性的跨境电商直播平台，实操性地讲解了两大平台从注册、开播到直播运营的相关知识。本书可以帮助新手们高效入行并赢得竞争，最终实现自我价值。本书也适用于相关专业院校教学、行业企业员工培训、岗位技能认证培训等。

本书由丁瑾担任主编，负责内容框架设计和书稿统筹，各章节纂稿人分工如下：上海财经大学浙江学院姜艳艳负责第一、二章；浙江永乐项目管理有限公司黄剑波负责第三章；上海财经大学浙江学院王颖负责第四章；上海财经大学浙江学院丁瑾负责第五、八、十章；金华开放大学盛钿添负责第六章；上海财经大学浙江学院叶君红负责第七章；金华市菁英职业技能培训学校吴栋梁负责第九章。

在此谨向相关作者表达由衷的谢意！同时，我们对浙江师范大学电子商务研究与发展中心主任、思睿智训董事长邹益民博士对本书的指导表示感谢！本教材的出版得到了上海财经大学浙江学院发展基金的资助。

由于跨境电商直播行业仍处于快速发展阶段，因此我们应当与时俱进，适时地修订内容。由于受篇幅限制，加之编者的学识水平有限，本书难免存在疏漏和不足之处，恳请读者指正。

编　者

2024 年 9 月

目 录

第一部分 跨境电商直播认知

第一章 跨境电商直播概述 / 3
第一节 跨境电商直播发展历程及现状 / 5
第二节 跨境电商直播发展特点及模式 / 8
第三节 跨境电商直播带货核心要素及风险和防范 / 13

第二章 跨境电商直播平台概述 / 21
第一节 跨境电商直播平台的概念及其发展趋势 / 23
第二节 国内跨境电商直播平台 / 25
第三节 国外跨境电商直播平台 / 30

第二部分 跨境电商直播人、货、场安排

第三章 跨境电商直播间打造 / 43
第一节 跨境电商直播设备配置 / 45
第二节 跨境电商直播间装修布置 / 54
第三节 跨境电商直播间打造案例 / 61

第四章 跨境电商直播选品 / 69
第一节 跨境电商直播选品基础思维 / 71
第二节 跨境电商直播选品原则及依据 / 74
第三节 跨境电商直播大数据选品工具 / 79

第五章　跨境电商主播人设打造 / 95
　　第一节　主播人设概述 / 97
　　第二节　跨境电商主播人设打造方法 / 100
　　第三节　跨境电商主播人设类型及带货能力 / 105

第六章　跨境电商直播脚本 / 111
　　第一节　直播脚本概述 / 113
　　第二节　直播脚本类型及设计 / 116
　　第三节　跨境电商直播脚本示例 / 123

第七章　跨境电商直播话术 / 133
　　第一节　主播表达能力培养 / 135
　　第二节　跨境电商直播话术设计 / 138
　　第三节　跨境电商直播产品推荐技巧 / 148

第八章　跨境电商直播复盘 / 155
　　第一节　跨境电商直播复盘概述 / 157
　　第二节　跨境电商直播复盘两大方向 / 160
　　第三节　TikTok 直播复盘 / 164

第三部分　跨境电商直播平台实操

第九章　TikTok 平台直播实操 / 173
　　第一节　TikTok 下载安装及账号注册 / 175
　　第二节　TikTok Shop 及直播开播 / 179
　　第三节　TikTok 直播攻略 / 192

第十章　亚马逊平台直播实操 / 199
　　第一节　亚马逊直播资格及类型 / 201
　　第二节　亚马逊直播创建 / 204
　　第三节　亚马逊直播小技巧及禁忌 / 213
　　第四节　亚马逊直播实操补充问答 / 217

第一部分

跨境电商直播认知

第一章

跨境电商直播概述

· 跨境电商直播发展历程及现状

· 跨境电商直播发展特点及模式

· 跨境电商直播带货核心要素及风险和防范

学习目标

1. 了解跨境电商直播发展历程及其发展现状。
2. 掌握跨境电商直播特点以及主要的直播模式。
3. 掌握跨境电商直播三要素。
4. 了解跨境电商直播风险和防范措施。

本章简介

艾瑞咨询数据显示，仅用不到 4 年时间，国内直播电商市场规模便从零增长为万亿元。2017 年，中国直播电商成交额为 268 亿元，2020 年为 1.29 万亿元，增长超 4 700%，发展速度令人震惊。而受到新冠疫情对全球的影响，更多知名社交、电商、短视频平台纷纷入局跨境电商直播领域，希望将国内成熟的直播电商模式复制到跨境电商领域，实现海内外双向出货。再加之二十大提出加快建设贸易强国、"一带一路"高质量发展的推进，便利通关、扩大自贸区范围、优惠税收等政策的相继出台，一定程度上激励了商家开展跨境贸易并拓展跨境直播业务。网经社电子商务研究中心发布的《2022 年度中国电子商务市场数据报告》显示，2023 年中国跨境电商市场规模已达 16.85 万亿元，较 2022 年的 15.7 万亿元增长 7.32%，越来越多的市场主体正通过跨境电商直播实现"买全球、卖全球"的目标。

"直播＋电商"的新零售业态在国内加速兴起。近年来，线下外贸渠道发展严重受挫，而线上跨境电商销售数据却不断增长，因此海外商家也纷纷踏足"跨境直播"新领域以寻求出路。跨境电商直播向快向好发展。

本章将从梳理跨境电商直播发展历程入手，就其发展现状、特点、模式、要素以及风险等展开介绍，带领大家走进跨境电商直播如火如荼的时代。

第一节　跨境电商直播发展历程及现状

近年来,各级政府高度重视外贸新业态的发展及其与传统外贸的融合。2021年10月,商务部等三部门发布《"十四五"电子商务发展规划》,提出"推动企业融合直播电商等多种方式,建立线上线下融合、境内境外联动的跨境电商营销体系,利用数字化手段提升品牌价值",这是首次提及直播电商在跨境电商领域的应用。

跨境电商直播是网络直播技术应用于跨境电商领域从而形成的一种跨境电商新业态。新时代背景下,海外直播与短视频已成为流量新风口。跨境电商直播的加速兴起,不仅改变了人们的消费方式,也助推企业拓展境内外市场。这种新业态既是创新发展数字贸易的新举措,也是推动外贸高质量发展的新引擎。

一、跨境电商直播的发展历程

要了解跨境电商直播行业的发展历程必然先提及中国电商直播发展史。

2016年5月,"淘宝直播"功能正式上线,打响了电商直播的第一枪。2019年,短视频、电商直播成为火热风口,中小主播崛起,各大平台在流量的灌溉下开启了直播带货的时代。2020年,电商直播空前火爆,多方入局,一度促成了"全民直播、万物皆可播"的局面。国内整个电商直播市场呈现出点淘、抖音、快手三强鼎立,蘑菇街、拼多多、小红书、京东、视频号等多极发展的局面。众多明星投身直播的同时,超级头部主播的销售成绩和数据亮眼,三大平台(淘宝直播、抖音、快手)Top 30主播的商品交易总额为1 175.3亿元。受新冠疫情影响,线下消费方式受限制,消费者开始对网购产生了极大的需求;同时,实体商家们也希望通过直播带货来挽救销量。这些因素推助了中国电商直播在2020年迎来爆发式增长。《2020年中国网络表演(直播)行业发展报告》显示,截至2020年年底,我国直播用户规模已经达到6.17亿,网络表演(直播)行业市场规模达到1 930.3亿元。而2021年上述局面发生变化,这对于中国直播电商行业的前途与发展走势起着至关重要的作用。不少人认为2021年是中国电商直播行业内的标志性节点,因为各项政策的出台和相关部门的雷霆手段都意味着电商直播产业疯狂的野蛮生长已成往事,国内的电商直播开启全新的篇章。2022年,随着政策、监管体系的日趋完善,电商直播行业迎来了持续、稳健的发展时期,直播全面赋能电商、旅游、文化传播等各个领域,在拉动经济增长、促进文化传播、助力社会文明等方面展现了强大优势。

"直播＋电商"的新零售业态在国内加速兴起,并形成了比较成熟的参照体系;加之新冠疫情的全球影响，一定程度上刺激了海外商家踏足"跨境直播"新领域，以寻求出路。2017年3月，来自俄罗斯、西班牙、法国等8国的主播在速卖通直播；2018年5月，美国电商平台Gravy.Live采用互动直播电商模式；2018年11月，千家商家在Lazada直播，覆盖泰国、越南、菲律宾、马来西亚、印度尼西亚等地；2018年12月，印度直播电商BulBul诞生；2019年2月，亚马逊推出Amazon Live Creator；2019年6月，Shopee开通直播带货，带动商家和品牌销售，覆盖马来西亚、菲律宾和泰国。2020年开始，大部分海外主流社交媒体平台都增加了直播功能，包括Instagram、YouTube，等等。

反观国内，虽然直播电商炙手可热，成交额增长迅速，但随着消费者逐渐归于理性，主播素质、商品质量等问题暴露，交易额增长速度逐渐放缓。越来越多的商家加入短视频直播竞争，导致行业内卷现象越来越严重。同时，三大主流平台已形成寡头格局，因此留给商家的选择空间非常有限。

在国内直播行业渐入"红海"的背景下，很多商家开始寻求新思路、新方向。艾媒咨询发布的数据显示（见图1—1），我国跨境电商直播的市场份额将在2025年突破8 287亿元，其增长速度远高于国内直播电商，其市场广阔待开拓。从平台端来看，良性竞争态势下，跨境电商领域新秀不断弯道超车，如2021年第一季度，Shopee的订单量就达到11亿元，同比增长153%。显然，综合考虑跨境电商直播的市场份额和增长率、平台和商家供需双方关系的改变，跨境电商直播正成为下一个风口。京东、淘宝、抖音等国内电商平台也纷纷开启京东国际、阿里国际站、TikTok、天猫国际等跨境直播平台服务业务。交个朋友进入海外市场，孵化海外的本土公司。东方甄选也开展了跨境直播电商业务，招募TikTok直播达人。各类外贸企业通过跨境直播实现海内外双向出货。

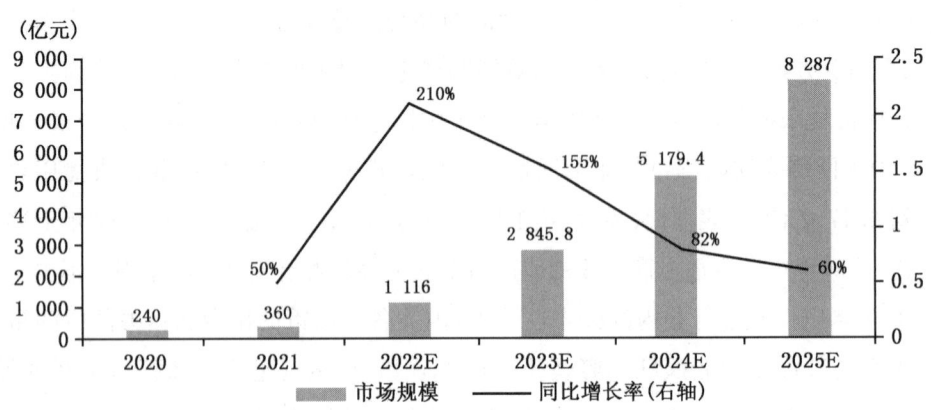

数据来源：艾媒数据中心（data.iimedia.cn）。

图1—1 2020—2025年中国跨境直播电商市场规模及预测

二、跨境电商直播发展现状

近年来,"跨境电商+直播"模式快速崛起,跨境电商直播行业的发展备受关注。

(一)国内外知名平台踊跃涉足跨境电商直播行业

随着国内直播电商的日益成熟,国内外知名社交、电商、短视频平台尝试复制直播电商模式和经验,纷纷加入跨境电商直播行业,将其发展推向了新的高度。

国内平台开展跨境电商直播始于2017年。2017年3月,全球速卖通上线AliExpress Live,在俄罗斯、西班牙、法国等国家启动直播。2019年,在中国进出口商品交易会上,阿里国际站推出配套直播服务。2021年3月,中国制造网在采购节中推出"在线直播带货"活动。2020年12月,TikTok与沃尔玛合作开启第一场直播。2021年12月,TikTok正式宣布向中国卖家开放入驻,进入跨境电商领域,其超10亿月活流量红利吸引了众多外向型企业参与。同时,Kwai(快手国际版)与巴西当地零售商等合作伙伴进行了直播电商的测试。

国外平台于2018年陆续上线直播购物功能,并面向中国卖家开放。截至2020年,大部分海外主流社交媒体平台都增加了直播功能,包括但不仅限于Instagram、YouTube、Shopee、Lazada、Bingo等。

(二)外向型企业积极拥抱跨境电商直播

近年来,跨境直播渗透率逐步提高,越来越多的外向型企业开始尝试跨境直播拓展业务。外向型企业开展跨境电商直播的主要原因有以下几个方面:一是增加商品曝光率和引流,抓住平台的流量优势;二是增加与潜在意向客户的互动,提升转化率;三是看好跨境直播与短视频的潜力,提前布局和打造海外品牌等。关于直播平台的选择,外向型企业主要使用TikTok、阿里国际站、亚马逊、全球速卖通和Wish等新型短视频平台和传统跨境电商平台。关于跨境直播的模式,大部分外向型企业选择商家自播,也有部分企业选择寻找MCN(Multi-Channel Netuork)机构代运营和海外达人直播。较多企业选择服饰、居家用品、美妆等品类开展跨境直播,大部分爆品具有产品新颖、价格较低、体积小和质量轻等特征。

(三)跨境电商直播市场深度与广度得到有效扩展

随着国内外平台的涌入和外向型企业的积极尝试,跨境电商直播市场深度与广度得到有效扩展。艾媒咨询的数据显示,2020—2023年中国跨境电商直播的市场规模呈现增长趋势,预计在未来几年内还会继续保持增长趋势。2022年被称为中国跨境直播电商元年,规模超过1 000亿元,同比增长率高达210%,2025年预计将超过8 000亿元,产业发展潜力巨大。

直播电商兴起于国内，正在全球范围内流行，已拓展至东南亚、欧洲、北美洲、南美洲及大洋洲。以欧美市场为例，直播电商虽起步稍晚但发展迅速，Coresight Research 的数据显示，2022 年美国的直播购物收入达到 200 亿美元，到 2026 年预计可达 600 亿美元规模，直播电商渗透率上升至 5.2%。同时，美国消费者对居家用品、服饰、美容与健康、宠物用品等多个类目的跨境直播产品有偏好。泰国在线支付网关 Omise 于 2022 年公开的数据显示，东南亚直播电商行业的商品交易总额年增长率已达 306%，订单量一年增长了 115%。产品方面，客单价 10 美元以下的商品，服装鞋帽、百货、电子产品和化妆品等商品受到当地消费者热捧。

（四）跨境电商直播生态链与产业链日趋完备

在产业发展和政策支持下，跨境电商直播生态链与产业链日趋完备。阿里研究院报告指出，电商生态系统包含平台、MCN 机构、主播、品牌商/商家。参照直播电商生态系统，结合跨境电商的特点，跨境直播电商产业链核心是由上游供应端（品牌商、外贸工厂、贸易商）、中游平台端（主播、MCN 机构、跨境直播平台）、下游需求端（境外消费者）组成的产业闭环。此外，跨境直播电商产业链还包括跨境物流服务商、跨境支付服务商、海外营销服务商和技术方案提供商等提供的支撑服务。随着当下入局者的增多，以及国内电商直播产业系统构建的经验借鉴，汇集多方力量的跨境电商直播行业生态系统正逐步完善。

第二节 跨境电商直播特点及模式

跨境电商直播热潮正席卷全球电商界，除了政策鼓励、平台扶持、时局态势助力外，这一新业态还有哪些特点为其增加了吸引力，以及入局者通过何种具体模式完成创收？这是本节讨论的重点。

一、跨境电商直播特点

（一）突破空间限制，使内容可视化，增强跨境购物真实体验感

伴随着我国互联网科技以及电子商务的快速发展，大多数人的购物模式逐渐从线下转至线上。特别是对于跨境电子商务而言，线上购物形式为各国消费者提供了巨大的便利，解决了用户购买进口商品时不能去本地、信息不对称，又必须做出决定的困境，使用户足不出户就能买遍全球。

但是线上的购物形式分割了前台和后台，消费者在线上购买商品时，虽"看得见"却"摸不着"。由于商品在跨境电商平台上通常是通过图片和视频展示，而图片和视频又可进行

后期加工,因而并不能保证"看得真"。而且线上商品的质量参差不齐,售价也不便宜,常常使得消费者在线上跨境购物时会因疑虑而打消购买欲,商品的销量也难免受到影响。

而跨境电商直播带货改善了这种情况。在清晰的跨境电商直播间里,来自世界各地的主播们全方位、细致地展示各类跨境商品,并对商品信息进行详细的讲解,同时试吃、试穿、试用商品,清楚地表述自己使用商品的感受、总结商品的优缺点、推荐商品多元化的使用场景,让消费者有如同在线下跨境购物的真实感,对产品的性能、作用、使用效果有更直观的了解。

(二)互动感强,有问必答,直接成单

传统的跨境电商营销模式通常是以照片和视频的形式进行的单向的布告式营销,商家把商品信息公布出来,顾客被动接受。而在跨境电商直播间,主播试用商品后,与观众交流自己的感受,观众通过实时评论与主播实时互动、深入沟通,询问有关商品的细节与主播的使用感受,主播的及时回答也使观众更深入地了解商品,互动使得购买场景变得更加生动,消除了屏幕隔绝出的距离感以及观众在线购买跨境商品的顾虑,最终促成购买行为。

(三)低成本、低门槛

相较于传统的跨境电商营销模式,跨境电商直播的成本和门槛较低,而且这种形式正处在风口,效益可期。商家既可以签约网红带货,也可以亲自上场直播,因此减少了代言费、广告费,只要运营方式得当,就会实现盈利。另外,在一些平台开通直播还是免费的。例如,目前亚马逊直播功能不收取任何费用,任何符合条件的卖家,都可以免费加入直播;Shopee平台也免去了卖家自播的手续费用。

值得一提的是,随着技术的不断进步,加之跨境电商直播需求的大量增加,无人直播在跨境电商领域热度持续高涨。它进一步降低了跨境电商直播的人工成本,且操作简单见效快,可以做到无时差地连播,扩大了覆盖面,成为引流的利器,助力订单高效转化。TikTok、阿里国际站、Shopee等平台纷纷上线无人直播功能,引得大批卖家争相入局。

二、跨境电商直播模式

随着应用场景多元拓展、直播技术更新迭代、市场需求纷繁变化,跨境电商直播模式日渐丰富,以网红直播、商家自播和机构代播为主。

(一)网红直播带货

网红即网络红人(Influencer),是指在现实或网络生活中因为某个事件或者某个行为而被网民关注从而走红的人,或因长期持续输出专业知识而走红的人。他们的走红皆因为自身的某种特质在网络的作用下被放大,与网民的审美、品位以及心理等相契合,有意或无

意间受到网络世界的追捧,成为"网络红人"。在直播带货中采用网红可以发挥其意见领袖的引导作用,尤其是一些具备吸引力的网红,能够对粉丝购物行为产生直接影响,增加消费者对相关商品的信任度和关注度,粉丝甚至会对网红所直播带货的商品形成一定的"偏爱",从而增加商品销售量。如何玩转跨境网红直播?以下几点可以作为参考。

1. 网红选择

根据自身品牌特性初选网红。如果卖家主营智能穿戴设备,就会建议将目标合作网红定位到科技领域,找到所有科技领域内的网红,根据网红视频内容风格进一步筛选更符合品牌产品的网红。不少卖家也会从直播输出渠道或发布平台倒推,反向筛选想要合作的网红。例如,视频媒体平台 YouTube、TikTok、Kwai,社交媒体平台 Facebook、Instagram、VK,新闻社区 Reddit、Quaro,以及某行业某领域的专业论坛等都是筛选合作网红较为理想的途径。卖家通过观察各个领域的新动向,分析近期网红账号的活跃度、网红所在地、粉丝覆盖群体、粉丝性别,等等。

2. 网红联络触达

网红的联络触达因人而异。投入人力,手动查找和联系适合的网红,比如直接在YouTube 通过目标关键词检索、在 Instagram 通过目标关键词对应的标签找出对应的内容,然后再查看红人的账号内容及联系方式。Amazon live 上还有红人专门的主页,主页上有其社媒矩阵号,也能方便留言、发邮件。另外,我们也可以通过网红营销平台(如 Hypeauditor、Upinfluence、Heepsy 等)智能快速地筛选并联系红人。而对于更大的独立站或品牌,其追求的是更高的效率和红人营销产出,这就可以进入高阶版本——利用机构联系红人并达成合作,比如进入 The Influencer Marketing Factory 主页提交需求,后续会有机构专员提供网红匹配、查找、联系等服务。

3. 直播主题风格规划

通常而言,网红对自家粉丝的群体属性、购买力和消费倾向较为熟悉。建议卖家不要强制干预网红自有的直播模式或内容风格,卖家可以在传达产品卖点、主推点的前提下结合网红意向规划推广形式。

4. 粉丝福利准备

粉丝福利的准备有助于提升品牌推广度和促进产品销售变现。除了提供粉丝专属现金抵用券、折扣优惠券或者免运费之外,现阶段还有部分卖家与网红合作推出了联名款。

5. 效果衡量

对于卖家而言,如何量化和判别网红的投资回报率(Return on Investment,ROI)是重点内容。事实上,网红营销并没有一个固定不变的标准用以衡量 ROI。卖家可以依据不同产品、同一产品不同阶段的推广目标,针对粉丝留存、流量增幅以及转化率设置可量化的数值。例如,新品牌可以接近五五分设置粉丝留存、流量增幅的效果衡量,因为新品牌曝光、增粉是关键;而针对促销的品牌,则可适当提升订单转化率的占比。基于不同的营销目标,网红和卖家合作、筹划的侧重点也将有所不同。

6. 合作费用

不同地区的红人,其报价千差万别。例如,北美地区红人资源丰富,经济发达,红人营销体系成熟,对红人的需求量大,所以红人价格比较高。欧洲经济发达、语言多样化,对本土化内容和语言有要求(比如一定要会说法语、德语或西班牙语的网红直播),因为本土网红数量少,所以合作费用比较高。日韩虽然红人营销业态发达,但经纪公司垄断严重,外国品牌方缺少议价权,合作费用不容小觑。东南亚红人较多,直播基本以英语为主,整体费用较前几个地区偏低。此外,不同平台不同体量的红人,收费也不一样,就像咖位不同的明星出演费用天差地别。

(二)商家自播带货

商家自播即由商家自行发起的直播,以店铺账号作为载体开播,核心是销售店铺或品牌的商品。官方会提供给商家全套的相关教程和一定的流量扶持,直播完整筹备流程由商家产出,主播可以是商家自己的员工或者自己的主播资源。在各种泡沫数据和天价坑位费的影响下,品牌商逐渐回归理性,而且商家更加了解自身的品牌及受众,在直播平台提供"场"的情况下,商家自播成为目前流行的跨境直播模式之一。

从成本和供应链效率优化两个方面来看,商家自播也较网红直播具有一定的优势。一方面,商家和品牌方布局店播有助于提升供给侧的毛利率。在当前的供应链体系中,拥有流量的达人具有较高的议价权,并分走利润的大头。例如,某一商品的毛利率为40%,当前主流的相关方利益分配比例大致如下:平台5%,达人20%～30%,商家毛利仅剩5%～15%。另一方面,商家和品牌方自播可以提升供应链效率。商家与达人间的供应链拥有较长的协作链条,包括商家推品、达人选品、商家寄样、达人确认、口播素材沟通、试播、直播销售、订单返回商家、商家发货,中间存在大量的反复沟通与确认环节,自主性较差,效率有极大的优化空间。而且,直播电商的供应链管理面临多方面的挑战,比如库存管理。直播电商具有强爆发的属性,头部达人的一场直播产生的销量可能会超出商家的最大供给。若无有效的信息沟通机制,就容易给消费者造成不好的购物体验。而自播在一定程度上可摆脱上述困境。因此,戴森、迪奥美妆、兰芝、酷开(Coocaa)电视、Olaplex、完美日记等纷纷在各大跨境电商直播平台开设了自己的直播间强势带货。

既然商家开始关注自播,那么如何运营"自播间"这一常态化的运营工具呢?不同于网红直播,商家自播更多地关注直播内容本身。因此,主播的内容输出以及与客户的沟通形式非常重要。首先,品牌自播侧重于增加客户价值和塑造品牌效果。旗舰店自播已成为品牌表达的工具,在现场直播的过程中,商家不仅向客户告知产品的功能、使用方式和优惠形式,还通过产品展示向客户传递一些生活知识以及审美观念。品牌商店自播的主要目的是加强品牌与客户之间的联系,了解客户面临的问题和需求,实现"产品宣传+直播带货+品牌传播"三种效果。其次,高质量的内容是商家自播时和消费者沟通的最佳载体。内容时代已经到来,我们只能通过接受改变有所作为。零售商要为消费者提供最优质的内容,优化直播中的产品结构,定期分析转化率,并及时确定品牌销售思路。

(三)机构直播带货

机构直播主要是指 MCN 机构充当主要角色开展的跨境直播。MCN,即多频道网络,是内容生产者、平台方和广告方之间的中介组织,旨在支持内容的持续输出,帮助内容生产者更好地实现分发和商业价值变现。

随着短视频、直播等行业的爆发,国内外 MCN 机构迅速发展壮大,形成了庞大的规模。艾媒咨询的数据显示,2021 年仅国内 MCN 机构数量就已超过 3 万家,市场规模已超过 330 亿元,2023 年超过 500 亿元。特别是在直播电商领域,MCN 机构成为重要的参与者。由于 MCN 机构拥有红人、IP 孵化、内容优势等资源,因此它们能够为品牌提供代运营店铺、签约推广扶持主播、内容生产和直播带货等服务。

在实际运作过程中,MCN 机构通常有四大任务(见图 1-2):寻求优质内容创作者(如主播、网红);为不同类型主播定制专业技能培训;为主播提供商业化服务;针对性引流,增加曝光机会。

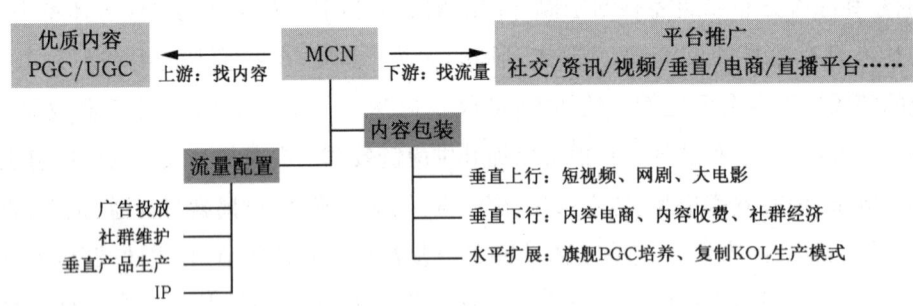

数据来源:艾媒数据中心(data.iimedin.cn)。

图 1-2 MCN 机构运营模式

首先,MCN 机构通过 PGC(Professionally-generated Content,专业生产内容)/UGC(User-generated Content,用户生成内容)、KOL(Key Opinion Leader,关键意见领袖)、红人、明星和自媒体等达人孵化大量专业直播带货主播。同时,MCN 机构在直播选品、商品供应链管理以及售后服务等方面日益规范化,也培育了大量相关领域的人才。其次,MCN

机构通过孵化的达人和KOC(Key Opinion Consumer,核心意见消费者)在各个平台上的带动,为消费者灌输了直播购物的概念并使其慢慢建立起信心和认知。加之平台的宣导,直播购物逐渐成为消费者的习惯,是近年来增长最快的电商新业态。最后,MCN机构还提供专业的代运营服务。MCN机构拥有强大的内容生产能力和KOL运营能力,能够打造爆款短视频或直播内容。品牌机构可以通过与MCN机构合作,让MCN旗下的达人直播带货,从而省去了品牌方自行构建直播团队的麻烦。借助达人(网红)的网络效应,品牌方能够通过MCN进行品牌宣传、新品发布等活动,扩大活动的曝光效果。总的来说,MCN机构的最重要意义在于,通过专业主播培育、直播策划、内容制作、流量运营以及商品销售等,助推直播电商行业快速走向规模化、专业化和规范化。

因此,TikTok、Shopee、Lazada、天猫国际等跨境直播平台都增设了跨境直播MCN机构入驻服务,为更好地营造多方共赢的跨境直播生态而努力。

综上所述,网红直播带货是目前最常见的模式,但也存在"赚声量不挣钱""转化率不稳定""退货率高""数据造假"等各种问题,导致商家受损严重。这让跨境商家在受益于高质量网红带来巨大销量的同时,也惧怕网红"翻车"给自己带来损失,可以说商家对网红直播是又爱又恨。因此,在与部分诚信度低的网红合作直播处于话语权弱势时,越来越多的美妆品牌纷纷开启了商家自播,以谋求直播能在自己的掌控之下,在网络直播带货的产品营销模式下追求业绩的不断提升。商家可能不足以调动消费者的情绪并激发他们的购买意愿,但他们对产品有更多的了解并且更加专业。更重要的是,由于不必支付坑位费及佣金,因此商家可以以最低的成本直播其产品,并且灵活设定较低的价格,以达到更好的销售效果。对于许多卖家而言,虽然自播有很多好处,但考虑到培养团队、寻找合适的主播比较难,不少公司会选择代运营,其运营成本低而且专业操作效率高。"电商平台+商家+MCN机构+达人"模式崭露头角,并引发业界高度重视。伴随社交电商红利爆发,这种新型的模式正逐渐被商家推崇。以上三种模式各有特点,商家需根据自身实际情况选择最适合自己的跨境直播带货模式。

第三节 跨境电商直播带货核心要素及风险和防范

在具体操作中,为确保直播流程井井有条,应从哪些核心要素入手?相较于普通的电商直播,防范跨境电商直播风险有哪些注意事项?

一、跨境电商直播带货核心要素

与普通的电商直播类似,跨境电商直播也是由人、货、场三大要素构成,"人"即主播,

"场"即直播场景,"货"最重要的是保证产品质量、维护产品供应链。因此,跨境电商直播流程也是从这三大要素展开推进。

(一)"人"发挥桥梁作用

主播在直播带货的过程中发挥着"桥梁作用",是连接商家与用户的纽带。如前所述,由于直播带货在国际上的广泛影响,直播主体也呈现多元化的发展趋势,比如网红带货达人的展示推荐、企业领袖的品牌背书、政府官员的公益代言、媒体主播的跨界演说、明星艺人的登场亮相、普通百姓的大众尝试等,拓展了直播带货的边界。其中,主播是最具活力的,也是最引人关注的。主播的带货能力直接决定了跨境直播营销效果,一般而言,跨境主播所需的具体能力归结为以下几点:

一是专业性。做一行,懂一行。主播也是如此。什么是主播的专业性?简单来说,就是要充分了解产品,并具备较强的产品推介能力。因专业形成的信任度,是引导用户产生购买行为的核心驱动。例如,服装跨境直播时,主播需要了解面料、款式、颜色、时尚趋势、搭配技巧,以及如今哪些红人穿着相似款式的衣服。这就要求主播不断学习并牢牢掌握各种产品的相关知识。此外,虽然跨境直播并不都需要用英文,但目前大部分地区以英语国家受众为主。为了更好地加持主播自身的专业能力,流利的英文表达能力必不可少。在镜头面前,主播能游刃有余地进行英文推介、互动沟通、专业指导,这更能调动观众的情绪、赢得观众信赖、引导购买。最后,跨境主播还必须充分了解直播目标市场所在地的风俗传统,避免因为不专业而触及所在地消费者禁区。

二是抗压能力。直播是场马拉松。根据一些跨境直播平台的规则,一场直播可能持续1.5~2小时,对于认证卖家时长可达到4~6小时。而为了迅速涨粉引流,拉时长、高强度地坚持直播是必然的操作。这对于一个人的心理和身体都是一种考验,既考验人的毅力,也考验对节奏的把控能力。另外,大多数跨境直播与国内直播的最大区别是有时差,通常需要维持日夜颠倒的状态,而且直播时还必须保持兴奋度,所以也磨练身体和心智。除此以外,一旦直播数据下滑,就会造成心理负担。因此海外直播,特别是英区、美区,以及最近兴起的南美区直播,其主播们必须具备超强的抗压能力。

三是表现力。主播要与观众交朋友,要及时互动、要黏住人,而不是让消费者觉得主播只是个冰冷的售卖机器,这就需要主播具备表现力,包括口语表达能力、肢体表现能力以及特殊情况下的应变能力,能随时调节现场的气氛和观众互动。总的来说,就是要形成一套适合自己且符合产品特点的话术和表现形式,可以时而如专家般精准到位地介绍产品,时而如朋友般站在顾客立场为其购买行为出谋划策,根据直播间的流量及时切换直播流程和表达模式,让观众尚佳的体验倍增。需要指出的是,充满自信的表现是加分项。这里所说的自信包括产品自信和情绪自信。在介绍产品时支支吾吾、底气不足,如果对自己的产品都不自信不确信,那么用户当然不会买。而情绪自信则需要主播在上播期间始终保持积极向上的语调、极具感染力的表达和愉快的表情,这样才能确保直播间的氛围始终吸引人。

四是运营能力。主播不仅负责镜头前的出演,而且需要掌握数据分析、选品、引流等运营技能。这些技能一方面能助力主播上播讲解更加精准、直播节奏把握更加游刃有余、与粉丝互动更加高效;另一方面,也能促进直播团队成员之间的密切配合。对于一个小型跨境直播团队而言,成员人数不多,可能只有 2~4 人,因此成员们可能会身兼多职。如果主播兼备运营的技能,可以使团队工作更为灵活,也能一定程度地减少跨境直播成本。

五是人设搭建能力,即人设打造能力。跨境直播带货包括商家直播带货和网红直播带货,商家直播带货靠的是品牌的影响力和产品的质量,主播不一定需要自带流量。而在网红直播带货中,主播要成为网红必须有独特的个人魅力,即人设,围绕这个清晰的人设对自己进行包装,并通过人设圈粉,拉近与粉丝的距离。人设应该按照主播自身的性格特点、粉丝的属性和产品的特点来设定,三者不能相差太大,以防人设崩塌,导致掉粉。对于跨境主播而言,人设的搭建能力必不可少,例如积极参与自我形象的设计,学习社交媒体中个人宣传方式,不断参与团队研讨、研究市场趋势等。

(二)"货"承担交易内容

决定直播是否成功的核心因素还有"货"。好的货品能够带动直播间的人气,建立主播和粉丝之间的高信任度,增强黏性。带货直播若要持续,首先要为用户考虑。从用户的角度来看,在哪里购买产品不是最重要的,重要的是产品能解决他遇到的问题,解决在特定情况下产生的需求。如果产品的包装和有效性给用户带来了超出预期或精神满足的体验,则用户会记住该产品并记住向其推荐产品的人,所以应在直播前正确选择产品。

以网红直播带货模式为例,选品通常要注意四点:一是品牌,不好的品牌会影响主播的口碑,挑选好的品牌和渠道是关键,以避免直播翻车;二是比价,通过各种专业网站查询货品的最低价,或者和其他带货主播的直播价格比,争取最大的价格优势;三是选品,要考虑不同市场特色和消费者偏好,进而精准选品;四是组品,整理赠品搭配销售,可以体现出直播的高价值性和优惠力度。

(三)"场"充当交易场景

场景即主播在直播中所处的环境,这是交易的场景,通常可以分为原产地直播和固定直播间直播。原产地直播通常是指到生产场所直播,或者品牌的线下路演。原产地直播通常见于生鲜水果类产品的销售。原产地直播的优势是可以让观众通过手机屏幕,零距离地看来自原产地的相关产品,形成真实且形象的体验。

选择固定直播间,需要格外注意场景布置,要搭建生动化场景,营造参与感,这样才能增强用户黏度和对产品的好感。通常情况下,要从灯光、背景、前景、构图等方面布置直播间。跨境直播间的布置还需特别考虑迎合不同地域文化,因而大到装修风格的确定,小到直播间布景、贴片的设置都有一定的讲究。

二、跨境电商直播风险

虽然跨境电商直播前景非常广阔,但目前仍处于起步阶段,机遇与风险并存。要想在跨境电商直播市场抢占一席之地,除了对人、货、场核心要素的把控,还必须了解跨境电商直播的相关风险,从而具备防范意识。跨境电商直播风险的类型如下:

(一)法律风险

(1)知识产权侵权。知识产权侵权是跨境电商直播面临的最主要法律风险。欧美国家对知识产权的保护非常严格,如果卖家直播销售的产品被平台检测到涉嫌侵权或被其他商家投诉侵权,账号就会被审查或被移除销售权限,甚至直接封号,给商家带来巨大的损失。因此,卖家选品时一定要慎重,要严格筛选供应商。此外,还要确保直播营销物料不涉及侵权。

(2)违反广告相关法律。由于商家对目标市场国法律不熟悉,因此可能出现直播中使用禁用广告语、对产品卖点表述不当被判定为虚假宣传等风险。

(3)侵害他人肖像权、隐私权及其他问题。

(二)文化差异带来的风险

国内电商往往对目标市场国的宗教文化、风俗习惯了解不深入,对目标市场文化内核的理解或者对消费者心理细微的洞察都是国内卖家的短板,文化背景的差异导致商家在做内容输出的时候无法真正触动消费者,最终影响直播带货效果。

(三)汇兑风险

跨境电商直播达成交易后,通常买家以本币支付,卖家则收回外币,导致卖家面临汇兑风险,其利润波动较大。

(四)检验检疫风险

跨境电商直播还需要保证所售产品、包装符合进口国检验检疫要求。特别是近两年新冠疫情的影响,各国检验检疫标准更加严格,因此卖家面临的风险加大。

(五)平台风险

各跨境电商直播平台均有明确的规则。直播团队对平台规则不了解,或对规则理解不准确都会给直播带来风险。另外,因为平台部分限制性规则表述笼统,所以商家被处罚甚至封号后才知道已违反平台规则的情况也很常见。

（六）主播风险

（1）主播流动。一名主播从培育到最终获得市场认可，企业或 MCN 机构往往对其投入了巨额资金。主播离职会给企业造成重大损失，甚至还会出现主播直接倒投竞品企业影响商家市场占有率和销量的情形。

（2）主播业务能力不足。产品的卖点、数据都是由品牌方提供，部分主播并未使用过产品就直接上播，导致在直播中产品展示不当；主播相关知识储备不足导致对产品的介绍与商品实际功能或效果不符，被平台认定为"功能或效果具有误导性"；主播对评论回复不当，致使出现负面评论；个别主播言辞中涉黄或衣着不当等，都会对直播带来负面影响。

（七）产品风险

（1）价格风险。直播中主播往往会强调商品原价与直播间折扣价之间的巨大差距，以此来吸引顾客购买。部分主播存在"虚构原价"的问题，一旦被客户知晓，会被认为欺诈，而平台也会对企业进行处罚。

（2）质量风险。直播运营商往往不是产品的制造商，产品参数、卖点往往是制造商给出的。如果产品本身存在瑕疵、涉及侵权，或制造商提供的数据不准确甚至造假，直播运营商就比较难发现。

（八）辅助物料风险

直播海报、预热软文与直播内容不符，出现错误；产品宣传话术设计不当，例如使用绝对化的词语，推荐用语违反法律规定；辅助物料涉及侵权。

（九）供应链风险

跨境电商产品配送时间长，特别是海运的产品，补货时间可能长达一两个月，在直播之前运营团队会先预测直播销量，供应链部门按照预测提前备货。当直播销量与预判出现重大偏差，会给企业带来较大风险。需求大于库存，由于企业无法及时补货，大多数顾客会转买别家产品，一方面降低了消费者满意度，另一方面流失客户给企业带来了经济损失；实际销量远低于预测，导致大量库存积压，给企业造成巨大的资金压力。

（十）售后风险

跨境电商直播能吸引客户短时间内下单的重要原因之一就是较高的折扣。低价带来的激情消费，随之而来的是因产品质量、尺寸等因素造成大量退换货等售后问题。跨境电商物流成本高，高退换货率不仅给企业带来较大经济损失，还会影响店铺评分，甚至被平台判定为"虚假销售"。

三、跨境电商直播风险防范

基于已知可能发生的风险，跨境电商直播团队必须具有一定的防范意识和手段。

（一）进行市场调研

充足的市场调研是开展跨境电商直播的基础，也是防范直播风险的前提。根据企业可投入的资源，确定跨境电商直播市场调研的内容，选择市场调研的方法，明确实施市场调研的人员或机构，制定市场调研方案，并在一定时限内收集资料，为企业开展跨境电商直播提供有用信息。收集的信息主要包括目标市场的政治环境、相关法律法规、宗教文化、经济发展水平、检验检疫政策、平台政策、产品的市场容量、竞品的销售状况和营销策略、目标客户的用户画像等。市场调研应当尽量做到及时、准确、全面。

（二）加强品质把控

产品品质是企业的生命线，直接关系到品牌的口碑和企业存活的时间。实际上，直播翻车案例中很大比例都是产品质量问题造成的。因此，防范直播风险，选品必须严把质量关。

选品时，除了选择热卖的产品，还必须保证产品的质量过硬，符合目标市场国的标准，设计、商标、图案等均不涉及侵权问题。在确定直播产品前，通过知识检索数据库检测是否存在知识产权侵权。产品质量过关还体现在设计的产品卖点与产品相符，不夸大产品功能或效果，实事求是，诚信宣传。加强品质把控，可以有效防范法律风险、平台风险、产品风险和售后风险。随着"跨境电商＋直播"的营销模式日渐兴盛，为了规范跨境直播生态的健康发展，亚马逊、考拉海购、速卖通等平台纷纷行动，对跨境产品的品质、产权等方面的合规情况进行更严格的管控。

（三）提升售后服务质量

售后服务一定程度上可以看作直播风险的出口。直播中很多潜在风险最终是否会对品牌、直播间带来负面影响和经济损失，往往需要通过售后服务输出后才会产生结果。售后服务做得好，安抚了顾客情绪，可以将潜在风险消除；客服人员给出的答复或解决方案令客户不满意，导致风险形成，甚至不断扩大。因此，直播运营公司必须加强售后服务人员的培训，从专业话术、沟通技巧、用户画像、语言习惯等多方面培训，提升售后服务人员综合能力，不断提升售后服务质量。

（四）学习翻车案例

除了提升直播间直播质量、正面积极预防，还应当对直播运营人员进行警示教育。组织直播团队学习其他跨境直播间的翻车案例及其带来的后果，总结翻车原因，分析可采取哪些措施避免风险，从而提升直播团队的风险防范意识。

（五）提前直播预演

正式上播前进行直播预演也是预防直播风险的一种有效方法，目前大多数跨境直播平台,例如速卖通、亚马逊、TikTok 都有直播前的试播界面。针对大型跨境电商直播活动,直播预演非常必要。通过直播预演,主播及运营人员可以更加熟悉直播流程,使得正式直播更加流畅。预演后还应当及时复盘,进一步完善直播方案。直播预演可以避免在正式直播中出现主播产品展示失当、宣传话术失当、辅助物料出错等情况,密切直播参与各方的配合,提升正式直播的效果。

(六)制定应急预案

直播运营团队应当制定跨境电商直播应急预案,明确制定应急预案的目标、人员组织安排,对可能出现的直播风险在预案中一一列明。例如,明确发生跨境直播风险时,参与直播的各方在直播中、直播后采取哪些措施以降低风险带来的损失,应急人员该如何分工协作,对风险发生的不同时间段、不同程度团队的应对措施该如何调整。另外,预案还应结合企业自身可用资源,列明发生风险后应急人员如何对资源合理分配并加以运用,例如,直播间小号、社群账号、危机公关的媒体资源、可以投入应对的资金等。根据预案对有关人员进行培训,使参与人员明确发生风险时自身的职责和分工,以便快速采取行动。

科学可行的直播方案设计、合理的人员配置(特别是选择合适的主播)、必要的人员培训对预防跨境电商直播风险都非常重要。同时,直播参与人员之间的密切配合、直播前充足的准备可以降低直播中风险发生的概率,避免直播翻车,使得直播更加流畅,实现更好的直播效果。海外仓发货、亚马逊 FBA 等高效快捷的物流渠道能改善消费者的购物体验,激发客户积极情绪,是降低跨境电商直播风险的有效方法。

【本章总结】

国内掀起的直播热,不仅培育了一大批新兴网红,也让产品通过直播销售范围更加广泛。这波热潮也蔓延到了海外,遍布东南亚和欧美地区。当前,国内直播红利已趋于饱和,但境外直播潜力巨大,未来几年将会呈爆发式增长,这也为跨境电商发展带来新的机遇,使跨境电商直播行业的发展现状备受瞩目。总体而言,跨境电商直播行业发展基本状态为国内外知名平台踊跃涉足、外向型企业积极参与、跨境电商直播市场深度与广度得到有效扩展、跨境电商直播生态链与产业链日趋完备。

为何跨境电商直播风头正劲呢?除了政策鼓励、平台扶持、时局态势助力外,突破空间限制,使内容可视化,增强跨境购物真实体验感;互动感强,有问必答,直接成单;低成本、低门槛等特点也为其增加了吸引力。虽然随着应用场景多元拓展、直播技术更新迭代、市场需求纷繁变化,跨境电商直播模式日渐丰富,但仍以网红直播、商家自播和机构代播为主。这也为新入局者提供了参考。

与普通的电商直播类似,跨境电商直播也是由人、货、场三大要素构成,"人"是指主播,"货"最重要的是保证产品质量、维护产品供应链,"场"即直播场景。跨境电商直播流程也是从这三大要素展开并推进。虽然跨境电商直播前景非常广阔,但目前仍处于起步阶段,机遇与风险并存。要想在跨境电商直播市场抢占一席之地,除了对人、货、场核心要素的把控,还必须了解跨境电商直播的相关风险,例如法律风险、文化差异带来的风险、汇兑风险、检验检疫风险、平台风险、主播风险、产品风险等,从而具备一定的防范意识和手段。

【课后思考】

1. 举例说明跨境电商直播主要风险类型。
2. 请结合带货核心要素探讨在跨境直播带货中可能面临的挑战。

第二章

跨境电商直播平台概述

· 跨境电商直播平台的概念及其发展趋势

· 国内跨境电商直播平台

· 国外跨境电商直播平台

学习目标

1. 了解跨境电商平台的概念及其发展趋势。
2. 熟悉国内外优秀跨境电商直播平台，掌握各平台特点。

本章简介

在数字技术的推动下，跨境电商、数字贸易等新业态、新模式迅猛发展，成为国际贸易的一大亮点。WTO报告预测，2026年全球跨境电商B2C贸易额将增至4.8万亿美元。跨境电商领域的竞争愈演愈烈，使得跨境电商平台的生存亟须找到新的发力引擎。如何提升平台的影响力和销售量成为跨境电商平台必须面对的问题。

在此背景下，直播作为一种新型的营销方式，成为许多跨境电商平台选择的重要战略之一，直播功能也成为各大跨境平台引流的利器，亚马逊、eBay、阿里巴巴等都是最早的吃螃蟹者。通过直播演示和实时互动，消费者可以更直观地了解商品信息，与主播互动并直接购买产品。这种形式的购物体验为用户提供了更高的互动性和参与度，极大地促进了商品销售。随着全球5G网络的普及和物流技术的改善，以及多国对直播电商的扶持，除了原先的跨境电商平台，诸如TikTok、YouTube、Instagram等短视频、社交网络平台也纷纷在站内插入直播带货功能，从而使得更多跨境电商直播平台应运而生，促进了国际贸易的发展。

总的来说，跨境电商的发展推动了国外直播平台的创新，越来越多的平台开始尝试直播带货，为企业提供新的营销渠道。熟悉并掌握目前国内外优质的跨境电商直播平台运作情况及其发展策略是本章的重点。

第一节　跨境电商直播平台的概念及其发展趋势

习近平总书记在党的二十大报告中强调："推进高水平对外开放。依托我国超大规模市场优势,以国内大循环吸引全球资源要素,增强国内国际两个市场两种资源联动效应,提升贸易投资合作质量和水平。"这一重要论述,为新时代新征程进一步推进高水平对外开放指明了前进方向。由此可见,跨境电商直播市场前景非常广阔。

随着全球化进程的加速和消费需求的升级,跨境电商直播行业将迎来更多的发展机遇。同时,政策的支持、创新模式以及技术的不断进步,也将为行业的持续健康发展提供保障。跨境电商直播行业的发展前景又促使跨境电商直播平台乘势而起。

一、跨境电商直播平台概念

跨境直播平台,是指专门提供跨境电商直播服务的在线平台。具体而言,跨境电商直播平台是一种通过网络平台进行跨境电子商务(e-commerce)交易的模式。它既是主播和品牌展示产品、推广品牌的全球化平台,也为消费者提供了一个便捷、实时的跨境购物互动渠道。它的出现打破了地域的限制,通过生动的产品展示和优惠的价格刺激,促进了全球贸易和消费的发展。

近几年,随着大数据、云计算等新兴技术的兴起,跨境电商直播平台加速发展。国内的速卖通、阿里国际站、天猫国际等平台迅速崛起,海外市场也试图复制直播营销模式,Lazada、Shopee、亚马逊、eBay更是接踵而至(见图2—1)。买家与商家在互联网平台上的互动活动逐渐频繁,消费者获得更多选择,商家也有更多曝光与营销机会。

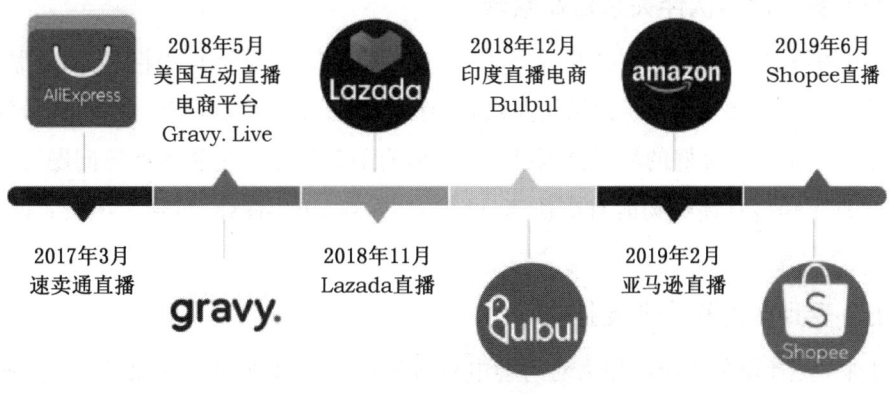

图2—1　跨境电商直播平台

二、跨境电商直播平台的发展趋势

跨境电商直播平台是电商和直播的双重结合,并融入了跨境的属性,展现出独特的发展特点。同时,在各类网络技术蓬勃发展的推动下,以及各方参与者的积极努力下,这一领域也逐渐形成明显的发展趋势。

(一)内容更加丰富多元

跨境电商直播平台不断拓展产品种类和深耕内容,不仅限于时尚美妆类产品的展示与推介,而且不断加入食品、家居、数码、健康等更多领域的产品,旨在满足各国消费者对商品品质和国际特色的需求。同时,以直播、短视频为主,品牌合作、游戏、互动参与等活动功能为辅的平台内容矩阵不断丰富和拓展,持续吸引着不同需求的参与者加入。

(二)功能日趋饱满适需

跨境电商直播平台在直播技术、互动体验和虚拟试衣等方面进行了不断的技术创新。平台引入 AR、VR 等一系列新功能,提升了购物的趣味性和逼真感,有助于改善用户体验,进一步充实电子商务的场景感,以此提高用户参与度和消费行为的频率。

与此同时,各大平台广泛引入大数据和人工智能技术,成功实现了无人直播间、AI 数字人直播、语音转字幕及翻译、多语种实时翻译等功能。这些技术的应用,不仅方便了消费者个性化购物,也为直播、短视频的内容制造者们提供了便利。

(三)社交元素进一步强化

各大跨境直播平台正日益强化其社交元素,通过实时互动、弹幕评论、分享购物心得等方式,增进用户之间的社交关系,提高用户黏性。随着越来越多消费者的参与,跨境电商直播也受到更多舆论关注,跨境电商直播平台的社交属性进一步强化。

(四)多方合作伙伴关系日益紧密

大多数跨境电商直播平台与国际物流公司、支付机构等多方合作伙伴关系日益紧密。一方面,这些平台为主流支付系统提供了高效和便捷的结算安全机制,使消费者可以轻松购买并完成支付,从而营造良好的消费氛围;另一方面,有效解决了跨境物流运输问题,优化了物流服务,确保了跨境直播购物能有更快速、可靠的国际配送作保障,增强了消费者购物的信心。

(五)受到政府和企业支持

近年来,政府和企业纷纷加大对跨境电商直播平台的鼓励和支持,使其成为备受重视的市场模式之一。政府不仅出台了一系列法律法规,为跨境电商直播制定了运营规范,营造了相对安全、真实、有序的海外电商市场;政府还针对减税以及持续放宽海外市场开放等问题进行政策规划,既为跨境电商直播的发展奠定坚实的基础,也为跨境电商平台的发展注入强心剂。

随着直播行业的发展,越来越多的消费者通过直播平台购买商品,加之政府政策的持续推进,跨境电商企业也看到了直播带货的巨大商机,纷纷进驻各大跨境电商直播平台,在全球范围内吸引更多的消费者。企业的付费进驻支持,为平台的发展提供了有力保障。

(六)全球扩张趋势明显

后疫情时代,全球线上购物需求激增,跨境电商直播潮流因此势不可挡,推动着跨境电商直播平台在全球范围内扩张。这些平台通过伙伴合作、战略投资等方式进军不同国家市场,进一步拓展用户规模和业务范围。以东南亚电商直播巨头 Shopee 为例,自 2019 年年底开始全球扩展,最早拿下巴西市场,后组建了拉美市场的墨西哥、智利、哥伦比亚、阿根廷等站点。同时,与 TikTok 直播关联的 TikTok Shop,继 2021 年上线印度尼西亚站和英国站之后,相继在英国、越南、马来西亚、菲律宾、美国等国家上线。此外,2022 年 4 月底,同样源自东南亚的 Lazada 也宣布以欧洲作为全球化战略的第一站,试图进一步布局全球市场。

总体来说,跨境电商直播平台的发展围绕着技术创新、内容多样化、社交化运营以及数据智能应用等展开。随着技术的进步和用户需求的不断变化,这些平台持续不断地改进和创新,正逐步成为全球电商领域的重要力量。

第二节 国内跨境电商直播平台

"跨境直播"这种将跨境电商与直播、社交媒体、网红经济深度融合的全新跨境购物模式,迅速吸引了众多原本在国内电商直播领域深耕的资本涌入。同时,此举也积极响应了"发展数字贸易,加快建设贸易强国"的战略号召。国内跨境电商直播平台强势发展,在跨境电商直播这个细分互联网垂直领域独领风骚,为国内各类中小企业的出口营销提供了全新的平台和一站式服务。下面介绍国内主流的一些跨境电商直播平台。

一、速卖通

速卖通是阿里巴巴全球速卖通(AliExpress)的简称,是阿里旗下面向全球市场的跨境出口 B2C 平台,2010 年孵化于阿里的国际 B2B 业务。2008 年全球金融危机对贸易造成冲击,海外大额订单逐渐变成小额批发,国内出口贸易商也在寻求新的出口方式,阿里便顺势从跨境 B2B 转型为 B2C 模式,推出了速卖通平台。目前,速卖通遍及全球 220 多个国家和地区,覆盖服装、家居等 20 多个行业类目,拥有世界 18 种语言的站点,海外用户数超过 1.5

亿,是国际领先的英文在线购物网站,早期曾被称为"国际版淘宝"。

速卖通是最早一批试水将中国的直播带货模式复制到海外的跨境电商平台之一。它于 2019 年 7 月上线新版直播功能,以时尚服饰穿搭、模特走秀、数码评测、珠宝展示、家电功能演示为主。借助直播模式,速卖通平台直播商家的退货率已经从 5% 降到不及 2%。图 2-2 为速卖通的现场直播。

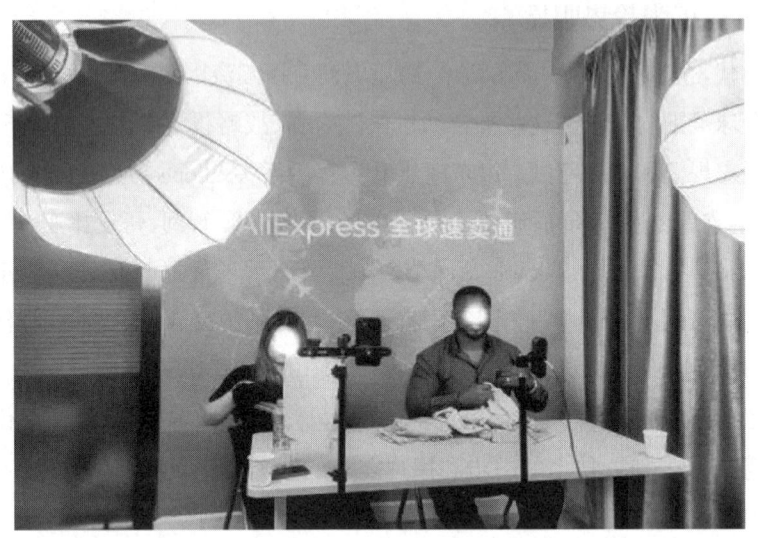

图 2-2　速卖通直播

从用户画像来看,速卖通的直播用户群体年龄为 35 岁左右,他们大多已婚已育,以带着小孩的家庭主妇和爱时尚的男性为主,值得注意的是,该用户群体中男性占比偏高。这些用户最直接的需求是获取低价和折扣商品。在直播内容偏好上,前五热门是手机通信、美容健康、消费电子、家居和家电。

此外,基于速卖通的跨境属性,面对全球各地显著的文化差异,平台在直播模式上进行了诸多创新尝试。从最初的商家带货、达人直播,到平台泛娱乐化的 PGC 直播、海外仓直播、档口直播等模式,不断适应市场消费需求。海外仓直播更是成为新的直播模式风口,例如国内天猫国际保税仓直播,将直播间搭建在仓库里,用户下单后,产品直接从该仓库发货。速卖通在法国、西班牙等国家的本地仓库也采取了类似的方式,由于感受直接、物流速度快,深受当地用户的喜欢。

值得一提的是,海外消费者尤其喜欢直播互动。2020 年 4 月底,速卖通上线了一个直播答题栏目,该栏目迅速走红,观看人数一度超过 6 万人,第一场上线的时候甚至因为参与人数过多而挤爆了服务器。有些商家和 KOL 在 Facebook、TikTok 上做直播时,几乎不需要主播引导,消费者会主动向主播提问或提出要求。相比较而言,速卖通直播上用户的互动潜力还未完全激发,大多仍需要主播带动,从而一定程度上也导致速卖通直播在 GMV(Gross Merchandise Volume,商品交易总额)层面带来的效果有局限性。因此,速卖通直播平台也面临着一些挑战。首先,直播销售的实时性和互动性对卖家提出了更高的要求。卖家需要具备较多的产品知识储备和较强的沟通能力,这样才能更好地吸引消费者的关注和信任。其次,直播销售的流程较为复杂,卖家需要提前做好充分的准备和演练,以确保直播过程的顺利进行。最后,直播销售的市场竞争日益激烈,卖家需要不断创新和优化直播内容。

总之,速卖通直播平台是一个极具潜力的跨境电商销售平台。通过直播销售,卖家能够提升产品曝光度与销售额,而消费者则能够获得更加直观和丰富的购物体验。然而,要充分发挥直播销售的优势,卖家既要具备丰富的产品知识储备和较强的沟通能力,也要不断创新和优化直播内容。

二、阿里巴巴国际站

阿里巴巴国际站(以下简称阿里国际站)成立于 1999 年,是阿里巴巴集团较早开发的业务板块,现已成为全球领先的跨境贸易 B2B 电子商务平台,也是推动外贸数字化的主力平台。阿里国际站累计服务 200 多个国家和地区的超过 2 600 万活跃企业买家,通过向海外买家展示、推广供应商的企业和产品,进而获得贸易商机和订单,是出口企业拓展国际贸易的网络平台之一。

2019 年中国进出口商品交易会期间,阿里国际站推出了配套直播服务。2022 年中国进出口商品交易会(广交会)由线下改为线上,阿里国际站再次推出精准的跨境直播配套服务,拉开了其跨境直播序幕,此后阿里国际站跨境直播业务逐渐壮大(图 2—3 为阿里国际站直播)。

图 2—3　阿里国际站直播

作为全球流量较大的B2B网站之一,阿里国际站拥有精准的企业用户群体,其跨境直播业务因属于重推板块,获得各类流量倾斜。阿里国际站发布的数据显示,2023年5月每天的开播场次年同比增长66%,海外观看人数年同比增长186%。

为了进一步适应B to B的企业采购跨境直播的特征,阿里国际站革新了一系列技术,升级了跨境直播服务。这一系列新技术包括能帮外贸企业找到最合适开播时间段的"时间罗盘",方便海外买家询问的"点击问询",还有接待响铃通知、讲解视频切片等。其中,最新上线的"点击问询"功能让直播互动更简单,海外买家在观看直播时,可以直接点击屏幕上感兴趣的展示商品,与此同时主播会实时"感应"予以讲解。另外,"语音转字幕及翻译"功能也逐步上线,在直播间将商家语音实时转成字幕,便于买家理解,同时支持多语种翻译。这些与时俱进的跨境直播新技术降低了外贸跨境直播的门槛,进一步降低了商家的外贸成本,提高了订单转化率。

得益于直播技术的不断更新,阿里国际站直播模式逐渐优化,从最初的还原线下场景打造线上化的广交会,到数字化的工厂寻源提效(通过工厂、新品直播等方式,帮潜在买家判断商家实力),再到如今火爆的真人工位接待直播。"真人工位接待直播",简言之,就是外贸商家在工位办公过程中即可开播,无需精心布置直播间、准备内容脚本,仅需在工作时间提供在线接待服务。当海外买家浏览商品详情页进入直播间之后,外贸业务员打开摄像头,通过实时互动,介绍商品卖点,从而提升订单转化效率,降低单个卖家的获客成本。业务员在工位上只需打开手机就能"跑"遍全球。

三、天猫国际

天猫国际(Tmall Global)是阿里巴巴旗下的进口零售平台,致力于为中国消费者提供全球的进口好物、直达海外生活方式,同时也是帮助海外品牌直接触达中国消费者、建立品牌认知和消费者洞察的平台。截至目前,全球87个国家和地区的29 000多个海外品牌入驻天猫国际,覆盖了5 800多个品类,其中8成以上品牌首次入华。而天猫国际跨境直播是天猫国际旗下的一项服务,可以帮助海外品牌与国内用户进行跨境直播交流,实现消费者培育和流量获取。

天猫国际直播最大的特点之一就是在平台上集结着众多海外红人和KOL,区别于单纯卖货型主播,他们更熟悉具有当地特色的中小品牌,更了解原汁原味的海外文化,他们在海外直连天猫国际直播间,绘声绘色的内容输出能将更多优质的跨境商品更生动地推介给国内消费者。除了这些达人跨境直播之外,内容型品牌"店播"也在天猫国际直播平台百花齐放。2023年"6·18"期间,天猫国际联动全球品牌,进行了一场"日不落"海外接力直播。从美国洛杉矶、日本大阪、韩国首尔,到荷兰、泰国曼谷、苏格兰、土耳其,天猫国际联合海外商家，进行24小时"全球名店大联播"，带消费者一天打卡全球，探访原产地、体验地道生活方式(见图2—4)。独具特色的"达播＋店播"模式，不仅帮助天猫国际加速引入和孵化更多海外中小品牌，而且通过海外红人和当地品牌商家的直播镜头，带着国内的消费者逛海外的专柜和那些知名又熟悉的商业街，进一步推动了天猫国际平台从进口商品货架成功转型为全球生活方式媒介。因此，跨境直播业务成了现阶段天猫国际热衷投入的主要板块之一。

图2—4　"6·18"当天天猫国际全球名店大联播

为鼓励海外直播，天猫国际集结中国、日韩、欧美、澳新等地拥有粉丝号召力的海内外进口商品垂直类目达人、留学生、具有汉语优势的外国博主，共同组建了覆盖全球的"天猫国际全球达人联盟"。该联盟开展直击探店、产地溯源、短视频种草等活动，将达人们的地域优势、内容优势发挥到极致。2022年11月，"天猫国际全球直播联盟"正式启动，首站落地日本东京，并迅速吸引了10余家日本的网红直播机构加入，其中包括近300名日本当地红人主播。

在大力构建平台海外直播生态的过程中，天猫国际拥有自身的优势。一方面，天猫国际有着丰富的货品供给，海量的新品。仅2022年，天猫国际就将8 000多个全球新品牌、400多万种全球商品引入中国市场。无论是百年老店还是海外新锐品牌，天猫国际已然成为其落地中国的第一站。有了大量货品的保证，平台可以针对主播人设定位，挑选对口且质优的货品以供跨境带货，使内容、商品、电商三个齿轮更好地贴合在一起。另一方面，天猫国际直播与淘宝直播属于强势联手，淘系直播的成熟体系为天猫国际在达人打造的链路上提供了成熟的方法论。不论是达人、品牌方或者是MCN机构入驻天猫国际，都会有专门的团队负责与其对接，平台会敏捷地调动所有直播资源，解决供应链、选品、售后等问题，助力更好地沉淀流量。

第三节　国外跨境电商直播平台

近年来,国内直播带货行业风生水起,成为巨大的流量入口,这一商业模式在国内取得了巨大的成功。相较于国内直播市场的日渐成熟,国外跨境电商直播发展空间及潜力也已显现,成了各大跨境直播平台竞相争夺的新蓝海。

从视频"霸主"YouTube、互联网社交圈"贵族"Facebook、迅速走红的TikTok,到欧美地区渐入佳境的亚马逊,再到跨境电商蓝海市场东南亚地区的Lazada、Shopee,海外市场的直播平台层出不穷。但对于刚想进入直播市场的跨境卖家来说,想要找到最适合的直播平台,并迅速获得流量,却是一件相当具有挑战性的事。下面主要介绍一些优秀的海外跨境电商直播平台。

一、TikTok

TikTok是字节跳动旗下的短视频社交平台,于2017年5月上线。从2018年登陆美国市场开始,TikTok仅用一年零四个月的时间,就从一个起初不被看好的、主要流行于青少年群体的音乐短视频应用,一跃成为横扫美国大街小巷、下载量力压Facebook和YouTube的直播软件。截至2024年4月,TikTok全球下载量已突破49.2亿次,拥有超过20.5亿用户,其中月活用户15.82亿。发展至今,TikTok用户表现出高时长、高黏性、高参与度的特点,用户平均每天花费95分钟在应用程序上,每天打开次数约9次。据平台内部预测,到2025年全球GMV有望接近2 000亿美元。

2020年12月,TikTok与沃尔玛(Walmart)合作,在美国市场推出实时配送,并邀请知名网红通过直播的方式销售沃尔玛商城的商品(见图2—5)。2021年2月,TikTok在印度尼西亚市场开通网络直播带货功能;2022年,TikTok直播又新开放了东南亚的三个国家,分别是越南、泰国和马来西亚,同时放宽英美融合车的条件,直播在有"第二个中国市场"之称的东南亚市场,以及一直备受瞩目的欧美市场成功推进。最开始,TikTok直播采用的是邀请制,但很快就全面开放注册。至此,TikTok正式进入直播电商时代。

选择TikTok做直播有其自身优势。首先,从流行度和用户量来看,TikTok无疑处于头部平台,因而在TikTok上直播更容易吸引观众,提高直播的曝光率和可见度。其次,TikTok也采用与抖音类似的流量算法,通过双向打标签的方法,可以精确地向用户推荐其感兴趣的内容。而且平台采用的这种流量池算法,直接将流量与内容质量挂钩,提升了涨粉速度,即使是零粉丝也能进行流量冲级。当然,这么做的前提是有上乘的视频质量作保

图 2—5 TikTok 与沃尔玛合作直播

证。再次,TikTok 的互动性非常强,观众通过发送礼物、点赞、评论等方式与主播实时互动。这种社交互动赋予了 TikTok 直播与众不同的特性,让观众与主播的互动更加真实和丰富。最后,TikTok 的用户群体趋于年轻态,30 岁以下的用户超过半数。而年轻用户对娱乐和潮流热点的敏锐抓取,往往使得 TikTok 直播内容兼具创意性和趣味性,更能吸睛获流。

但是,在 TikTok 上做直播前也必须明确一些问题。例如,在 TikTok 直播带货中,对单个直播时间是有限制的。通常情况下,普通用户的单次直播时长限制为 1 小时,而认证主播(也就是蓝 V 认证或更高级别认证的用户)的单次直播时长可以达到 4 小时。与其他主流直播平台相比,该平台直播时间比较短,不能满足长时间直播的需求。再如广告变现问题,TikTok 在广告变现方面表现相对较弱,主播能够自主选择的广告类型和方案比较少,不能灵活地设置广告内容。另外,由于各种原因,TikTok 还存在关于隐私和数据安全的担忧。

总的来说,TikTok 作为一个成功的跨境直播平台,较为适合以年轻群体为目标受众的品牌和追求品牌曝光、商品宣传的卖家来开展直播带货,以增强品牌的全球影响力。虽然面临一些挑战,但 TikTok 仍然持续创新和发展,为用户带来新鲜、有趣的内容。

二、Facebook

Facebook 是全球最大的社交媒体平台之一。通过 Facebook,用户可分享文字、照片、视频等内容,与朋友互动,并加入群组、页面和活动。随着时间的推移,Facebook 还收购了 Instagram 和 WhatsApp 等平台。

2015 年,Facebook 开始尝试视频直播,当时推出过一款仅对名人开放的视频直播应用

Mention。直到 2016 年 1 月,Facebook 才将视频直播功能开放给所有用户,推出了 Facebook Live 直播功能(见图 2—6),为用户提供了一个即时与观众互动、分享精彩瞬间的全新途径。

图 2—6 Facebook Live

Facebook 上 13 亿活跃用户为 Facebook 直播打下了稳固的基础,庞大的用户群体及其对社群的依赖性,使得直播视频一经推出便在 Facebook 上以惊人的速度传播。同时,Facebook 自身先进的视频流媒体技术,保障了直播过程的稳定流畅度,也进一步方便了全球用户借助 Facebook Live 达成实时连线。

除了个人用户,许多名人和品牌方也青睐于利用 Facebook Live 与他们的粉丝和受众互动。音乐家可以在 Facebook 直播上开演唱会,电影明星可以通过 Facebook 直播与粉丝分享花絮,企业在 Facebook 直播上也可便捷地举办产品发布会,从而吸引更多目标受众的关注和参与。此外,Facebook 直播还广泛应用于新闻、娱乐和社会活动等领域。新闻媒体可以通过 Facebook 直播实时报道新闻事件,体育赛事也可以通过直播与球迷分享比赛的精彩瞬间,社会组织可以利用直播来推广社会公益活动。

Facebook 上的直播一般会显示在动态消息以及 Facebook Watch 的最新直播视频版块中,方便用户查找他们关注的直播内容。直播过后,视频还能直接生成录像,并长久地保留在 Facebook 上,用户可以通过熟悉的方式重复观看,也便于品牌方后期推广使用。一般而言,拥有自有粉丝且想要提高粉丝忠诚度的品牌、有较多户外活动需要实时转播的品牌和有稳定订阅量的粉丝专页的品牌较为适合在 Facebook 上直播,因为基于 Facebook 的社交媒介属性,用户可主动反向追踪粉丝专页,有利于忠实粉丝的培养。

尽管 Facebook 直播受到了广泛的欢迎,但它也面临着一些挑战。其中之一是内容监管和版权保护。随着直播内容的增多,确保内容的合法性和规范性变得尤为重要。为了应对这些问题，Facebook 加强了对直播内容的审核和监管，以确保用户在直播过程中遵守相关法规和社区准则。

总体来说，Facebook 作为全球最大的社交媒体平台之一，其直播功能的推出为用户提供了一个实时分享和互动的平台。它的简单易用性和全球化的用户基础为用户创造了丰富多样的直播体验，同时也为名人、品牌和社会组织提供了一个重要的传播渠道。

三、Amazon

亚马逊（Amazon）是全球最大的电商平台之一，成立于 1994 年，是网络上最早开始经营电子商务的公司之一。亚马逊一开始只是经营网络的书籍销售业务，现在已经发展成为全球商品种类最多的电商平台和全球第二大互联网企业。

The Influencer Marketing Factory 2022 年完成的关于英美国家消费者首选直播购物平台的调研报告显示，亚马逊直播平台 Amazon Live 是美国消费者第三大喜欢的直播购物平台，它在英国市场则排行第二。但亚马逊做直播带货，实际上起步较早，发展较晚。

2014 年 8 月 25 日，亚马逊以 9.7 亿美元收购了美国知名视频直播服务平台的母公司 Twitch Interactive，但当时该平台专注于游戏直播业务。而亚马逊真正意义上的首次试水直播是在 2016 年 3 月，它打造了一档类似美国电视购物公司 QVC 的家庭购物体验节目 Style Code Live，主推时尚与美容产品，邀请了知名主持人担任直播主持。与国内最早的网购形式"电视购物"模式类似，观众们可以一边观看该档节目，一边点击视频链接购买商品。因为功能单一，所以没法形成商业闭环，一年多后该节目戛然而止。但亚马逊在直播领域的尝试并未止步。

2017 年，为配合其社交媒体布局，亚马逊启动了"Amazon Influence"计划，招募有影响力的人到亚马逊平台进行广泛的内容创作传播，这也为亚马逊后来的直播电商业务进行了人才储备。2019 年，亚马逊上线了 Amazon Live 官方直播平台（见图 2—7），并同步推出了直播应用程序 Amazon Live Creator，主要面向在亚马逊上已经完成品牌认证且拥有亚马逊品牌旗舰店的商家。

目前，在 Amazon Live 运作体系中，卖家既可以选择通过 Amazon Live Creator 自助式免费开展直播卖货，也可以选择付费寻找亚马逊聚集的影响者带货。Amazon Live 的卖货品种涵盖玩具、家居用品、电子产品等，其直播时长为 1 个小时左右。它允许卖家在其他平台宣传预告直播活动，且直播视频下方设置了可点击进入购物的轮播小窗口，以便为消费者提供便捷的直播购物体验。

选择在亚马逊平台做直播的优势也显而易见。首先，Live 直播页面会永久地保留往期直播视频，亚马逊的直播回放会随机地出现在每一个正在观看直播的用户的直播广场内。

图2—7　亚马逊直播

不论何时何地,直播回放都可能在数百甚至数千名潜在客户面前展示,从而使得个人或产品既拥有了直播过程中的流量,也带来了直播结束后持续的流量推介。其次,使用亚马逊直播可以促使产品被发现和曝光。因为亚马逊站内为卖家创建好的直播提供了多个展示位,包括 Amazon Live 首页、产品 listing 主图下方、竞品 listing 主图下方、Deal page 页面以及红人店铺或品牌旗舰店首页等。丰富的直播展示位预示着产品曝光途径的多样性,促进了高流量的获取和高转化率的获得。再次,亚马逊直播支持多种付款方式,包括 VISA、MasterCard 等,以及亚马逊自己的支付方式 Amazon Pay。这使得商家能够更方便地进行交易,并且可以为客户提供更多的支付选择。最后,亚马逊直播还支持多语言功能,这也有助于商家将其产品向国际市场推广。相较于 TikTok、Instagram 等提供社交、娱乐内容的平台,用户在亚马逊这一专注于购物的平台上看直播,其目的更加明确——购物。因而,使用亚马逊直播能实现有针对性地出海带货。

但需要指出的是,Amazon Live 上直播间的整体流量并不大,能够吸引超过 500 人同时观看的直播间相当罕见。大多数情况下,直播间里的观看人数最多几十人,有些直播间的观看人数甚至是个位数。

为了带动线上销售,亚马逊将"红人计划"延展至直播带货领域。"亚马逊红人计划"是 2017 年 3 月推出的一项针对粉丝的社交营销计划。当网红加入该计划后,可以在社交媒体上向粉丝分享特定的商品链接,一旦粉丝点击链接并完成购买,该网红就能获得一定比例的报酬。而为了鼓励这些自带流量的网红加入直播带货,亚马逊也有自己的一套"玩法"。亚马逊为不同领域的网红给出了不同比例的带货佣金。其网站上公布的费率显示,纸质书的分成比例为4.5%,而奢侈品、美容产品则能获得高达10%的分成。2022年年中,亚马逊成功举办了Prime Day"夏日活动季"大促,众多红人、明星加入直播带货。从订单数量看,这次大促共售出超过3亿件商品,比以往任何一个会员日都多,亚马逊这次直播发力效果不错,销售额达到125亿美元,同比增长8%。

四、YouTube

YouTube成立于2005年,是一个视频网站,允许用户上传、观看和分享影片和短片。2006年11月,Google以16.5亿美元收购了YouTube,并将其作为子公司运营。被收购后,YouTube仍然在全球范围内受到网民的欢迎。

作为全球最大的视频平台,YouTube发展直播业务有其得天独厚的优势(图2-8为YouTube直播)。据维基百科资料显示,YouTube的直播历程亮点纷呈:2009年,YouTube直播了U2的一场音乐会;2010年2月,直播了当时美国总统奥巴马的首次国情咨文演讲;2010年9月,与合作伙伴Howcast、Rocketboom、Next New Networks和Young Hollywood计划测试自己的直播基础设施(播放时长达一小时的综艺节目);2011年4月,宣布推出YouTube Live,为其社区中具有一定粉丝数量的创作者提供广泛的直播渠道;2012年,实时转播伦敦奥运会赛事;2015年,上线视频游戏直播垂直应用程序YouTube Gaming;2017年,开通移动端直播功能。

图2-8　YouTube直播

而围绕电商业务,2020年YouTube推出了购物广告模式,消费者可以通过广告视频下方的可浏览产品图片跳转到商家的店铺页面进行购买,且这种跳转到第三方平台(如Shopify商店等)购买的模式延续至今。2021年11月,YouTube与Shopify的直播电商合作推出假日直播卖货活动；2023年4月，YouTube Live上线的创作者新直播卖货渠道YouTube Shop，以及2023年推出的对标TikTok的短视频Shorts购物，均采用的是在YouTube中直播或播放短视频，消费者若感兴趣，再点击产品轮播外链跳转到其他平台的商家店铺中购买的方式。但这些渠道都是泛渠道，并不仅仅针对直播电商购物。2023年6月30日，YouTube在韩国正式上线其全球首个专门的直播电商购物频道。该直播频道以韩语运行，销售品牌约30个，致力于为在韩用户打造丰富的直播内容和有趣的购物体验。

对于卖家和品牌方，YouTube的购物频道提供了一个全新的销售渠道和品牌宣传平台。他们可以通过直播带货的方式，与用户直接互动，展示产品特点和优势，并引导用户购买。这将为品牌建立更紧密的用户关系，并提升产品的销售额和品牌知名度。YouTube上的激烈竞争，使得直播获取粉丝的难度也相对提升，想通过YouTube直播积累粉丝的品牌卖家，需要先自身拥有一定的粉丝基数，并通过高质量的内容，培养出忠实粉丝。专门的在线直播购物频道的启动，使得YouTube面临新的挑战和风险。例如，YouTube需要确保购物频道的内容质量和真实性，以避免虚假宣传和对消费者权益的损害。

五、Lazada

Lazada是由印度尼西亚电商公司Gearbest于2012年开发、2014年4月正式上线的，集批发、零售和在线购买为一体的东南亚电商平台。目前，Lazada在印度尼西亚、越南、泰国、马来西亚的电商渗透率都超过了50%，主要经营3C电子、家居用品、玩具、时尚服饰、运动器材等产品，注册用户接近3亿。

2018年3月，阿里巴巴集团收购Lazada公司80%的股份。2019年，Lazada充分利用了阿里巴巴的技术，正式推出应用内流媒体直播平台LazLive（见图2-9），允许卖家和用户在线实时互动，并提供详细的产品演示和同时购买商品的功能。通过数年积累，LazLive率先在东南亚提供了"边看边买"直播的销售闭环，并不断通过娱乐化内容和玩法提升用户体验，增加用户黏性。

为帮助商家收割更多的流量，LazLive在Lazada App的首页、Feed、侧边气泡等页面开放了数个入口通道，以增大流量触点，并在大促期间通过Banner和气泡弹窗，为直播导入更多流量。此外，LazLive直播还内置了众多游戏玩法，通过不同的游戏机制，用奖励及创意玩法引导消费者完成关注、停留、分享等行为。一方面，这种做法为商家带来更多关注，提升了商品成交率。另一方面，消费者在完成既定任务后，也可以换取优惠券或兑换购物折扣。双向互利的直播机制让商家从直播中获取更多流量，让消费者更了解商品的属性，优惠购入心仪商品。这也将大大减少商家的售后服务成本，口碑和流量双丰收。同时，Lazada直播还定期举办各种促销活动和特别活动，如品牌日、限时抢购等。

图 2－9　Lazada 直播功能 LazLive

Lazada 内部数据显示，2020 年东南亚"双十一"大促期间，LazLive 单日浏览量超过 1 100 万，交易总额同比增长 380％；2021 年"双十一"，LazLive 观看量超过 1 800 万，通过直播实现的 GMV 同比增长 187％。2022 年 4 月，通过 LazLive 直播服务产生的 GMV 环比增长了 45％，最多的一个月拥有超过 2 700 万活跃观众；5 月，Lazada 跨境电商直播场次已达 2 月的 50 倍。以泰国站点为例，2022 年年初，跨境商家在泰国站直播场次日均还是个位数，6 月，商家直播日均已超 60 场。

六、Shopee

Shopee 成立于 2015 年，由新加坡上市公司 Sea Group 创立。Shopee 上线初期只是一个小型电商平台，是 Sea Group 的一个附属产品，主要基于游戏用户的需求，提供一些特别的限时优惠。随着海量投入的不断加码和巨大的用户基础的形成，Shopee 迅速发展成为比肩 Lazada 的东南亚最大的电商平台之一。目前，Shopee 在新加坡、马来西亚、泰国、印度尼西亚、越南、菲律宾等地区拥有超过 2 000 万活跃用户和超过 500 万卖家，成了亚洲电子商务市场中的龙头企业之一。

2019 年 3 月，Shopee 在其七大站点推出直播功能——Shopee Live（见图 2－10）。该功能允许品牌商以及各类中小型企业商户通过"一键直播"向店铺粉丝和潜在客户实时分享内容，并且卖家可以邀请网红、消费者、员工等入驻直播间参与直播卖货。目前，Shopee 平台内的直播主要分两种形式：一是 Shopee 代理直播，即借助 Shopee 官方平台帮助有需求的卖家进行直播带货，例如虾皮网红营销服务等；二是商家店播，卖家既可以自行付费寻找专业的主播进行直播带货，也可以由卖家自己上场直播，其中，新加坡、马来西亚以及中国台湾站点可以用中文直播。

图 2—10　虾皮直播

为更好地服务商家,增强用户的使用体验感,Shopee Live 一直在做优化,以丰富自己的功能。例如联合流媒体功能,它允许主播与一名观众联合直播,以实现更多互动。此外,Shopee 还上线过直播闪购,卖家可以在直播中推广折扣产品。2021 年年底,Livestream Call 直播通话功能上线,在直播通话时,卖家可以通过音频或视频接受买家问询,其他观众也可以同时收听。

为更好地构建跨境直播生态,近年来,Shopee 主导与政府合作拓宽小语种直播人才池,并严格筛选、认证多家 MCN 机构,深度孵化小语种直播人才。2020 年年底,Shopee 联合南宁市外事办公室和南宁市人民对外友好协会,共同举办了为期 2 个月的"中国—东盟外语主播大赛"。此外,Shopee 跨境团队还启动了第三方直播机构认证计划,首批共 4 家 MCN 机构通过了 Shopee 官方认证。它们不仅拥有强大的直播内容生产能力,能够为卖家定制专属直播策略,还能提供除中英文外,包括印度尼西亚语、菲律宾语、越南语、马来语在内的小语种直播服务。为帮助更多有出海意愿的卖家快速上手,Shopee 跨境已开启直播卖家激励计划,所有入围激励计划的卖家都将有机会获得官方直播引流攻略培训,以及平台专属直播曝光资源,还有 Shopee 网红营销服务(Shopee KOL Service,SKS)及 MCN 认证机构代播服务。

而 Shopee 直播项目的效果也是立竿见影的。2021 年"双十二"开局两小时,Shopee 平台售出的商品数超平日同时段的 13 倍,大促期间共计 4.5 亿人次观看了 Shopee Live。2022 年"双十一"大促的数据显示,Shopee Live 的观看量成功突破 15 亿,数万家跨境卖家售出商品数超平时 10 倍。2023 年,印尼站"7·7 直播"大促也交出了一份令人满意的成绩单,从 6 月 12 日至 7 月 7 日,Shopee Live 的订单量比平时增加了 12 倍,卖家成功地通过 Shopee Live 销售了 200 万件产品。

【本章总结】

跨境电商的发展推动了国外直播平台的创新,越来越多的平台开始尝试直播带货,这为企业提供了新的营销渠道,也为消费者带来全新的购物体验。

跨境直播平台是指专门提供跨境电商直播服务的在线平台。近几年,随着大数据、云计算等新兴技术的兴起,跨境电商直播平台发展加速,买家与商家之间在互联网平台上发生的活动逐渐频繁,消费者获得更多选择,商家也有更多机会曝光与营销。通过几年的发展,众多跨境电商直播平台内容日趋多元、功能逐渐饱满适需、社交元素得到进一步强化、多方合作伙伴关系日益密切、政府企业支持力度加大并逐渐迈步向着更广阔的国际市场前进。

近年来,国内各大网络直播平台如雨后春笋般涌现,包括斗鱼、虎牙、快手、抖音等,这些平台通过吸引大量主播和观众,实现了快速的用户增长。然而,随着市场竞争的加剧,直播平台之间的差异化越来越小,竞争日益激烈。而此时,海外直播电商升温,很快吸引着本身已玩转国内电商的各大资本。国内跨境电商直播平台强势发展,在跨境电商直播这个细分互联网垂直领域独领风骚,为国内各类中小企业的出口营销提供了全新的平台和一站式服务,例如速卖通、阿里国际站、天猫国际等。各平台都在各自的跨境直播赛道上寻求差异化,以期作出特色来获得更大的市场份额。

国外优质跨境电商直播平台层出不穷。从视频"霸主"YouTube、互联网社交圈"贵族"Facebook再到迅速走红的TikTok,从欧美区渐入佳境的亚马逊再到跨境电商蓝海市场东南亚地区的Lazada、Shopee,它们乘势而起,发展势头强劲。

【课后思考】

1. 跨境电商直播平台的发展背景是什么?
2. 请结合材料和实践尝试对Shopee和Lazada平台上的直播进行对比。

第二部分

跨境电商直播人、货、场安排

第三章

跨境电商直播间打造

· 跨境电商直播设备配置

· 跨境电商直播间装修布置

· 跨境电商直播间打造案例

学习目标

1. 了解跨境电商直播设备的配置。
2. 熟知如何布置跨境电商直播间。
3. 了解如何构建跨境电商直播间的跨境元素。

本章简介

直播带货的三要素是"人、货、场",其中,"人"是指主播,"货"是指产品,"场"是指直播间。很多公司或店铺非常注重"人"和"货"的打造,但是对于"场"的搭建却非常敷衍,进而影响直播的视觉效果和观众的观看体验。因此,打造一个优质的直播间,展现具有专业度、辨识度,符合品牌、主播调性的直播场景具有重要意义。

优质直播间的打造最基础的是硬件设备的配置,因为它直接决定直播的画质、音效和稳定性,从而影响观众的观看体验和主播的形象。选择正确且合适的直播硬件设备,是直播成功的基础条件。直播间场景的配置效果,直接关系到用户看到直播间的推荐页面时,是否愿意点击进入以及用户的留存率。因此,打造一个优质的直播间场景,是做好直播间运营的第一步。对于跨境直播间而言,需要注重跨境元素的添加,一个有吸引力、美丽、清新、有特色、体现品牌形象的直播间场景,可以吸引更多的观众,提高观看体验,最终建立品牌形象,获得观众的信任。

本章将以跨境电商直播间的打造为核心,同时辅以跨境电商直播间打造案例,详细讲解设备配置和装修布置两大板块。

第一节　跨境电商直播设备配置

工欲善其事,必先利其器。出色的直播体验不仅需要主播带动现场氛围,而且需要借助整套的科技设备来呈现直播现场出色的状态。跨境电商直播所需的基本设备如下:

一、直播摄像头

直播是视频和音频的共同输出,视频的输出靠的是高清摄像头,音频的输出则靠声卡和麦克风,这三种硬件是直播设备的核心。

摄像头是直播的核心设备之一,是影响直播画面质量的重要因素,它还影响直播效果和受众的观看体验度。一款好的摄像头能够起到美化皮肤、增强视频效果的作用,它将现场直播内容清晰地传递给观众。由于直播需要将主播的画面完整、流畅、清晰地呈现在观众面前,因此建议选择具有高清晰度、广角、自动对焦和调节曝光的摄像头,以保证直播画面清晰、稳定和准确。下面具体阐述摄像头型号以及选择应考虑的因素。

(一)摄像头型号

市面上有许多不同品牌和型号的摄像头可供选择,以下是一些常用的摄像头型号:

(1)Logitech C922 Pro Stream Webcam:这是一款高清直播摄像头,具有1 080P分辨率和30帧每秒的视频捕捉能力,内置麦克风和三脚架。

(2)Elgato Cam Link 4K:这是一款用于连接相机或摄像机的直播摄像头转换器,具有4K分辨率和60帧每秒的视频捕捉能力,它支持HDMI接口和USB 3.0接口。

(3)Canon EOS M50 Mark II:这是一款适合旅行和家庭直播的直播摄像头,具有24.1MP分辨率和4K视频捕捉能力。它还集成了自动对焦和稳定器功能,同时,配备了可旋转的LCD屏幕,适合旅行、家庭和社交媒体直播。

以上型号的摄像头都属于高清摄像头或红外线摄像头。高清摄像头是指分辨率为720P或者1 080P的摄像头,其中,1 080P又称为全高清。与普通监控摄像头相比,高清摄像头有更强的光谱矫正能力,可以更好地避免图像的虚化,更加真实地呈现画面内容。由于高清摄像头的成像过于清晰,因此会使主播面部肤色暗淡,显出憔悴的状态。然而,有些直播间会选用红外线摄像头,因为它能自动补光,提高肤色光泽度,消除主播的皮肤瑕疵。

(二)摄像头选择应考虑的因素

直播时,需要根据自己的实际需求并综合考虑以下因素选择合适的摄像头。

(1)分辨率:分辨率越高,图像越清晰,观众的观感越好。当前市场上,直播摄像头一般都具有720P或1 080P的分辨率,但是在一些大型企业的直播中,有时候会采用4K分辨率的摄像头,这种摄像头的动态分辨率达到4 096×2 160像素。

(2)帧率:帧率越高,视频播放越流畅,在快速移动的场景下效果更加明显。在一般的直播场景中,30帧每秒已经足够了。但对于场景要求较高的直播,会采用60帧甚至90帧的高频摄像头。

(3)对焦功能:在直播带货的环境中,摄像头需要长时间、高强度的运转。因此,在选购直播摄像头时要着重考虑摄像头的稳定性,以保证直播的顺利进行。高性能的对焦功能可以让画面更加清晰,避免模糊和失焦的问题。一些高端的直播摄像头甚至可以实现自动跟焦和人脸追踪等功能。

二、直播声卡

直播声卡是一种音频处理设备,主要用于直播过程中的声音采集、处理和输出。声卡可以帮助主播在直播过程中实现高品质的声音效果,使得直播内容更加生动、清晰,提升了观众的观看体验。下面详细介绍外置声卡和内置声卡,并区分两种声卡。

(一)内、外置声卡

直播内置声卡是指一些直播设备(例如便携式直播设备、智能手机等)内部已经集成了的声卡。这种声卡通常可以直接使用内置的麦克风和扬声器,也可以通过连接外部音频设备(例如耳麦、话筒等)来采集和输出声音。与内置声卡不同的是,直播外置声卡是一种专业的音频处理设备,主要用于直播过程中的声音采集、处理和输出。它通常与计算机、录音笔、便携式直播设备等外部设备连接使用。内、外置声卡的区别体现为安装方式、功能用途和价格定位三个方面(见图3—1)。内、外置声卡在性能方面也存在差异,其优劣势对比见图3—2。

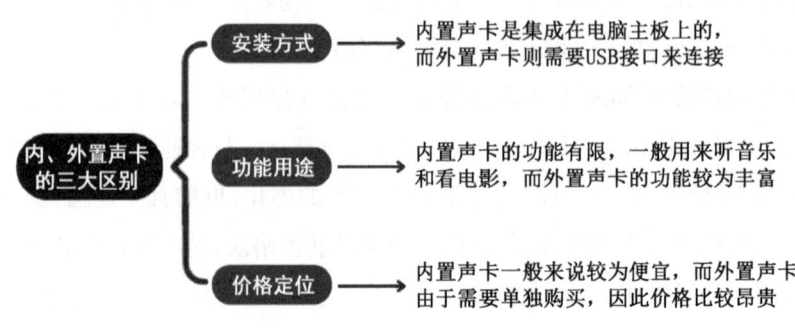

图3—1 内、外置声卡的三大区别

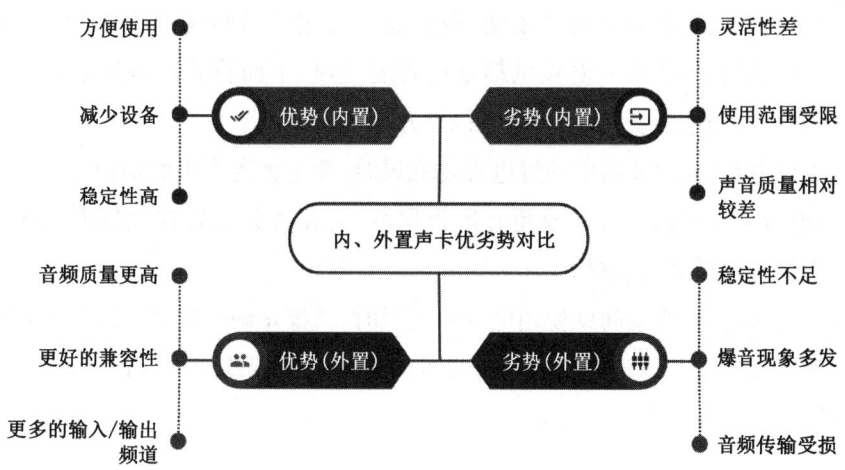

图 3—2　内、外置声卡性能优劣势

（二）直播声卡选择应考虑的因素

（1）输入/输出通道数：选择适合直播需要的输入/输出通道数。一般情况下，主播需要至少一个麦克风输入通道和一个耳机/扬声器输出通道；如果需要混音的话，则需要更多的输入通道。

（2）采样率和比特率：选择支持高采样率和比特率的声卡，以获得更高质量的音频效果。

（3）驱动和兼容性：选择有良好的驱动程序和兼容性的声卡，以确保与主播使用的操作系统和直播软件无缝集成。

（4）预设音效和信号处理：选择支持各种预设音效和信号处理功能的声卡，以提高音频的质量和效果，例如降噪、均衡、压缩等。

三、直播麦克风

麦克风，俗称"话筒"，主要分为电动麦克风和电容麦克风两种，电动麦克风又以动圈麦克风为主。此外，还有一种特殊的麦克风，即我们在电视直播、活动会议等场合常见的耳麦，它是耳机与麦克风的结合体。目前市场上，动圈麦克风和电容麦克风是较为常见的两种类型，这两种麦克风的区别与特点见表 3—1。

表 3—1　麦克风的种类与特点

麦克风种类	区　　别	特　　点
动圈麦克风	利用电磁感应原理，无需直流工作电压	优点是音质浑厚饱满，耐摔抗噪；缺点是清晰度、灵敏度低，频率响应窄，适合 KTV 等娱乐场所
电容麦克风	需要外部电源供电	清晰度和灵敏度高，瞬时响应快，具有极宽的频率响应

由于电容麦克风具有较高的灵敏度,因此通常被用于需要高质量音频捕捉的直播场景。绝大多数主播直播使用的麦克风都是电容麦克风,下面将着重讲解电容麦克风的选择。在直播间中使用电容麦克风,应考虑以下几个方面:

(1)麦克风放置:在直播间中放置电容麦克风时,要考虑麦克风的指向性和声音反射问题。大多数电容麦克风都是心形或超心形指向性,需要将其放置在主持人或演员的正前方,以确保声音能够被准确捕捉。

(2)麦克风设置:在直播间中使用电容麦克风时,需要正确设置麦克风的音量和增益等参数,以确保音频质量和稳定性。我们通常可以使用混音器或声卡等设备,对麦克风进行调节和处理。

四、直播灯光

直播环境离不开直播间的灯光效果,灯光的设置不仅会影响主播的外观形象,还与直播间整个画面的呈现相关。与光线暗淡的环境相比,明亮光线下的人、物更具吸引力。对于主播而言,上镜效果是非常重要的,而其决定因素是直播间的灯光设置。

为打造明亮的直播间,我们首先需了解直播间常用的灯,包括长形 LED 灯、美颜灯、射灯、球形补光灯(见图 3-3)。不同灯的组合可以产生不同的效果。

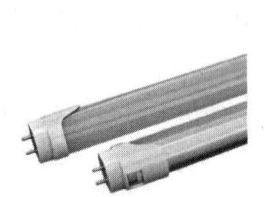   

长形LED灯:寿命长,成本低　　**美颜灯**:为面部、物体表面均匀打光　　**射灯**:起补光作用,组合照明的效果千变万化　　**球形补光灯**:柔和补光,提升整体质感

图 3-3　直播间常用灯的类型

另外,直播间常用的灯光有主光、辅助光、轮廓光、顶光和背景光,每种灯光的设置和摆放各有讲究(见图 3-4),我们可以通过不同的角度和不同的灯光搭配来展示不同的环境效果。

(一)主光

主光通常是指用于照亮主播的灯光,是直播间中最重要的灯光之一。主光是映射主播外貌和形态的主要光线,承担起主要照明的作用,可以使主播脸部受光匀称。使用主光是灯光美颜的第一步。主光应放置在主播的正面,与视频摄像头上的镜头光轴形成 0～15°夹

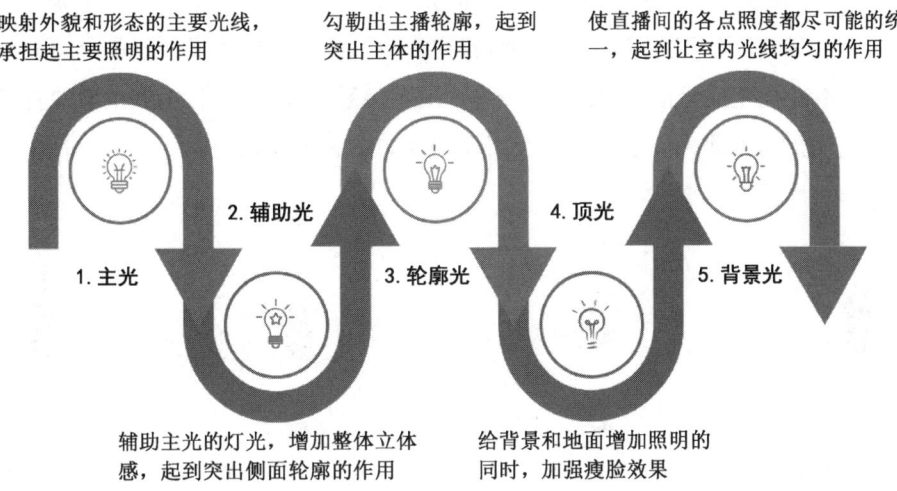

图 3—4 直播间的灯光类型及其功能

角,从这个方向照射的光充足均匀,使主播的脸部柔和,起到磨皮美白的效果。建议使用球形灯,因为球形灯打出来的光非常柔和,最好是显色度 96% 以上的球形灯。

(二)辅助光

光从正面照射会使主播全脸看上去缺乏立体感,所以还需要增加辅助光。辅助光主要用于辅助主光,增加整体的立体感,起到突出侧面轮廓的作用。辅助灯光一般从主播左右侧面呈 90°照射。在左前方 45°照射的辅助光可以使面部轮廓产生阴影,打造立体质感。从右后方 45°照射的辅助光可以使后面一侧的轮廓被打亮,与前侧光产生强烈反差,更利于打造主播整体造型的立体感和质感。

但使用辅助光时,要注意避免光线太暗太亮,光度不能强于主光,不能干扰主光正常的光线效果,而且不能产生光线投影。打造辅助光的常见设备有射灯、壁灯等。

(三)轮廓光

轮廓光又称逆光,是一种常用的灯光设计,它主要用于突出主播的轮廓和营造出独特的氛围。轮廓光应设置在主播身后,形成逆光效果。从背后照射出的光线,不仅可以使主播轮廓分明,还可以将主播从直播间背景中分离出来,以突出主体。作为轮廓光,一定要注意光线亮度调节,否则会影响直播间整体的明暗程度。直播间的轮廓光通常通过在主播的背后或两侧设置灯光来实现,可以使用彩色或单色灯光,也可以使用不同的灯光效果来营造出不同的视觉效果。使用轮廓光既让主播更加突出,营造出独特的氛围和风格,也为直播间增加了艺术感和美感。

(四)顶光

顶光的光源对于直播间来说是必须的,它可以使主播和周围的饰物或者摆件得到充分的光照,色彩比较显眼。从天花板上射下来的光源就是顶光,从主播上方照下来的光线,产生浓重的投影感,有利于轮廓造型的塑造,起到瘦脸的作用。但需要注意的是,顶灯在地上的投影最好不要离主播坐的位置超过1米,否则会刺激主播的眼睛,影响主播的直播状态。

主光、辅助光、轮廓光和顶光的参考摆放位置如图3—5所示。

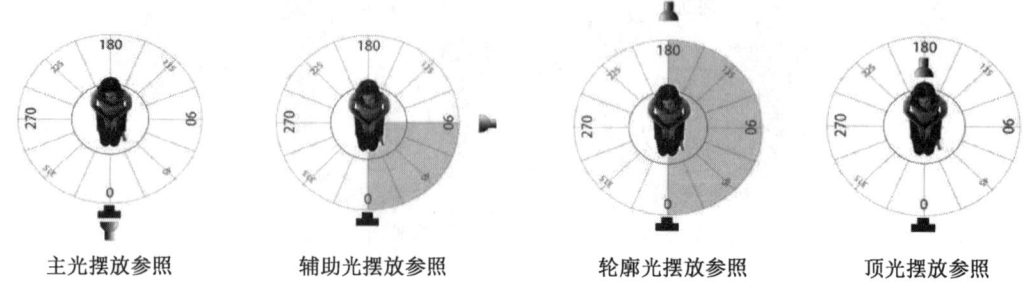

主光摆放参照　　辅助光摆放参照　　轮廓光摆放参照　　顶光摆放参照

图3—5　主光、辅助光、轮廓光和顶光的参考摆放位置

(五) 背景光

直播间的背景光是一种常用的灯光设计,它主要用于营造不同的氛围和情境,为直播间增加一些艺术感和美感。同时,背景光还可以与主光灯和其他辅助灯相协调,让画面更加和谐。背景光的效果需要根据直播场景和需求选择,比如使用柔和的光线营造浪漫的氛围,使用明亮的光线增加动感和活力。只有选择适合的灯光效果,调整正确的灯光位置和角度,才能让画面更加生动和美观。背景光灯的参考摆放位置如图3—6所示。

图3—6　背景光灯的摆放参考位置

五、直播用电脑和手机

国内直播和跨境直播在面向的受众和平台、直播内容和主题、主播要求、直播平台政策等方面都存在差异，需要根据具体情况选择和规划。在硬件设施的配置中，两者的差别最为明显。

（一）电脑选购

在直播行业刚刚兴起，且智能手机不发达的情况下，直播所采用的设备就是台式电脑或笔记本电脑，而直播对于这类设备的配置要求比较高，高性能的电脑与主播直播的体验是呈正比的。跨境直播的电脑选购会根据具体的直播需求和平台要求而定，但一般来说需要满足以下要求：

(1)硬件配置：跨境直播需要高性能的计算机来支持处理高清视频和音频流，因而需要选择配置较高的电脑。CPU 的性能对电脑的程序处理速度至关重要，CPU 的性能越高，电脑的运行速度越快。一般来说，电脑至少搭载 Intel i5 或更高的处理器、8GB 或更高的内存、独立显卡和高速硬盘，以确保视频流畅、无卡顿。

(2)操作系统：跨境直播需要稳定可靠的操作系统，推荐使用 Windows 10 或以上版本，或者最新版本的 MacOS。

(3)网络带宽：跨境直播需要足够的网络带宽来保证视频和音频的传输质量。一般来说，需要确保上传速度大于 5Mbps。

（二）手机选购

随着移动通信技术的不断进步，5G 时代的到来，手机网速越来越快。4G 网络普及后，手机的网速使人们能流畅地观看视频，这就为手机直播的发展提供了必要的前提条件。与电脑直播相比，手机直播更加简单和方便，只需要一台手机，安装一款直播平台的 App，比如 TikTok，再配上收音设备即可。手机直播适用于部分把直播当作一种生活娱乐方式或者刚进入直播领域的群体。由于手机的功能没有电脑强大，有些专业的直播操作在手机上无法完成，因此直播对手机配置的要求没有电脑高。然而，手机设备的选购也需要经过考虑和斟酌。以下是结合跨境直播的特点给出的相应选购建议：

(1)操作系统：跨境直播需要稳定可靠的操作系统，推荐使用最新版本的 iOS 或 Android 操作系统。

(2)硬件配置：跨境直播需要高性能的手机来支持处理高清视频和音频流，因而需要选择配置较高的手机。手机至少要搭载八核处理器、4GB 或更高的内存、独立显卡和高速存储器，以确保视频流畅、无卡顿。

(3)相机：跨境直播需要相应的相机设备，当直播设备为手机时，应考虑手机是否具备高清像素;在手机自身不具备高清要求时,要安装手机外置摄像头作辅助。自动对焦摄像头具有 4K 的清晰度,摄像头像素达 800 万。

(4)麦克风:跨境直播需要高质量的麦克风来保证声音质量,应选择手机原厂配备的电容麦克风或外置的专业麦克风等设备。

(5)网络带宽:跨境直播需要足够的网络带宽来保证视频和音频的传输质量。一般来说,需要确保上传速度大于 5Mbps,因而在使用手机直播前,应检查网络带宽,以确保直播质量。

六、直播间其他配套装备

除了前文所述的主要直播设备之外,还有网络宽带、直播支架、监听耳机、直播桌椅等其他配套设备。下面将介绍这些配套设备的选择以及要求。

(一)网络宽带

直播是通过互联网与受众建立沟通与联系的一种方式,网络是直播的必要条件,特别是对于跨境直播间来说,网络宽带要求是确保直播信号传输流畅、稳定,保证观众观看体验的重要条件之一。具体的网络宽带要求可以根据直播内容、分辨率、码率等因素而定,但建议满足以下几点要求:

(1)上行带宽:对于跨境直播,上传速度比较关键,因为直播过程中需要将视频和音频信号传输到服务器上。建议上传速度不低于 5Mbps,以保证视频和音频的传输质量。

(2)下行带宽:由于跨境直播需要观众观看视频,因此需要满足相应的下载速度要求。建议下载速度不低于 10Mbps,以确保观众流畅地观看。

(3)稳定性:网络的稳定性也是保证直播质量的重要因素。建议选择可靠的网络服务商和稳定的网络设备,并避免在高峰期使用网络,以免影响直播信号传输的稳定性。

(4)抗干扰能力:跨境直播跨越国际边境,面对不同国家和地区的网络环境和网络政策,因而需要具备一定的抗干扰能力。建议选择可靠的网络服务商和稳定的网络设备,并配置备用线路,以确保直播信号传输的稳定性和可靠性。

(二)直播支架

直播时,主播不可能长时间拿着电容麦克风或手机,需要用支架来固定这些设备,这样能使主播更加轻松地直播。跨境直播间的直播支架是直播过程中用来承载摄像头、麦克风等设备的。在选择直播支架时,需要考虑直播场景、直播设备和直播内容等因素,以确保直播质量和用户体验。

适合直播用的支架主要有三类:桌面三角支架、悬臂支架、落地支架(如表 3-2 所示)。

表 3—2　　　　　　　　　　　　　　直播支架类型

支架种类	优　点	缺　点	图　例
桌面三角支架	稳定性较强,价格便宜	占用桌面空间	
悬臂支架	可拉升,方便调节高度、远近,灵活性高	价格较高,携带不方便	
落地支架	高度可调节,可360°旋转,承重能力强	体积较大,价格比较高	

（三）监听耳机

在跨境直播中,由于参与者可能处于不同的地区,因此使用监听耳机可以保证音质的一致性和声音的实时性。主播为了实时关注直播效果,就需要用到监听耳机,以便对直播的内容进行及时优化和调整,从而提升直播效果和用户体验。

监听耳机主要具备两个特点：一是频率响应足够宽、速度快,能保证在监听的频带范围内信号失真尽量小,能够还原监听对象的声音；二是坚固耐用,便于维修和保养。监听耳机与普通耳机的区别主要有以下四点(如表 3—3 所示)：

表 3—3　　　　　　　　　　　　监听耳机与普通耳机的区别

区　别	监听耳机	普通耳机
声音效果	由于没有加音色渲染,因此对声音的还原度更高,保真性更好	加过音色渲染和美化,所以声音更动听
隔音效果	能有效隔离外部杂音,让人听到清晰准确的声音,隔音效果非常好	封闭性一般,经常会出现漏音和外界杂音渗入的情况
适用场景	主要用于现场返送、缩混监听、广播监听、扩声监听、专用监听等场景,以提高声音的辨识度	一般用于听音乐、看电影、玩游戏等娱乐活动
佩戴舒适度	为了保证声音的保真性,制作材质普遍较硬,佩戴舒适度一般	质量较轻,设计符合人体工学,佩戴更舒适

第二节 跨境电商直播间装修布置

跨境电商直播是面向境外的一种直播带货模式,它包含了两个核心点:一是带货,跨境电商直播是以带货为主的电商直播形式;二是跨境,跨境电商直播面向的受众是境外人群,因此,它与国内电商直播的核心区别在于受众群体。配置直播间必备设施后,关注点应转移至直播间的装修布置,即设计一个能迎合海外用户、带有跨境元素、符合品牌风格的跨境直播间。

一、装修方案制定

(一)制定前期规划

直播间的前期规划是指在建立直播间之前,需要对直播内容、目标观众、直播平台、装修配置、直播设备等进行充分的规划。直播间的前期规划主要包括直播场地选择和装修成本两个方面。

1. 直播场地

跨境电商的直播场地包括室内场地和室外场地。室内场地是指在室内直播,直播团队可以在办公室、店铺、住所等地搭建直播间。室外场地是指在公园、商场、广场、景区、农田等室外场所直播。选择适合直播的场地是跨境直播成功的重要因素之一,跨境电商直播团队在选择直播场地时,有两种常用方法,如表3—4所示。

表3—4　　　　　　　　　直播场地选择方法

方　法	具体说明
根据商品场景选择直播场地	跨境电商直播团队进行场地筛选时,要优先选择与商品相关的场景,以拉近与用户之间的距离,加深用户观看直播的印象。例如,家居类产品直播,可以选择家庭生活场景;果蔬类产品直播,可考虑选择农场作为直播场地
根据现场人数和直播内容确定场地大小	跨境电商直播团队可以根据直播团队的人数来确定场地的大小。正常情况下,室内场地的面积大小为15～40平方米。如果是个人主播,可以选择10～15平方米的房间作为室内直播场地;如果是直播团队,可以选择20～40平方米的房间作为室内直播场地。而对于需要邀请很多嘉宾的大型直播活动,如粉丝见面会、新品发布会、年会等,直播团队可以选择面积较大的室内会议场所或室外封闭场地作为直播场地。此外,场地面积与直播品类也密切相关。例如,一般服装行业的直播场地面积至少15平方米,要留足主播换衣服的区域和展示服装的挂衣区;美妆行业的主播大多采用坐姿直播,直播间面积5平方米尚可

2. 装修成本

装修成本包括设计、硬装(隔音和吸声处理、电路改造及灯具照明、安防、空调、消防等)、软装等费用。其价格与直播场地面积、装修档次、装修材料、设计风格有关,商家在装修前可以根据需求和预算进行规划。需要注意的是,装修成本并不是决定直播间装修质量的唯一因素,还需要考虑装修的设计方案、工艺、施工效率、服务质量等因素,应选择合适的装修公司或个人,以确保直播间的装修质量和效果。

(二)确定装修风格

跨境电商直播间的风格和背景样式的选择空间很大,装修风格可以根据产品、品牌调性、主播人设等来定制化设计,但要结合受众人群的特点,比如是以欧美人群为主还是以东南亚人群为主,要根据受众人群的偏好来设计直播间风格。不同国家的直播间装修风格受到文化、历史、地理、气候等多种因素的影响,因此有不同的特色和风格。以下是不同国家的直播间参考装修风格,具体装修风格还需要根据直播内容、受众群体、场地面积等因素选择和搭配,以达到良好的视觉效果和文化传递的目的。

(1)中式风格:中式风格的直播间通常采用中国传统元素,如屏风、雕花、景泰蓝等,色彩以红色、金色、黑色为主,立足于中国传统文化营造氛围。

(2)欧式风格:欧式风格的直播间以装饰豪华、气派为特点,采用欧洲传统元素,如壁画、古典家具、雕塑等,色彩以金黄、深蓝、暗红等色调为主。

(3)美式风格:美式风格的直播间以简约、实用、舒适为特点,采用木质家具、砖墙、抱枕等,色彩以白色、米色、灰色等为主。

(4)日式风格:日式风格的直播间以简约、自然、和谐为特点,采用和式家具、竹制品、落地灯等,色彩以白色、米色、木质色为主。

(5)东南亚风格:东南亚风格的直播间通常采用鲜艳的色彩和具有东南亚风格的图案。结合自然环境特点和热带气候,直播间可以加入一些自然元素,如绿植、藤编等,以营造热带风情。

如图3—7所示,左侧为东南亚风格直播间,以马来西亚国旗作背景,再配以星星灯作为装饰物,符合东南亚风格直播间光线明亮、色彩鲜艳的特点;右侧为欧美现代风格直播间,商家以中端皮鞋为主要销售产品,销售对象主要是欧美白领阶层,办公室风格的设计,既体现产品本身的调性,还有消费者的场景带入。

(三)规划场地空间

跨境电商直播间场地空间规划,需要考虑的要素包括货品的陈列、设备的位置、场控的工位。在空间的布局上,可以将直播间分为背景区、主播活动区、硬件摆放区及其他工作人员活动区。跨境电商直播货品的陈列既要符合主播的习惯,也要考虑产品的特性,有些产品可以用货架陈列,有些产品则要用挂钩悬挂,还有一些需要排放在桌面上。建议将能上墙展示的产品尽量上墙,这样会使直播间整体显得更加整洁,在视觉上可以增加直播间的

图3—7 不同风格的跨境直播间

空间感。直播间的产品布置最重要的是要遵循互不干扰的原则，否则拿取产品时容易拿错或多花时间。关于设备的位置，光源、摄像机、麦克风等首次摆放定位前要测试，距离测定后做记号，最好不要随意变动。需要注意的是，场地应根据直播内容、场地面积和经济预算等因素合理规划，确保直播的流畅性和美观度，同时还需考虑安全和人流等因素，保障直播过程的安全性和观众的舒适度。

（四）规划环境灯光

在跨境电商直播间环境中，灯光的地位举足轻重，直播间的环境灯光规划是为了营造适合直播内容的氛围和视觉效果。灯光用于突出主播和产品，直播间通常使用一盏主灯、两盏副灯。顶部灯光也不能太暗，最经济的选择就是用T8灯管铺满后做软膜天花。有些情况下还需要增加其他灯，比如美妆类直播，由于镜头离主播的脸比较近，可以在摄像头后方增加一个柔光镜。环境灯光的基础布置如图3—8所示。

图3—8 环境灯光参考布置

二、装修方案实施

（一）隔音装置

直播间的隔音非常重要，因为它能够有效地防止外界噪声干扰和隐私泄露，从而提高直播的质量和观众的观看体验。装修通过安装隔音材料、增加门窗的密封性以及调整装修设计等途径来减少回音和噪声的传递。

过于空旷的房间是不适合直播的，选择一个安静、封闭、独立的空间是跨境电商直播间装修的第一步。场地的选择因人而异，尽量避免过多外部噪音的影响。例如沿街店面就不适合做直播间，因为外面嘈杂的声音会影响主播的带货节奏。如果在隔墙阶段就意识到这个问题，可以在两层薄砖之间增加 2 厘米左右厚度的泡沫隔板，也可以用玻璃满铺来进行隔音基层处理，再在表层贴吸音棉或者其他吸音材料。专业的直播间还可以铺设地毯来降低人员走动所产生的声音（如图 3—9 所示）。

图 3—9　直播间隔音装置——吸音棉和地毯

（二）背景装饰

直播间的背景装饰是直播的重要组成部分，有助于打造出独特的品牌形象和视觉效果，吸引观众的注意力并提高直播质量。跨境电商直播间主播直播带货时，一定不要忽视背景墙的设计。好的直播间背景可以提升观众的观看体验。此外，在背景中还可以适当添加一些和跨境直播相关的元素，进一步提升直播的效果。

1. 跨境直播间背景面的选择

跨境直播间的背景有多种选择，目前以绿幕虚拟背景、广告背景和实景背景为主。

（1）绿幕虚拟背景

跨境直播间背景布可以选择绿幕虚拟背景，现在网上有很多背景都是虚拟的，比如，你家里本来没有书柜,可利用绿幕抠图技术给背景印上书柜,看起来就像真的一样。背景面采用绿幕抠图,通过软件和图片加以修饰,可在前端呈现出不同的展示风格。

(2)广告背景

直播间背景布可以选择广告耗材背景,直播时如果需要在背景上展示活动内容,或者直播间的品牌LOGO,可以通过定制广告背景布来实现。如果要考虑吸光的问题,想让整个直播画面更纯净、主播和产品更突出,就要选择植绒材质的背景布,但其缺点是容易沾尘灰,需要准备可撕粘尘纸打理。

(3)实景背景

如今的直播间场景类型可以用百花齐放来形容,既有简约便捷的绿幕直播间,也有充满高雅格调的实景直播间。虽然绿幕直播间在搭建成本上对新手特别友好,因而广受直播商家追捧,但像服装、鞋帽、珠宝、户外运动等特殊类目,还是更适合于实景直播间。

相较于绿幕直播间,实景直播间同样具备灵活性。结合直播间的调性和产品特性,实景直播间可借助其先天优势助力商家提升直播的整体效果。例如,自然的布景可以让直播画面具有视觉上的优势,能拉开直播间背景与主播的层次,形成空间感和层次感,丰富直播画面观感,更容易让观众产生线下购物的真实代入感。实景直播间更适合沉浸式风格主题。对于想要实现视觉差异化的商家,可以结合自身品牌的调性,个性化地设计直播场景,打造氛围独特的空间。

背景面的具体选择如图3—10所示。

绿幕虚拟背景　　　　　　广告背景　　　　　　实景直播

图3—10 跨境直播间背景面

2. 装饰点缀

摆放装饰物是提高背景档次的好方法。如果直播空间很大,为了避免直播间显得过于空旷,可以适当地放一些室内小盆栽、小玩偶之类的装饰物,布置不需要过于复杂、奢华,干净、整洁即可。面向中国消费者的直播间,可以在墙上挂一幅水彩画或风景画,看起来素净而文雅,充满艺术气息。面向日韩消费者的直播间背景多为颜色清新的配色,以绿色、白色和黄色为主;色调自然明亮,贴近自然;场景布置简洁实用,追求简单。面向欧美消费者的直播间背景较为明亮,整个场景被填充得较满,画面较为丰富。

如果是节假日,直播间可以布置一些与节日相关的装饰物,或者配上节日的妆容和服饰,以此来吸引观众的目光,提升直播间人气。例如西方的圣诞节、万圣节、黑色星期五,这些节假日的特点较为鲜明,可以抓住这些时间节点,打造节日主题直播间,吸引更多的观众进入。

除了实景布置,我们也可以为直播间设置一些贴片,来展示直播间的主题、活动,从而吸引顾客逗留。这些贴片既装饰了直播间,也增加了直播间的氛围感。同时,贴片上的信息不仅可以吸引消费者在直播间逗留,还可以引导他们自主下单,从而提高直播转化率。

总之,不要忽视这些点缀,多在细节上下功夫,往往会事半功倍(如图3—11所示)。

旅行包直播间物品陈设　　　　置物架直播间物品陈设

图3—11　Lazada跨境直播间装饰点缀

3.物品陈设

直播间的物品摆放也是有讲究的,房间的布置同样要求干净整洁,物品的摆放和分类要整齐有序,这样做不仅能够在直播时有条不紊,还能给观众留下好印象。

直播间的物品陈设一定要符合直播风格和产品类型(如图3—12所示),这样才能提升主播的专业度和直播间的档次,吸引更多用户粉丝。美妆类直播可以陈设口红、散粉、眼线等相关产品;服装类直播可以放置衣服、鞋类等;美食类直播,可以放置零食、特产等。

(三)直播间布光

1.直播间一般布光法

图 3—12 亚马逊跨境直播间物品陈设

打造好的直播间除了适当的装饰和合理的规划外,最重要的就是布光。直播间的光线直接影响直播的观感和质量,有助于增加观众互动和提升专业度,从而为直播的成功打下坚实基础。以下是四类常见的直播间布光法:

(1)立体轮廓法:想要增加轮廓立体度的主播,可以采用斜上光源的方式布光。斜上光是从主播头顶左右两侧45°的斜上方打下的光线,在调试灯光的过程中,主播可以看到自己眼睛下方出现一块明亮的三角形光斑,这种布光方法就是著名的伦勃朗布光法。此方法可以突显主播鼻子的立体感,强化主播的脸部骨骼结构。

(2)蝴蝶光瘦脸法:蝴蝶光是美国好莱坞电影厂早期在影片或剧照中拍摄女星时常用的布光法,因此称作"美人光"。蝴蝶光的光源设定在人脸的正斜上方,这样会打造出面颊和下巴的阴影,让脸看起来更瘦、下巴更尖。由于阴影形似蝴蝶,因此被称为"蝴蝶光"。很多主播都希望自己更上镜,能有娇小的脸庞,这时可以使用蝴蝶光布光法。但需注意,布灯时,如果灯位过低,可能会导致被摄者脸颊两侧的阴影减轻,拍出大饼脸的效果,因此需不断调试。

(3)顺光照明法:顺光照明可以用两盏灯或一盏灯完成。如果是两盏灯,一般用加了柔光纸的两盏功率相同的灯,从靠近摄像头左右两侧的位置以相同的距离、略高于摄像头的高度,将光线投向视频主播,且两盏灯不能太高,以免在脖子及鼻子下方产生太深的阴影。如果是一盏灯,则其投射位置应略高于摄像头,从它后面投向视频主播,如果面部两侧阴影太深,可以用反光板将它冲淡。顺光照明适合拍摄脸型均匀、年轻的主播。

(4)侧光照明法:主光从与摄像头大约成90°的方向投射,会出现阴影面积较大的现象,所以需要用侧光照明的方法辅助;如果主播脸型比较圆,左右两侧脸围不对称,可用侧光照明将较圆的一面加以掩盖,使主播外貌表现得更完美。

2. 直播间光源色温

我们还需要考虑光源的色温。不同的色温所营造的氛围不同,因而适合的产品也有差异。例如,暖黄光适合家庭、酒店、咖啡馆等温馨环境,适用于家居用品;正白光如同中午的太阳光,有较高的流明和显色性,适用于家电、饰品等产品直播。

第三节　跨境电商直播间打造案例

为了让大家更好地了解跨境直播间的装修布置,本节主要呈现一般性跨境直播间打造样板间的过程。同时,结合主要的跨境直播品类,本节总结了相关直播间场景打造的一般特点。

一、一般性跨境直播间打造案例

图3—13主要呈现了一般性跨境直播间样板间,不同的跨境直播间需要根据实际情况进行设计和规划。

图3—13　跨境直播间样板间

(一)一般设备配置

直播间设备配置的重要性在于提供高质量的直播体验和有效地传达内容,以下是搭建跨境直播间的必要设备:

1. 两台手机和手机支架

一台手机用于直播,如果是苹果手机,可以考虑选用6s以上的版本,内存为16G以上。另一台手机用于实时监测直播画面,确保信号良好和声音清晰。

2. 一台电脑

电脑主要用于在直播过程中实时上下架产品和更改价格。使用电脑上下架产品,运营或者助播能够方便地管理商品信息、实时展示商品、生成购买链接,并与观众交流。此外,在直播App的后台可以详细地看到观看人数、观看时长、观众互动情况等数据,通过实时监控和分析这些数据,了解观众反馈和直播效果,便于定制当天的促销活动和更改产品价格。如图 3—14 所示,在直播间空间足够的情况下,可以放置一个小桌子用于放置场控电脑、直播资料等物品。

图 3—14　场控电脑

3. 一个麦克风

收音对于直播来说至关重要,会直接影响直播体验和效果。主播在讲解产品过程中,若只通过手机收音,声音会非常不清晰,忽大忽小,因此推荐配置一个能够长时间续航、有降噪功能且收音效果立体的麦克风。本直播间使用的是收音麦克风,如图 3—15 所示。

图 3—15　收音麦克风

4. 两个补光灯

补光灯的作用是为直播场景提供适当的光线,以改善视频画面的质量和观看体验。左右两边各安置一个补光灯是为了更好地打轮廓光和面光,让主播的脸以及直播产品更加立体,摄影灯最好加上柔光罩或柔光伞(如图 3—16 所示)。最后,还需要通过摄像头的亮度、对比度、白平衡调解工具进行调整,达到完美效果。

图3－16 补光灯实拍

5.置物架

直播间的货品收纳要遵循尽量不落地的原则,商家(主播)可根据商品的大小选择合适的货架,有些产品也可以直接挂在墙上,货品摆放时要注意尽量做到互不干扰。销售包的直播间货架如图3－17所示,商品货架建议置于主播的右后方。

图3－17 商品货架

(二)简易装修布置

1.隔音装置

为了保证安静的直播环境,大多数直播间都会安装隔音棉或者隔音板,如图3－18所示,墙面便是隔音木板。木质吸音板具有材质轻、不变形、强度高、造型美观、色泽幽雅、装饰效果好、立体感强、组装简便等特点,可有效地提高中高频的吸声性能。

图 3—18　墙壁吸音棉实拍

2. 背景墙

直播间背景墙是指直播间内用于营造视觉效果和增强观众体验的墙面装饰,通常放置在主播的背后。好的背景墙设计可以提高直播间的品质和观看体验,吸引更多的观众。而跨境直播间的背景墙装饰文字多为英文或其他语言,简单的英文字母背景布如图 3—19 所示,贴上了"Promotion""Discount"和"Sales"等与销售相关的英文单词。此外,为了丰富直播间场景,可以在桌面的侧边摆放小物件,营造出主播的形象和风格,吸引更多的受众。

图 3—19　背景墙效果

二、不同品类跨境直播间呈现

根据直播行业的不同属性,直播间场景搭建的技巧也略有不同。对于跨境直播带货而言,较为畅销的品类有服装、饰品、水晶、假发、盲盒等。接下来,主要针对其中几类产品,介绍相应直播间的基础布置。

(一)服装类目跨境直播间

在跨境直播电商领域,外贸服装专业市场在产业基础、市场覆盖、资源集聚方面均有独特优势,通过"跨境电商+直播"的形式,国内服装企业纷纷成功出海。

为做好服装品类跨境直播,在搭建直播间时,首先要确定直播间的整体风格,要与衣服风格相吻合。例如,日韩风服装,建议直播间整体装修风格偏简约,背景板以浅色系为主;若是欧美风服装,直播间的色彩可以较为鲜艳明亮。此外,为了丰富直播间背景,让整体看起来更有层次感,可以增加一些与服装主题相关的道具,例如衣帽架、立体人台等,这样会让整个画面设计更具专业性。

直播设备方面,可以选用 50 毫米的定焦镜头采集画面,光圈设在 f2 左右。如果镜头跟主播距离不够,可以选用 30 毫米的定焦镜头。30 毫米的定焦镜头比 50 毫米的可视范围更广,但不是说画面越广越好,否则会造成人物和产品的变形。另外,给主播调整补光,也可以给背景添加氛围光,建议不要用太强的灯光。同时,给主播加上美颜滤镜,但不能开太强的效果,避免偏色,否则会影响服装材质、颜色等细节的还原度。如果有过强的曝光,可以调整相机的快门和感光度参数。降低感光度或提升快门速度,防止画面过曝。收音方面,可以使用声卡加有线麦克风的组合,声卡可以很好地降低噪音。因为使用的是有线麦克风,所以长时间的直播也不会有断电的烦恼。最后,记得给直播画面增加一些门头、销售利益点等贴片,方便进直播间的粉丝第一时间知道本场直播的利益点和促销内容。服装类目跨境直播间展示如图 3—20 所示。

 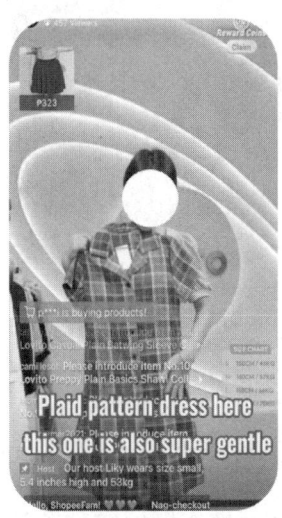 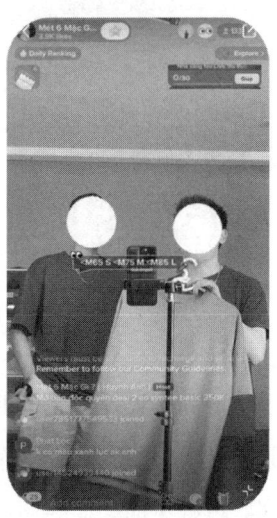

图 3—20 服装类目跨境直播间

（二）假发类目跨境直播间

近年来，随着"颜值经济"的快速发展，假发市场规模不断扩大。从消费主力的欧美国家，到购买力逐步提升的非洲国家，假发产品的全球市场需求量急剧攀升。很多跨境自播平台，例如 TikTok Shop，大力扶持跨境假发类目在平台的发展，假发品类直播也如雨后春笋般占据了平台相当大的流量。

销售假发的直播间建议选用相机来搭建双机位的状态，一台拍主播，另一台切特写（有条件的话可以搭配微距的镜头）。如果使用手机或者摄像头来直播，由于画质的限制，基本拍不出假发的质感，黑色的假发拍出的效果很可能是黑乎乎的一团，没有细节。关于打光方法，主机位可以采用常规的打光做法，打亮模特的面部；特写机位建议采用大口径的深抛箱，均匀地打亮产品。除此以外，需要使用另外一组 LED 灯来打高光，这样头发的层次、弹性才能最好地体现。如果想让头发的颜色还原得更准确，可以事先采用色卡进行校色。直播间应选择干净、简洁的背景，以突出假发的颜色和质感。例如，使用中性色调的背景，如白色或灰色，以确保假发能够在视觉上突出。背景中还可以放置一些相关的装饰物，如发型师用具或时尚杂志，以增加时尚感。假发类目跨境直播间场景配建如图 3-21 所示。

图 3-21 假发类目跨境直播间

（三）水晶类目跨境直播间

近几年，水晶类目跨境直播带货在 Ins、Facebook、TikTok、Shopee 等跨境直播平台上风生水起。跨境水晶产品和国内销售的水晶产品有很大不同，国内把水晶当作饰品，制作成手链、吊坠佩戴。但是在国外，人们把水晶当作可以疗愈身体的宝石，他们更在乎的是纯天然,不要深度加工的产品,例如水晶球、水晶柱、水晶原矿都深受欢迎。

水晶类目跨境直播间比较常见的直播形式是"手播＋画外音",例如现场开盲盒,或者直播其生产打包流程。下面介绍"手播＋画外音"形式的水晶类目直播间的搭建,如图3－22所示。首先,布置直播场景,入镜的物品颜色要有深浅搭配,陈列要有远近高低,固定好机位和调整直播画面。其次,布光。先放柔光灯,制造均匀的柔光环境;再放反光板,聚拢灯光;随后,放上太阳射灯,定位照射目标,夹上星光镜和前置挡板;最后,调整直播滤镜,效果可行就可以开播。

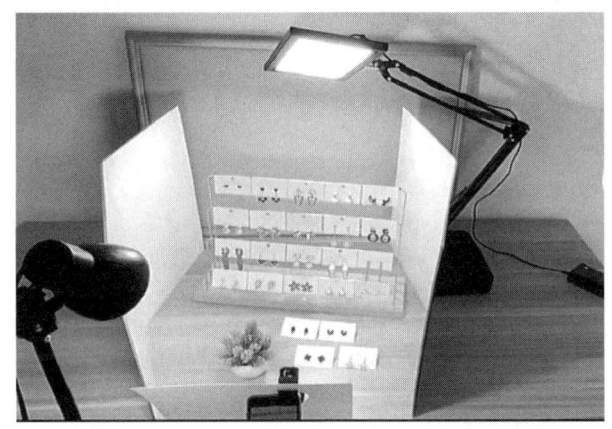

图3－22　水晶首饰类目手播跨境直播间搭建

【本章总结】

近年来,跨境电商行业飞速发展,网购消费规模迅速扩张,形成了一种新的经济常态。相较于国内直播平台的百花齐放,跨境直播流量主要集中在TikTok、Amazon、Lazada、Shopee和Shopify等几大巨头平台。而打造一个优秀的直播间,是做好跨境直播的基础。

出色的直播体验不仅需要主播现场带动气氛,更需要借助整套的科技设备来呈现直播现场良好的状态。总体来说,跨境电商直播的设备配置需要根据具体需求和预算选择。

直播间装修样式是观众进入直播视觉信息接收占比最大的一部分,对用户体验有着最直接的影响。好的直播间装修会吸引粉丝驻足,从而提升直播间的人气。因此,在讲解直播间必备设施后,关注点应转移至直播间的装修配置,即设计一个迎合海外用户、带有跨境元素、符合品牌风格的跨境直播间。

【课后思考】

1. 尝试设计一个服装类的跨境电商直播间的空间布局方案。
2. 尝试设计一个跨境电商直播背景图。
3. 查阅资料,进一步了解不同类型跨境直播间的布光法。

第四章

跨境电商直播选品

· 跨境电商直播选品基础思维

· 跨境电商直播选品原则及依据

· 跨境电商直播大数据选品工具

学习目标

1. 理解跨境电商直播选品基础思维。
2. 熟悉跨境电商直播选品原则及依据，对直播排品形成认知。
3. 掌握跨境电商直播第三方选品工具的使用方法。

本章简介

跨境电商平台如何实现高效卖货，直播是一种不可错过的营销方式。跨境电商直播业务流程一般分为选品、线上发布、销售、收款、发货、售后等环节。其中，选品是第一环节，也是决定后续产品销售状况的主要环节。在跨境电商领域，我们常说："三分运营，七分选品"，这也足以说明选品的重要性。

但对于新入行的跨境卖家来说，选品是非常困难的，他们的一个通病就是盯着某些跨境电商平台上的热销品，更有甚者根本就不选品，也不了解平台的规则和玩法，全凭自己的感觉。因此，他们等来的不是产品大卖的消息，而是一个又一个问题，最终结局就是铩羽而归，既浪费了时间，又损失了金钱。万事开头难，但若能成功地攻克选品的难关，无疑将为后续的直播运营注入强大的动力。

本章将介绍跨境电商直播选品的基本思维和方法，以及结合大数据手段如何精进选品，有助于初出茅庐的跨境直播卖家团队树立正确的选品逻辑，更好地了解市场需求，布局有利的直播产品矩阵，使得直播带货的前期准备更加游刃有余。

第一节　跨境电商直播选品基础思维

在跨境直播前,卖家思考的第一个问题就是应该卖什么,即选品。选对商品并赶在一波潮流趋势前头,可能收获颇丰;看到市场爆款后跟风操作,可能订单量不错但利润稀薄。因此,我们应该具有基本且正确的选品认知。本节主要介绍跨境直播选品前必备的基本思维,包括对蓝海产品的认知和自身情况的把握,以及据此锚定的选品方式。

一、跨境电商直播蓝海产品

在跨境电商圈内,我们常听说蓝海市场、红海市场,以及蓝海产品、红海产品这些概念。究其内涵,其实就是把市场比作蓝色海洋和红色海洋。蓝海市场是待开发或未知的市场空间,资源丰富且竞争压力小;而红海市场是尽人皆知、饱和的市场,竞争激烈且利润低。当然,蓝海也不是没有竞争,而是在蓝海市场更容易获得发展和利润。蓝海产品是指利润空间大且市场竞争暂不激烈的品类,而红海产品则相反。

爆款,顾名思义是指非常火爆的产品,高流量、高曝光度、高订单量是它的代名词。爆款虽然可能不是利润的主要来源,但是可以给平台内的其他商品带来关联流量。因此,对于刚入局跨境电商直播的新手而言,常有的思维是跟风选择已有的爆款来尝试开局。同时,一般的爆款还具有以下属性:没有库存积压的压力、具有独创性/创意性、销售周期长、具有话题性/趣味性/利于口碑传播,爆款是大家选品清单上的常客。

爆款确实让人"眼红",但并不是每个人都可以驾驭大爆款产品。

打造一款大爆款产品并不容易,你可能会遭遇许多运营和非运营因素(例如竞争对手的打压)的干扰;而现有的大爆款产品很可能早就是红海产品或占据了大部分市场份额,你的努力很可能是在为竞争对手做宣传。简单地跟风选择大爆款产品会使卖家因落后布局而错失热点爆发初期的红利。如果新手们选择爆品作为跨境直播开局,而没有考虑市场容量、垄断、季节性因素等情况,那么成功的概率并不大。

因而,刚起步的跨境直播新手应选择竞争热度小、相对偏小众的蓝海类目中的产品。究其原因,首先,这类产品不会影响大卖家的利益,大卖家更偏向于大众市场,因而市场竞争不激烈;其次,偏小众的小爆款产品着眼于小众市场,用户更为精准,配合直播的宣传运营策略也可更具针对性;最后,这类产品的风险较小,相对来说发展更稳定。但需指出,蓝海产品并不是冷门类目产品。冷门产品之所以冷门,可能是由需求量低、利润低等因素导致的。这些冷门产品虽然竞争者少,但做起来并没有前途。

二、自我分析

明确了选品的主要大类目后,选品前我们还需要进行自我分析,审视自己拥有的资源和实力,因为不同的资源和实力意味着不同的选品阶段和选品方法。我们建议从以下几点进行自我分析。

第一,分析供应商资源。国内有很多地区都有大规模的产业带,比如广州女装产业带、义乌小商品市场、苏州婚纱产业集群等。产业带的特点是商品丰富,相关的上下游商品都很齐全,价格也有明显优势。如果你身边恰好有类似的优秀供应商资源,可与工厂直接合作,这样不仅可以控制价格,还可以实现小批量定制化生产,拿到特制的商品。如果这些供应链资源都没有,我们还可以寻求线上的供应商,比如阿里 1688 批发平台也有海量货源可供选择。

第二,判断团队优势。判断是研发型团队,还是铺货型团队。如果团队成员有研发和生产的背景,就可以利用这项优势走专而精的商品路线。即使是小众类目,只要市场容量够大,也值得深耕。

第三,评估资金情况,合理分配资金。分配资金时要考虑回款周期和补货周期,尽量减少库存,避免资金积压。

第四,考虑自身经营策略。首先要明确直播间定位,是拥有海量商品的杂货铺还是有独特风格的精品铺。其次是明确商品策略,直播链接挂的是低利润走量的小商品还是高利润精品。最后是明确自己的市场定位和主要直播平台。各个国家的地理位置、社会环境不同,用户的消费习惯也有较大差异,选择到一款全球热卖的产品的可能性很小。因此,选品前你需要确定主要的目标市场,继而才能以此为基础让选品更有针对性。同样的,跨境电商平台多种多样,每个平台的用户群体也大相径庭,商家选品前要重点考虑自己所处的平台因素,充分利用平台提供的信息资源做好选品市场调研。

三、选品方式

一般而言,选品方式有三类,分别为普通选品、差异化选品以及产品研发,而这三种选品方式,都需要卖家的支持,卖家的资源和实力决定着其选品方式。

(一)普通选品

绝大部分直播新手卖家,采用的都是普通选品方式。具体做法是从市场上现有的产品中,通过分析目标类目和已有产品的运营数据,找出蓝海产品,然后复制这些产品来进行直播带货运营。或者通过类目筛选、社交媒体或店铺复制等方式,选定自己将要运营的产品。这种选品方式的最大特点就是"复制",复制那些已经存在的、你认为卖得不错的产品,也就是复制某类爆品。

（二）差异化选品

差异化的实质，是先找到具体的类目和产品，然后通过调研这些产品自身存在的一些问题和短板，找出解决方案，最终打造出更优的产品。差异化选品对原有产品的改动程度，远小于研发的选品方法，通常只涉及对产品颜色、搭配、图片、礼品等方面的小修小补。

如图4-1所示，这款燕麦罐还配赠了旋入式盖子和封闭式硅胶勺架及加长勺子，方便买家外出就餐，减少了分次购买配套用品的麻烦。

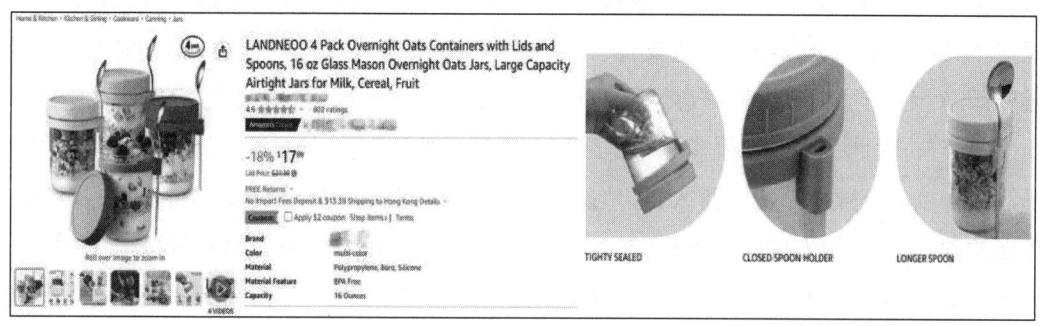

图4-1　燕麦罐及其优化设计

图4-2展示的是储物容器套盒，卖家提供了多种套件组合的选择，其中一套组合有多达60件储物盒，比市场上的普遍套件件数多得多。产品数量上的创新，虽然简单但也是差异化的体现。

图4-2　储物容器套盒

以上都是一些差异化选品的思路,针对不同的类目和产品,可以设计不同的搭配方案。在差异化选品时要多研究竞争产品的客户评价,最好是多研究差评和中评,看看自己所中意的产品的主要短板是什么。如果这款竞品的销量不错,你又找到了它的短板,并且在现有的供应链和资金水平下,可以对这些短板做出相应的补足,那么直播带货选这款产品的成功率大增。

(三)产品研发

产品研发,就是由卖家自己的开发设计人员,研制出目前市面上没有的产品,既可以是市场空白的产品,也可以是满足某些特定需要的产品。一般而言,采用这种方式选品的卖家必须具备一定的资金和供应链支撑。没有资金,就没有开私模的能力;没有完备的供应链资源,就无法达到自己的私模效果。对于大多数新手卖家而言,这很难达到。

几年前,大部分直播新手卖家都是采用普通选品的思路。由于各大跨境直播平台每年都有数十万甚至数百万卖家涌入,这些新进入的卖家不断涌进导致很多类目是一片红海。你能找到的数据,别人也能找到;你能找到的产品,别人也都在觊觎。这就导致较为无奈的局面产生,好不容易开发了几款产品,每个产品可以日出十几单,但随着更多的卖家发现这个产品,很快该类目的利润水平就跌到了冰点,该产品的生命周期也提前宣告结束。随着更多直播卖家的涌入,各个类目产品的竞争会愈演愈烈。因此,谁能保持不断的差异化,谁能保持不断地进步和创新,谁就可以在激烈的竞争中立于不败之地。

综上所述,任何运营手法,最终都要回到产品上来。跨境电商直播新手卖家的选品之路,应该先从第一种方式开始,在具备一定的经验和资源后,慢慢向第二种差异化的方式进阶。第二种方式已经熟练运用时,再慢慢往第三种靠近。不过,这条路只会越来越窄,越往后走越难,但也越有成就。

第二节 跨境电商直播选品原则及依据

本节将就如何准确地选择产品,从而最大限度地提高跨境电商直播企业的运营效率等相关内容展开介绍。

一、选品原则

跨境电商直播选品应该是合乎逻辑的,这就需要有一定的选品原则,例如充分考虑市场需求、防范物流风险、确保产品不侵犯法律法规和平台原则、侧重于"蓝海"类目产品等。除此以外,选品时还可以酌情考虑以下几点:

（一）选择相对简单的产品

选品越简单，起步越快，可以省去前期的知识沉淀过程，团队可以直接上手，也更有利于品控。而复杂的产品，往往对技术、行业等方面的知识有很强的依赖性。对于不了解该行业的跨境直播卖家来说，会比较吃力，且在短期内难以获得收益。另外，复杂的产品会有较多的操作，增加了售后解释成本。有些买家的耐心有限，没有看懂使用说明书就投诉商品有问题，要求退货退款，这样的现象很常见。相对而言，简单的产品在产品组合上有更多的发挥空间，例如可以通过捆绑销售、套装组合、搭配赠品等方式激发用户的购买欲望，甚至有将其打造成爆款的可能性。

（二）选择非季节性、非节日性产品

季节性、节日性产品对卖家的综合运营能力要求较高，对于刚入行或规模不大的卖家而言，在库存把控能力有限的情况下，尽量不要接触这类产品。季节性产品，特别是泳衣、风扇、雨具等，它们的销量波动容易造成库存堆积。对清货能力较差的卖家而言，后期清库存是件非常麻烦的事情。

（三）价格区间要合理

产品的售价区间也是选品非常重要的指标。首先，售价建议尽量控制在 100 美元以内。其次，结合产品的各项成本进一步确定产品的类型。

平台上现存的一些售价 10 美元以下的产品很多，虽然这个价格产品的受众用户很多，但商家也多，这意味着竞争会异常的激烈，完全没必要打价格战。因此，我们在选择产品时，最初价格可以控制在 15~100 美元，再根据实际情况调整价格。为什么建议最低价是 15 美元？因为产品售价一旦低于 15 美元，就很可能导致利润空间非常低。因为产品售价不仅涉及成本和运输费用，还有仓储费和人员费用等，所以建议新手卖家不要选择售价 15 美元以下的产品。同时，价格也不能一开始就超过 100 美元，如果产品售价太高，无形中使得受众群体变得狭窄，并且价格较高会导致人们的思考时长增加，在买和不买的长时间犹豫中很有可能最终不会下单。

（四）尽量避开需要品类审核的产品

以亚马逊为例，该平台上的产品种类众多，但有一些品类是需要通过亚马逊官方的一系列审核和认证之后才可以销售的。然而，很多初期的卖家并未完全掌握审核流程，而且审核时间非常漫长。只要有不符合要求的都需要重新认证审核，并且通过率不是 100%。对初级卖家来说，这不仅浪费了宝贵的时间，也消耗了运营精力。卖家可以尝试通过"后台主页 Help——搜索 Approval——点击 Categories and Products Requiring Approval——选择类目"来获取亚马逊卖家后台的产品分类审核名单，从而了解哪些产品需要审核。

（五）注意产品专利和版权

新手做跨境电商直播选品时，一定要注意产品专利和版权问题。如果产品已经被品牌申请了专利，就不能随便上架销售。如果无视规则，可能会被投诉，导致禁播和店铺关闭。为了避免这种情况，卖家可以在谷歌专利网站上在线查询，输入产品的主题词进行搜索。如果发现了相关的专利成果，那么卖家就不能选择这个产品进行销售。

（六）选择轻小型产品

产品体积越小、重量越轻，其头程及仓储费用越低，后期产品的利润越高，建议选择重量不超过 500 克的产品进行前期试探性运营。一旦做起来了，商家想要转型做大件产品就会较为轻松。

（七）选择可持续产品

如果主营更新换代快的产品，你可能会面临库存积压的困境，进而导致资金周转率下降，并承受长期仓储费的压力。由于市场的不确定性，该类产品还有可能突然被市场淘汰，最终成为仓库里的废品积压。因此，做跨境电商直播，不能一味地追赶爆款，而是需要将更多的精力放在可持续发展的产品上，让该类产品可以销售更长的时间。只有这样卖家才有足够的精力在该类产品上做进一步扩展或研发新产品，否则只会陷入无限的"选品"循环中，永远在追赶别人的脚步。

在市场竞争中，商家还要关注商品的生命周期，保持商品的竞争力，做到以下六点：人无我有、人有我优、人优我快、人快我新、人新我廉、人廉我转。

二、选品依据

不同的用户群体有不同的消费偏好。只有了解用户的消费偏好，按需选品，才能更有效地实现营销目标。

（一）按照性别选品

如果按照性别来划分，用户群体分为男性用户和女性用户。很多产品和服务原本是仅为男性或者女性来设计的。在一些产品类型中，性别是一种准确划分消费者类型的方式。

1. 男性用户

男性用户的消费行为往往不如女性用户频繁，购买需求也不太强烈。一般情况下，他们的购买需求是被动的，如受家人嘱咐、同事与朋友的委托或是工作需要等。因此，他们的购买行为多数情况下显得不那么灵活，往往选择购买特定的商品（如指定的品牌、式样、规格等），多样性体现较弱。

男性用户的审美往往与女性用户不同。对于自己使用的商品，他们更倾向于购买有力量感、科技感等男性特征明显的商品。如果直播间的目标用户群体是男性用户,那么,质量可靠、有科技感、极简风格的商品,可能更容易让他们做出购买决策。

2. 女性用户

不难发现,直播电商服务对象主要聚焦在女性消费者。目前,美国大部分直播带货都与美妆和时尚产品相关,女性消费者在这类商品上的消费额远远超过男性。许多美妆品牌举办的直播节目也以女性消费者作为首要营销目标。艾媒咨询数据显示,2021年中国进口跨境电商用户中,女性占比为50.7%。女性用户一般喜欢有美感的商品。女性用户的"爱美之心"是不分年龄的,她们都倾向于用商品将自己打扮得更美丽一些。她们在选购商品时,首先考虑的是这种商品能否提升自己的形象,能否使自己显得更有魅力。在她们看来,商品的外观(色彩、式样)与商品的质量、价格同等重要。

(二)按照年龄选品

1. Z世代

Z世代,是指出生于1995—2009年间的人群。他们的自我意识较强,追求独特个性,使用电子产品的时间较长,对于新事物的接纳能力更强,是跨境电商直播的主要受众之一。另外,他们的消费特征也非常明显,总结起来有如下几点:一是获取信息渠道多样化;二是务实,有财务意识;三是喜欢以社交为目的的购物;四是追求个性时价格敏感度下降等。从这些特点出发,跨境卖家们首先可以从多个社交渠道了解当下流行的产品,如Instagram、Pinterest、YouTube这些国外主流的社交平台。其次,在充分考虑物流成本的前提下,尽量选择客单价中等偏低的产品。最后,一定要重视产品的独特性和差异性,卖家也可以尝试涉猎包含韩国流行音乐、日本动漫元素的产品,来满足Z世代表达自我的需求。一般而言,美容、健身、家居和服饰等产品在这个年龄层是最受欢迎的。

2. Y世代

Y世代,即千禧一代,是指在20世纪出生,但在跨入21世纪以后才成年的这一代人,一般出生于1981—1995年。千禧一代的成长时期,几乎与互联网的高速发展相吻合,和互联网一同长大的他们,对线上购物抱有更高的热情。

在海外,Y世代依然作为消费主力军频频登上热搜。2022年,泰国人均使用互联网的时间是每天7小时4分钟,Y世代人群每天上网的时间是8小时55分钟,超过Z世代8小时24分钟。Y世代成为泰国网购的主力人群。Twitter发布的《全球移动电商研究报告3.0》显示,越来越多的Twitter用户开始拥抱移动电商,其中,年龄在25~35周岁的Y世代成为当之无愧的消费主力。

千禧一代消费者对于内容直接、带有"侵略性"的广告是非常敏感的,这种类型的广告容易引起他们的警惕心理。因此,对于跨境电商直播卖家来说,直播过程中传递品牌价值观、讲述品牌故事,是触及千禧一代的好办法。另外,千禧一代消费者非常看重产品评价,评价的好坏是影响他们决策的关键因素。因此,在选品时,选择一些在社交媒体上口碑较好的产品会有直播优势。值得注意的是,生活在网络时代,这类人群非常希望自己的声音能被重视,所以选品时适当征询粉丝意见也会对商品大卖有效。

3. X 世代

X 世代人群出生于 1965—1980 年间,是婴儿潮一代与千禧一代的过渡群体。他们中的一部分在购物习惯上可能更贴近婴儿潮一代,对诸如计算机和智能手机之类的科技产品的使用不是很擅长;而他们中较为年轻的一部分可能与千禧一代相似,对科技产品和社交媒体的接受度也很高,因而也是不容小觑的购买力人群。

X 世代消费者在购物时较为理性,更注重产品的功能性、耐用性、性价比等经济因素,甚至会做更深入的市场调研和评估。同时,他们是品牌忠诚度较高的一代。只要品牌的品质、信誉得到保障,他们就会对该品牌产生长期的忠诚度,成为品牌的忠实用户。如果你的直播受众主要是这类人群,不妨在选品时选择一些大厂大牌的产品,这些产品的品质、口碑、品位都是众所周知的优秀,从而更符合 X 世代消费者追求高效、实用、简单、高品质的需求。

4. 婴儿潮一代

婴儿潮一代是指出生于 1945—1965 年间的消费者,他们逐步成为电子商务中增长最快的群体。一项国际研究发现,婴儿潮一代越来越多地从国际电子商务网站购买商品,逐渐成为跨境电商的强大推动力,但他们的购买偏好却与年轻消费者截然不同。根据全球领先的跨境电子商务公司 eShopWorld 的《2021 全球之声:跨境购物者洞察》报告,与 Z 世代不同,婴儿潮一代可能会优先选择"先买,后付"这种新颖的支付方式。同时,他们更注重购物体验。与 Z 世代和千禧一代不同的是,婴儿潮一代会优先考虑低成本和明确的退款政策。在产品选择方面,Mercado Libre 发现,婴儿潮一代用户更偏爱园艺、户外消费和超市产品等杂货类目。

三、直播排品

对于亚马逊、TikTok、Shopee 等海外跨境电商平台的运营而言,直播带货无疑是最重要的变现方式之一。前文我们就直播选品的内容进行了大致介绍,而与选品密切相关的直播排品也是极其重要的步骤,我们也可根据排品的逻辑来完善选品。一个合格的产品搭配需要具备以下四个类别:

(一)引流款

引流款主要用于为直播间引流,常见于直播开始前 20 分钟的热场活动和 feed 流投放,也被称为福利款或者宠粉款。引流款一般为客单价低、入手门槛较低、没有年龄地域限制等的普适款产品,如小零食、日用品等。大多数直播间通常都会设置2~5个引流款,作为开播品调动直播间底层气氛。但不同类型直播间的引流款价格也不同。比如,明星或头部主播常用1元或9.9元的秒杀单品暖场,有时甚至还需要自贴钱进行补贴。

(二)福利爆款

福利爆款是指引流款的补充或者用于承接流量的产品,目的是互动和促销有硬性销量指标的商品。它们能够稍微提高直播间用户的贡献价值,但和引流款的价格相差不大,否则会导致转换商品的时候直播间瞬间少人的情况。福利款多数是同行爆款或者性价比高的商品,价格不低,但是基本也不赚钱。

(三)利润款

利润款是指为整场直播带来利润的产品。利润款的选择是非常讲究的,因为整场直播的利润是靠销量来支撑的,这就意味着利润款承担着很大的销量压力,所以利润款必须是有着爆款潜力的蓝海商品。利润款需要同时具备销量平稳和类似爆款两个特点。

(四)特供款

特供款是指当你具备一定资源或者实力时,直播间要有品牌专属的产品,是用户在其他直播间买不到的商品。这就是你的软实力,在能够吸引更多流量的同时,你也具备了一定的定价权。

了解了直播产品基础类别后,接下来需要进一步考量商品上架顺序,它直接影响着直播间观看人数、留存率、转化和支付人数等重要数据。直播的前半个小时要着重抓数据,借助引流款把人引进来,提高成交量。流量获得后,用福利爆款承接并稳住流量,待流量稳定后再切换至利润款、特供款。然而,整场直播的排品并不是只能按照这个顺序,而是要团队记住每种产品的作用,结合直播间流量进行有机的循环,类似于夹心饼干的方式上架产品。

第三节 跨境电商直播大数据选品工具

许多人在选品过程中,无论是追求优化还是差异化,都容易陷入自我中心的误区。比如,我认为应该做什么产品,我认为产品应该做什么样的改进。抛开目标市场,忽略消费者反馈,这种方法无限地增加了试错成本。因此,在实操过程中,跨境电商直播卖家会使用一些第三方选品工具,利用其提供的大数据来了解市场趋势、竞争对手情况、产品表现等信息,以获取选品渠道和灵感,提高测评成功率,降低投资成本和风险,制定最佳的销售策略。

下面介绍几款常用的适用于跨境电商直播选品的第三方数据分析工具。

一、Redditbests

Reddit 是美国非常具有影响力的论坛网站。注册用户在这个网站上可以对各种产品进行评论，就像发微博一样表达自己的看法。用户还能对 Reddit 上各种发布的帖子进行投票，投票结果将会直接影响帖子的排名和决定它在网站首页或子页的位置。

Redditbests 是基于 Reddit 的一个评论聚合网站。Redditbests 网站首页如图 4—3 所示。用户通过 Redditbests，可以直接搜索 Reddit 上的帖子，并掌握各类产品延期讨论热度的排名，从而帮助选品，具体做法如下：

图 4—3　Redditbests 网站首页

打开 Redditbests，下拉至页面底部，我们会发现一些很受欢迎的品类和产品列表（如图 4—4 所示），这些类目都可以点击查看。

以 Computer science books 类目为例，如图 4—5 所示，讨论这类最佳书籍的 Reddit comments 有 9 284 条。Redditbests 对这些评论中的每一条都进行了情绪分析，以确定 Reddit 对不同产品的看法，从中分析出了 1 900 个产品，并提取出了讨论评分排名前 20 的产品。

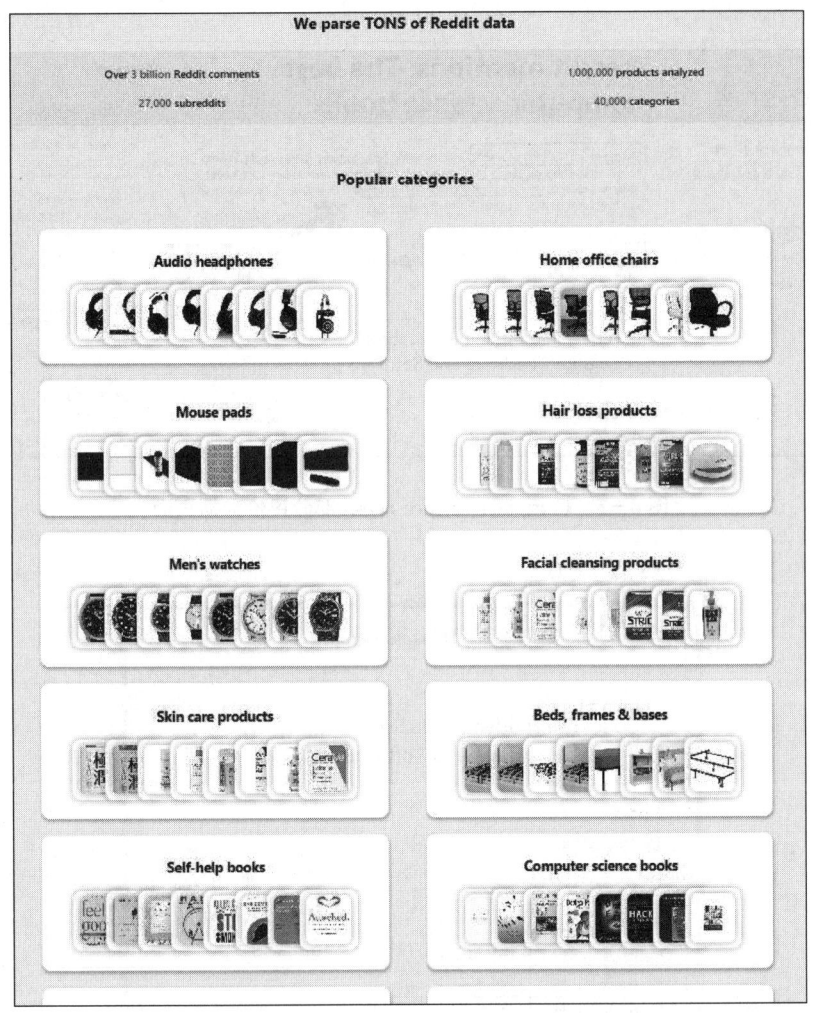

图 4—4 Redditbests 上部分流行品类列表

往下浏览,我们还可以看到按该品类收到的正面反馈整理的产品排行榜,如图 4—6 所示,在 Computer science books 类目下排名第一的书籍是 *Code*:*The Hidden Language of Computer Hardware and Software*。Redditbests 还基于语义分析能力,对评价进行了分析,整理出了 sentiment score,统计了该产品被提及的次数。除此以外,我们还能点击 Read Reddit mentions 查看该产品的所有评价。

图 4—5　Computer science books 部分评价数据页面

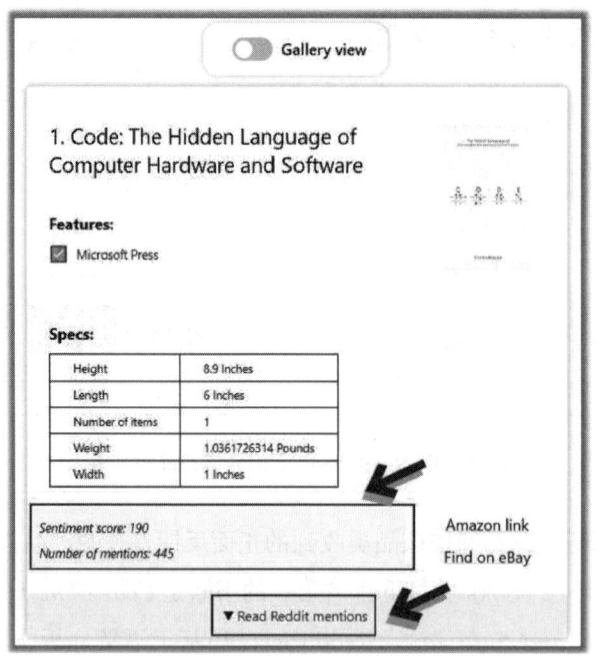

图 4—6　Computer science books 类目产品排行榜

借助 Redditbests,我们可以从上面提及的榜单中找到灵感,快速了解国外消费人群近期的喜好情况,这对于选品有很大帮助。

二、Google Trends

Google Trends,也就是我们常说的谷歌趋势(图4—7为谷歌趋势首页)。谷歌趋势是谷歌公司推出的一款基于搜索数据的分析工具。它通过分析谷歌搜索引擎每天数十亿条的搜索数据,告诉用户某一关键词或者话题各个时期在谷歌搜索引擎中展示的频率及其相关统计数据。我们可以通过搜索数据,了解目标市场、受众信息以及未来的营销方向等和选品密切相关的信息。接下来,我们将介绍它的具体用法。

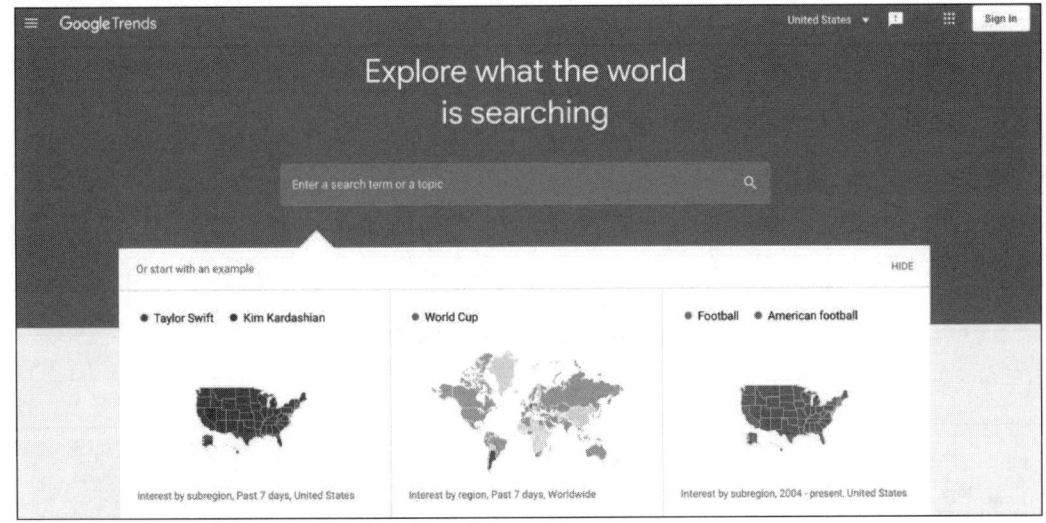

图4—7　Google Trends 首页

(一)关键词搜索趋势分析

如图4—8所示,在搜索框内输入"toys",地区选择"United States",时间选择"Past 5 years",你就可以观测到过去5年内"toys"这个关键词在美国被搜索的趋势变化。图中曲线显示,过去5年内"toys"这个关键词在美国的搜索量没有很大变化,但是有一定的搜索淡旺季,每年的10~12月是旺季,旺季的搜索量可以达到平时的2~3倍。

(二)网购趋势分析

我们还能使用"Google Shopping"功能来查看"toys"在美国市场过去五年间的网购趋势。如图4—9所示,选择"Google Shopping"数据趋势,从2019年8月至2024年8月关键词"toys"总量来看,搜索量呈下降趋势,每年10~11月为搜索攀升期。结合美国大选,以及每年岁末年初的圣诞节、跨年夜等节日的影响,我们可以大致判断美国市场玩具类产品的生命周期,以便按时按需选品直播。

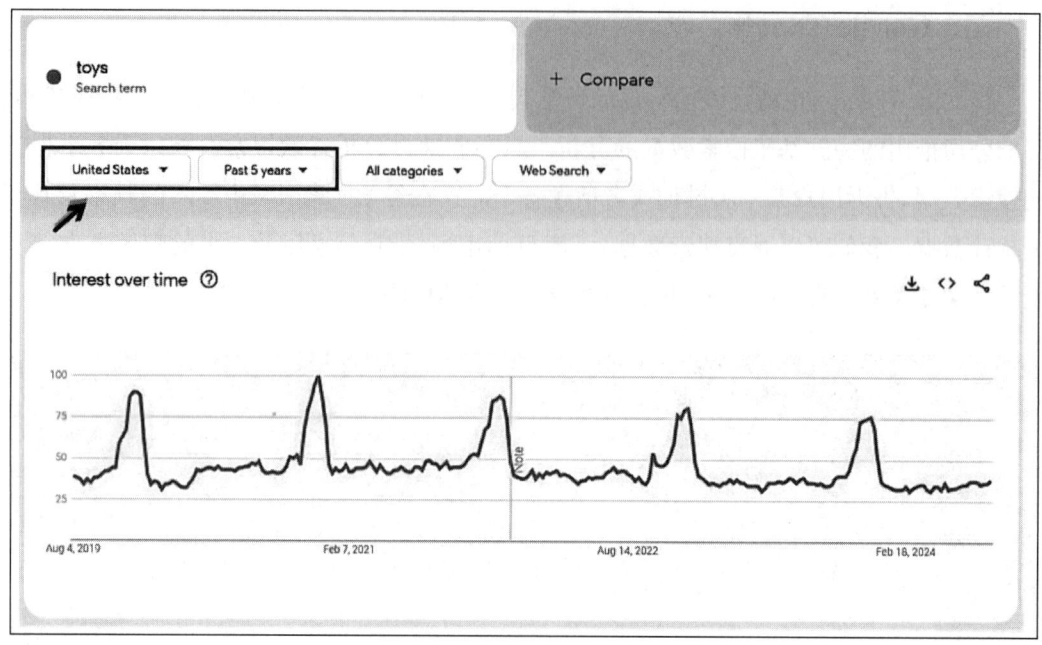

图 4—8 关键词搜索趋势图

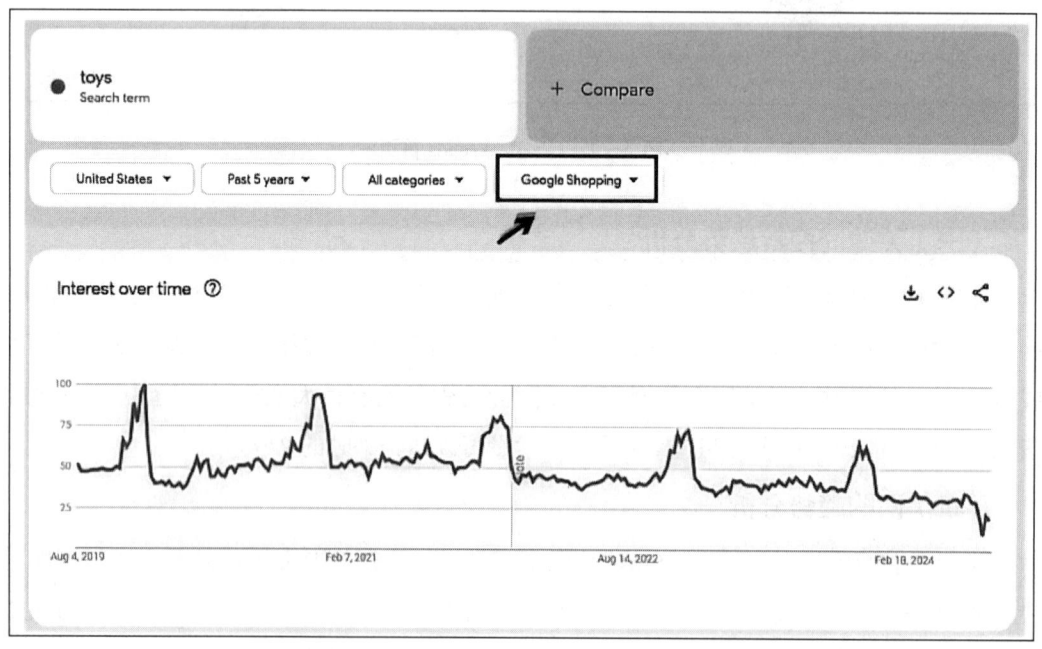

图 4—9 "Google Shopping"功能下的搜索趋势

(三)区域搜索热度分析

如图4—10所示,以产品"Mobile phone"为例进行区域搜索,区域搜索热度数值可以体现哪个国家对这一产品的搜索量比较大,为跨境直播带货的市场选择提供参考。关于"Mobile phone",在39个国家/地区中,印度的区域热度数值最高为100,接下来是印度尼西亚、哥伦比亚、巴西和南非。地图颜色深浅直接对应了搜索量的多少,颜色越深则代表搜索量越大。根据区域搜索热度,我们可以观测不同国家对该产品的搜索热度,从而挖掘和开拓已有产品的新市场。

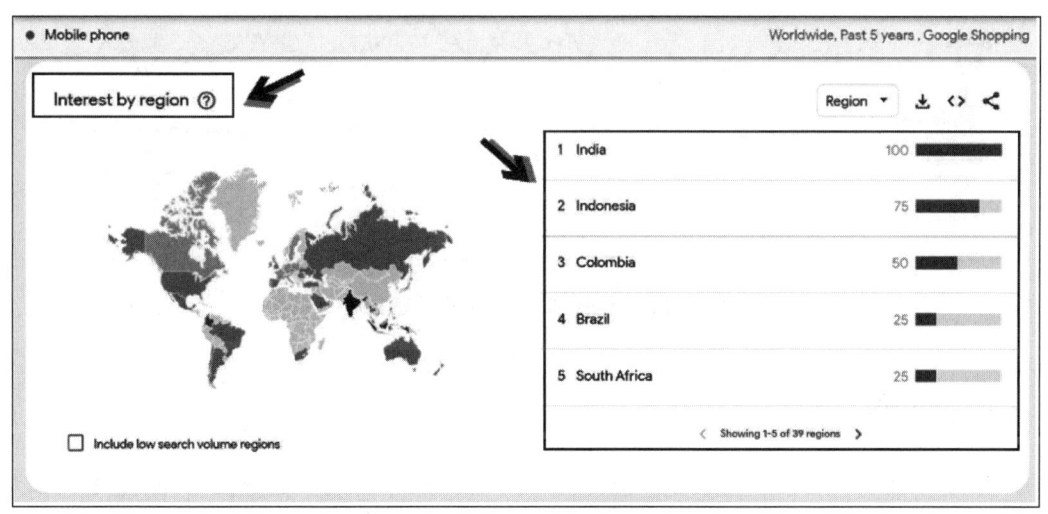

图4—10 区域搜索热度图

(四)趋势对比分析

谷歌趋势还支持同时输入2~5个目标关键词进行趋势对比,关键词可以是公司名、产品名、竞品名等。如图4—11所示,以"Dress"为例,如果商家从事的是连衣裙售卖,可以首先选择购物类别,从而排除其他非必要信息的干扰,再添加"Jeans"作为对比产品进行详细说明。

通过对比分析,我们可以观察到连衣裙和牛仔裤在搜索热度上的变化趋势,帮助选品者判定哪些产品在特定时期更受市场的关注。此外,继续向下浏览,我们还能看到搜索区域以及不同子区域该关键词的热度。在图4—11中,连衣裙在全球的整体热度高于牛仔裤的热度。

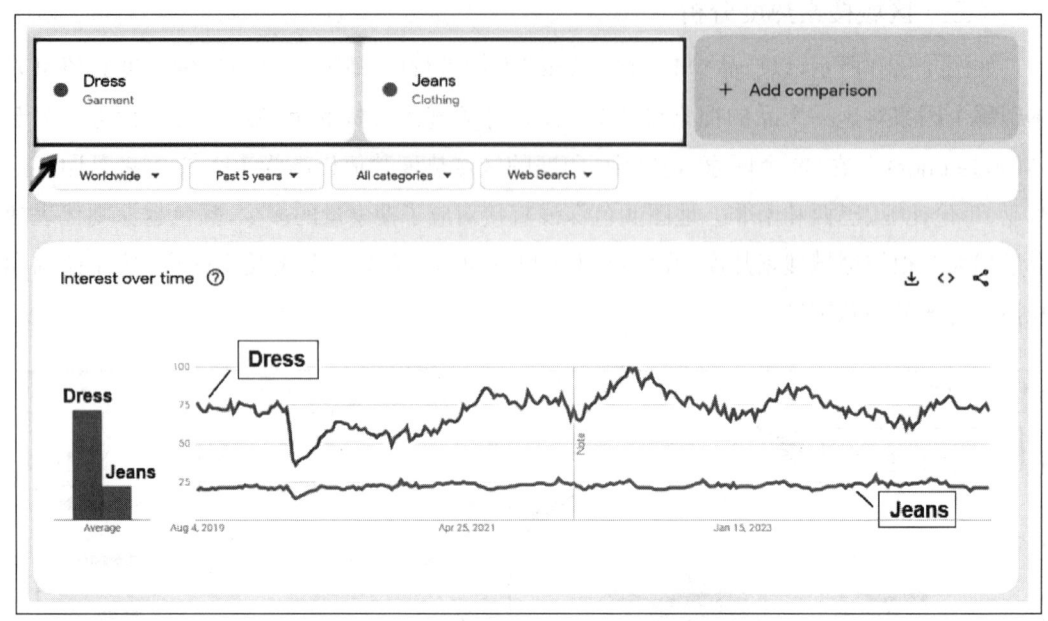

图 4—11　Dress 和 Jeans 的产品趋势对比

三、知虾

知虾于 2019 年 11 月上线，是一款专门针对 shopee 平台的数据分析软件（图 4—12 为知虾首页）。该软件深度分析了中国台湾、印度尼西亚、马来西亚、新加坡、泰国、越南、菲律宾和巴西等国家和地区跨境电商市场的大数据。跨境直播卖家可利用知虾抓取的数据，通过行业大盘数据分析、产品分析、店铺分析、飙升商品榜单、标签词与热搜词分析、货源信息采集、定价计算等功能，轻松掌握 Shopee 平台动向，提高选品精准率，引爆商品流量。下面介绍知虾最常用的一些选品功能。

（一）市场分析功能

无论是新入行的小白还是从业多年的资深卖家，进入某个平台前，要了解该平台各个品类的市场数据，确定品类后再选择具体的产品。

通过知虾的"站点分析—行业分析"功能，获取行业数据、子行业概况，商家可以初步了解 Shopee 不同站点跨境电商可深耕状况以及不同品类及行业在 Shopee 不同站点的市场发展情况（如图 4—13 所示）。

如图 4—14 所示，行业数据板块中有总数据、本土数据、跨境数据三个维度供选择，不同维度下体现的全行业统计数据有着不同的价值。比如，从近 30 天的销售数据来看，本土数据与跨境数据在产品数量上呈现出显著差异，分别是 4 920 698 件和 693 791 件，差距巨

图 4—12　知虾首页

图 4—13　知虾行业分析

大,从侧面反映出本土店铺在时效、市场需求迎合及流量等方面更有利于本土产业的发展。但从环比增幅来看,跨境部分环比增加 50.82%,而本土增加 38.05%,跨境的潜力远远大于本土。尽管本土的数据基数已经相当庞大,但跨境市场的市场潜力却更为巨大。因此,在 Shopee 中国台湾站点做跨境电商是具有前景的。

该站点各行业中,什么类目竞争大、什么类目好卖,可以从"子行业概况"去分析(如图4—15 所示)。"产品数"反映各行业的竞争性,占比越大说明竞争性越强。"有销量产品数量"反映了哪些行业迎合了市场需求。要挑选竞争相对小、市场需求比较大的类目,即产品

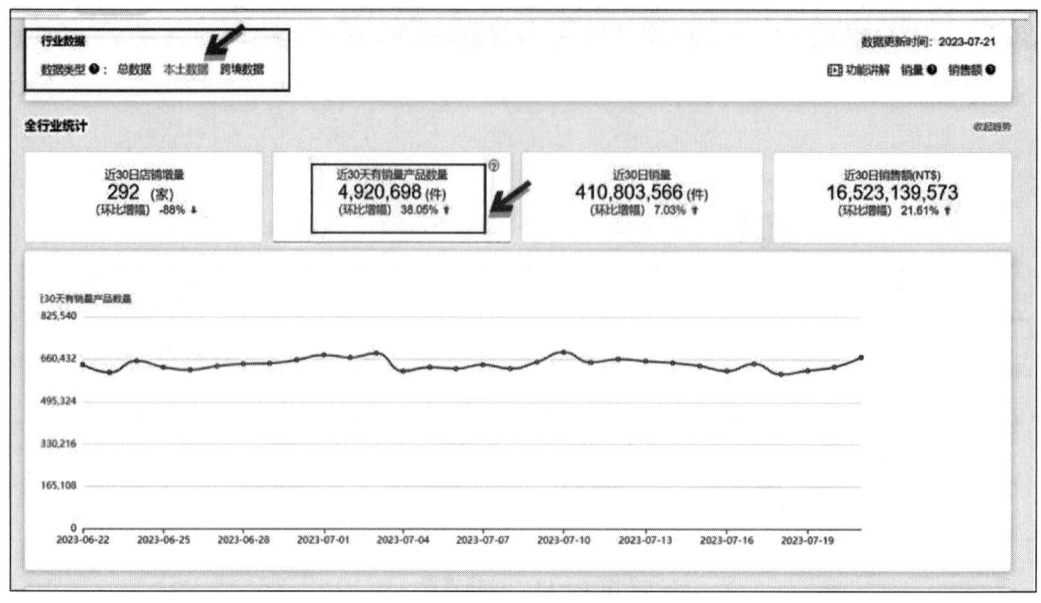

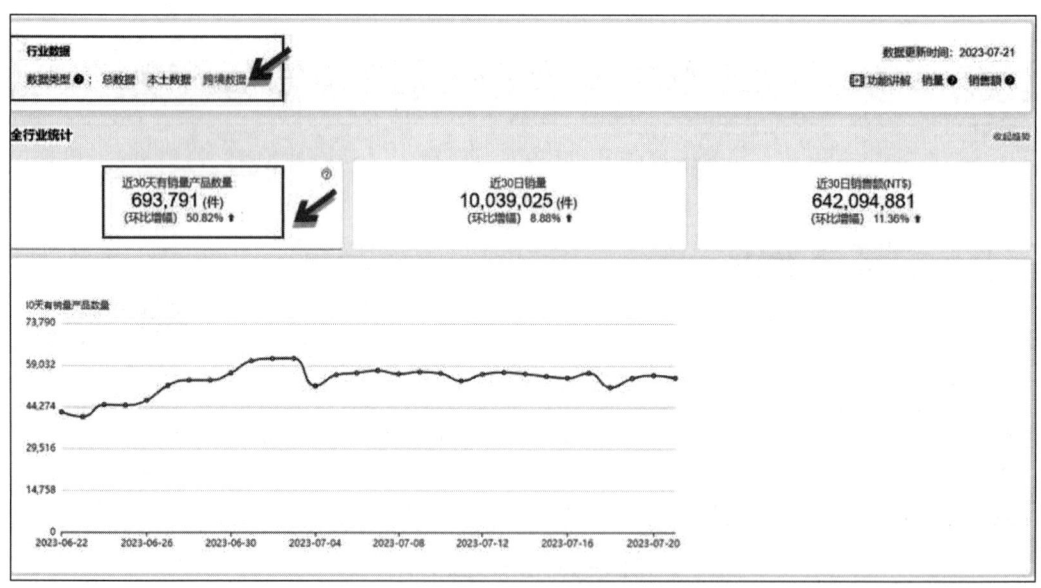

图4-14 行业数据——本土与跨境数据对比

数占比小于有销量产品数量的行业,占比之间的差距越大说明该市场发展潜力越大,即蓝海类目。如果还需进行精细化分析,商家可以选择导出相关数据,或者点击大类目,查看下一级类目的数据分析。

下面再介绍一个在知虾上了解市场的操作思路。

对虾皮卖家来说,了解某个细分市场的垄断情况也是选品前考量的重点。如果该市场

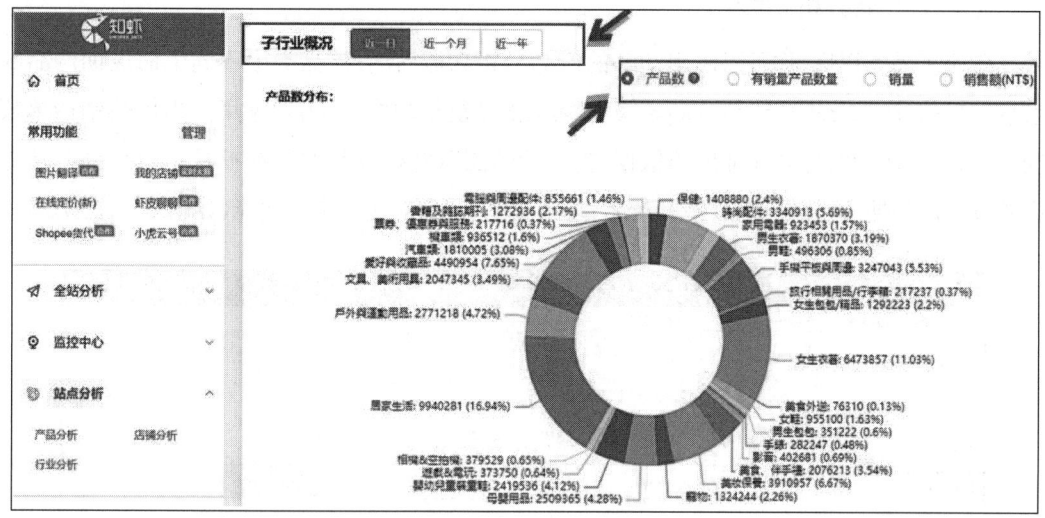

图 4—15　子行业概况

中表现较好的商品、品牌和卖家的销量占比较高,则说明这些商品、品牌或卖家在该市场上有一定的优势和垄断性。相反,如果销售量分布比较均衡,则说明该市场还处于竞争状态,新进入的卖家也有机会获得一定的市场份额。因此,深入了解和分析市场时也可参考竞争对手情况、用户需求和购买习惯等数据。我们可以通过知虾的"数据导航—大数据选市场"功能,根据筛选类目、市场需求指标、市场竞争指标等维度,快速筛选市场,了解市场前景,找到高潜力、低竞争的蓝海市场。知虾还会给出相应品类市场的分析报告,用简单数据帮助卖家洞察市场整体发展(如图 4—16 所示)。

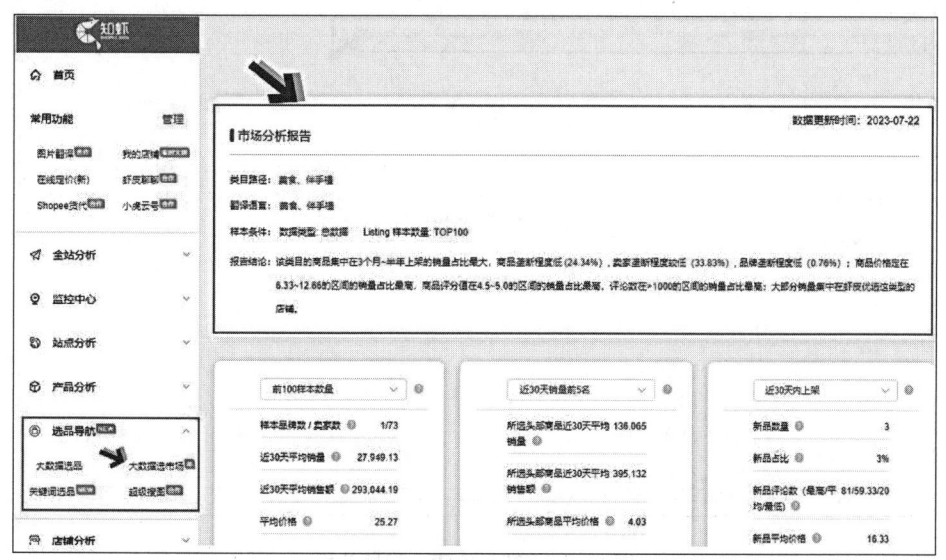

图 4—16　知虾美食、伴手礼类目的中国台湾市场分析报告

（二）产品分析功能

确定了品类以后，你可以使用知虾的产品分析功能，查看该品类中不同生命周期产品的信息。目前，产品分析功能是 Shopee 卖家热议的功能模块之一，为卖家用户提供热销榜单数据，作为日常运营的选品和维护的依据，支撑运营团队对标商品的数据挖掘。产品分析功能主要分为产品搜索、热销产品、飙升产品、热销新品、产品对比五个子功能（如图 4—17 所示）。

图 4—17　知虾产品分析

（1）产品搜索。该功能通过输入商品 ID 或商品链接快速查找到目标产品，查看该产品详细的销量数据、跟踪产品修改动态、分析每个 SKU 销量分析以及商品流量来源词、分析营销活动，某些站点还提供专门的直播分析模块（如图 4—18 所示）。

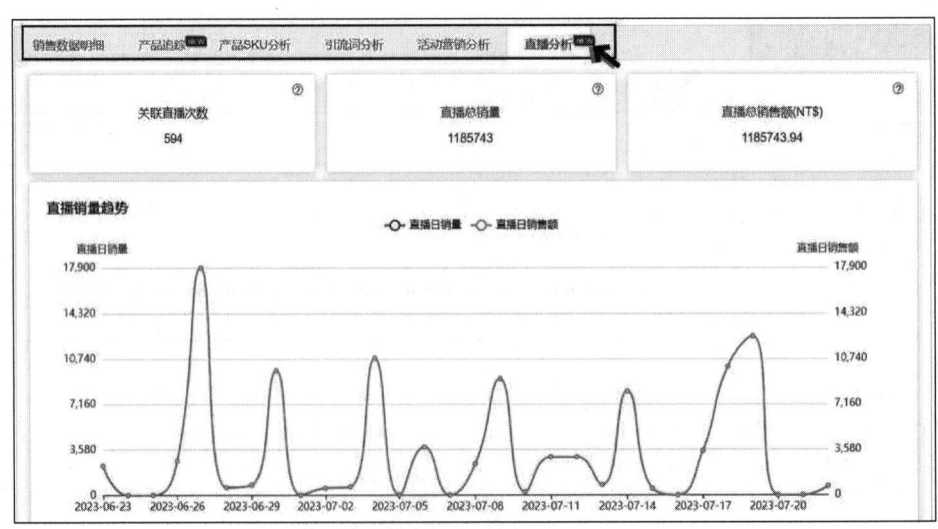

图 4—18　产品搜索—直播分析

（2）热销产品。该功能允许用户深入到具体的类目中进行搜索，根据需要选择榜单的类型。在短期内官方有活动、东南亚重要节庆、短期重要影响节点时，用户可以选择天榜、周榜的时间维度查看热销情况，日常的运营可以选择月榜查看。卖家可以按照自己需求的维度筛选数据，以近30天销量、排名变化等正向指标进行排序，有助于挖掘到实时的热销商品或爆发品。为了获取某个商品更确切的信息，我们还可以对该商品进行展示搜索，进入其详细分析页面，得到信息包括产品ID、上架时间、产品评分、近30天销量、折扣等具体信息（如图4—19所示）。

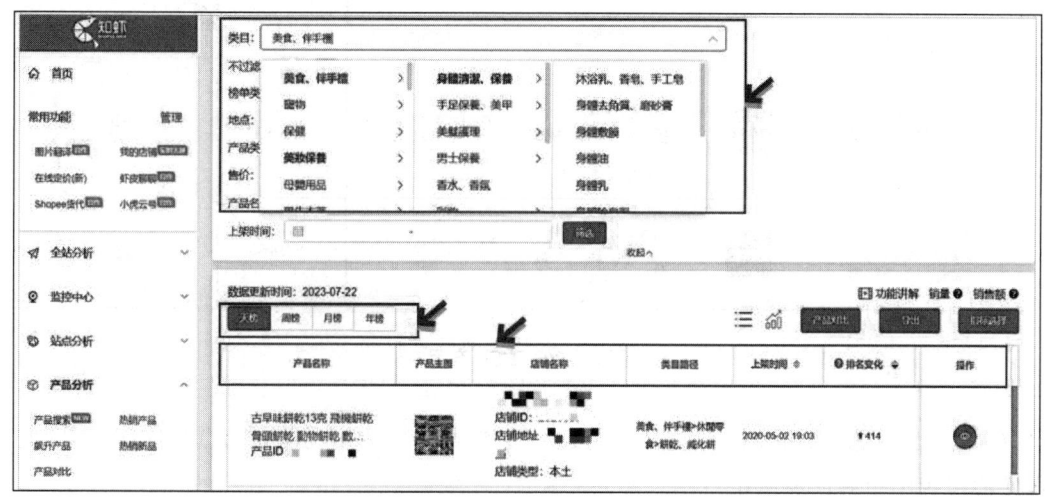

图4—19 热销产品

（3）飙升产品。该板块相对于热销产品而言，是按照近一天内销量增长率排名前500名的产品罗列。由于最佳产品是蓝海市场的产品，因此，通过知虾我们可以筛选出目前不太"爆"，但具有上涨潜力的"潜力股"，这些产品在未来有可能形成高需求低竞争的市场。在知虾数据的飙升产品功能下，选择月榜，点击查看"近30日销量增长率"TOP榜，筛选出"近30日销量"中等、"上架时间"较短的产品，这些产品月销量不大但呈增长趋势，而上架时间短代表新品也能在短期内打入市场，适合中小卖家（如图4—20所示）。我们还能结合热销新品板块，搜索近3个月上架的销量TOP500，这些产品的上架时间不长但销量高，说明它是有潜力的。

除此以外，知虾上还有很多付费板块，例如蓝海分析、直播分析、竞争分析等，分享跨境直播选品参考数据。

市场上有许多付费或免费的工具（平台），它们可以提供跨境直播数据分析服务。其中，有针对特定直播平台的大数据分析工具（如知虾主要为Shopee商家服务；sorftime专为亚马逊商家提供市场环境分析和大数据选品），还有直播平台自身站内的数据服务插件

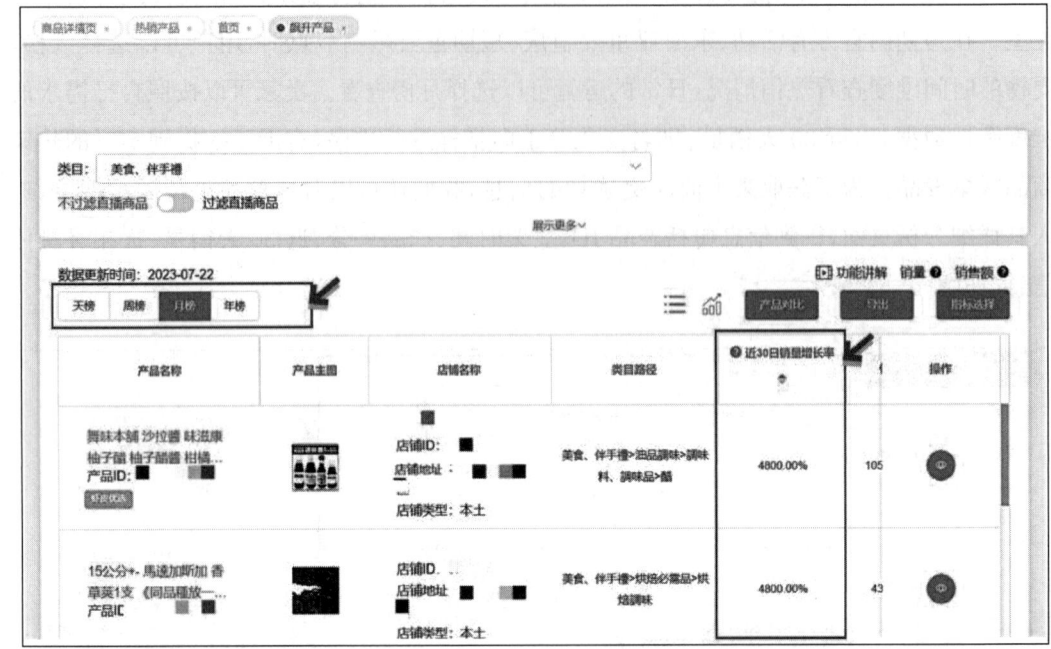

图4—20 飙升产品

(比如亚马逊的 Amazon Most Wished For)。它们都可以为市场调研与选品做参考,因此,在实操过程中也被广泛运用。

【本章总结】

选品是跨境电商直播的关键环节之一,它的重要性不言而喻。跨境电商直播选品不应依据个人喜好,也不能仅看数据报告,它是建立在了解商品和目标市场需求的基础上,直播运营团队做出的综合判断。本章具体分析了跨境直播选品的基础知识,主要包括以下几点:

首先,跨境直播选品前必须明确的一些基础思维。例如,新手如果将跨境直播开局的宝简单地全押在爆品上,而没有考虑市场容量、垄断、季节性因素等情况,成功的概率并不大。而相对来说,蓝海产品竞争热度小、上升潜力大,对于刚起步的新手很友好。选品方式分为普通选品、产品差异化开发以及产品研发创造三类,它们都需要根据卖家的资源和实力来选定。因此,选品前要进行精准的自我剖析。

其次,跨境直播选品时,为了更合乎逻辑,更具有条理性,需要遵循一定的选品原则,包括充分考虑市场需求、防范物流风险、确保产品不侵犯法律法规和平台原则、侧重"蓝海"类目产品、选择相对简单且非季节非节日性产品、设定合理的价格区间、尽量避开需要品类审核的产品、注意产品专利和版权以及选择可持续性产品等。同时,根据目标用户群体的消费偏好,如性别、年龄等,进行有针对性的选品。确定了直播商品后,正式播出时过品的顺序(即排品)也不容忽视。反之,我们也可根据排品的逻辑来完善选品。

最后,跨境电商直播卖家除了要考虑上述选品基础知识外,在实操过程中,他们还会使用一些第三方选品工具,利用其提供的大数据来帮助自己了解市场趋势、竞争对手情况、产品表现等信息,以获取选品渠道和灵感,提高测评成功率,降低投资成本和风险,制定最佳的销售策略。

【课后思考】

1. 举例说明蓝海产品和红海产品的区别。
2. 观看跨境直播,列举三类选品方式的案例。
3. 学习一款新的选品工具,并说明其具体用法。

第五章

跨境电商主播人设打造

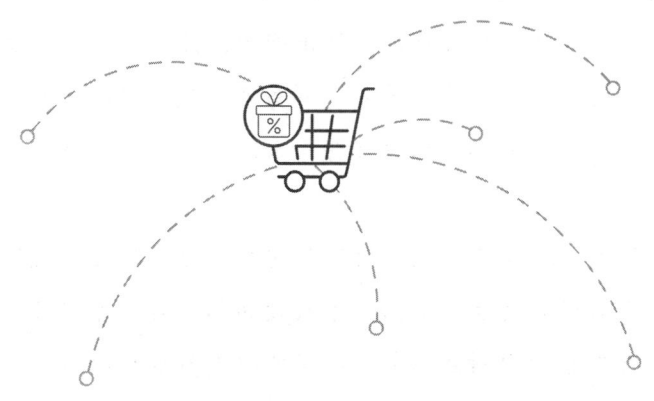

· 主播人设概述

· 跨境电商主播人设打造方法

· 跨境电商主播人设类型及带货能力

学习目标

1. 了解主播人设定义，理解主播人设打造的作用。
2. 掌握跨境主播人设打造SRIL法则，熟悉从不同角度渲染主播人设的方法。
3. 掌握跨境主播人设类型，了解适合特定品类直播的主播特点。
4. 了解跨境主播带货能力。

本章简介

主播，是电商直播的灵魂。业内有句老话，优秀的主播自带流量。那么，什么是优秀的主播？优秀的主播就是人设比较鲜明的主播。优秀的主播一定有其独特的人格魅力。人格魅力来源于主播对自己的人设定义，即粉丝对你的外貌、穿衣风格、性格的固有印象，就是把主播标签化。在娱乐圈中，许多明星都被贴上各种各样的人设标签，例如，仙女——刘亦菲、学霸——易烊千玺、国民闺女——关晓彤、霸道总裁——张翰。很多人设标签是刻意经营出来的，只要通过精心的运作，就能转化为流量。

跨境电商直播的主播人设设立也是为了让这个人更加有记忆点和话题感，能够让人记住，吸引更多粉丝的关注。主播有了人设的加持后，可以让自己的特色得到最大程度的优化，在观众心中树立形象，从而匹配更多目标粉丝。只有主播有了足够多的粉丝，得到粉丝的信任后，才能够达到变现的目的。总的来说，主播人设自带吸引力，可以让粉丝沉淀下来，形成购买以及复购。此外，建立人设也可以为品牌力提升打下基础，没有人设的无牌商家，通常是将产品进行空镜混剪，从而导致短视频素材被复制模仿，极易产生竞争对手。只有在品牌塑造过程中也加入人设打造，提升独特性，确立差异化，才能真正积累属于账号的独特资产。因此，理解主播人设及其作用，熟悉主播人设打造方法，并明晰适合特定品类直播的主播人设类型特点，将是本章的重点。

第一节　主播人设概述

只有带货主播学会打造自己的人设,才能在直播间吸引更多人,卖更多的货。那么,什么是主播的人设?如何打造优质的外在形象和提升内在气质,从而强化主播的风格,形成粉丝对主播的独特记忆,最终完善人设标签呢?

一、人设的定义及作用

关于直播内容定位,有一个意思相近的词——"人设"。人设是人物设定的简称,是指人物展现给观众的直观形象,包括人物的外在形象以及内在性格。人设的概念最早起源于日本动漫产业的人物设定,是动画创作术语,后来被引用到剧本和故事的创作中,现在被普遍应用于个人形象的打造,尤其是娱乐明星。很多明星都和各种各样的人设绑在一起,例如仙女、学霸、国民少女、霸道总裁。这些人设标签,大部分是经过刻意经营,最终可以转化成流量。

对于主播来说,建立人设的目的是管理和引导观众对自己所形成的印象,这个过程在心理学上被称为"印象管理"。由于网络的虚拟性,要让大家全面了解真实的主播是不可能的,因此主播需要集中力量打造出一种讨喜的、特定的人设,让受众快速记住自己。

主播的人设与商品的品牌类似。传统的商业营销通常是先将商品的品牌定位在消费者的心中,然后通过各种渠道和信息的传达进行浇灌、培养,继而形成牢固的品牌忠诚度,实现重复消费、口碑传播。对于方兴未艾的直播行业来说,主播人设的打造就像是商品包装,为自己贴上个性化标签,而受众则凭主播身上的标签来找到自己喜欢的对象,并对他产生认同。

无论是什么类别的带货主播,一定要学会打造自己的主播人设。拥有弱人设的主播,只是在直播间单纯地介绍产品。卖货靠的是低价,爆单看的是缘分,很难保证有稳定的销售额。除此之外,弱人设的带货主播很难维持较高的直播间在线人数,导致互动率、转粉率以及 UV 价值都偏低。而强人设主播的粉丝黏性很强,例如亚马逊红人拥有广大的粉丝群体,且不用靠低客单价的产品吸引用户,反而可以卖高客单价的产品,而且粉丝的复购频率会很高。

合理的人设定位,可以通过更加明确清晰的直播短视频内容,不动声色地展现产品各方面的特性,从而吸引粉丝关注,赢得忠实粉丝,减少流量获取成本。粉丝会因为喜欢你而对你产生信任,从而购买你的产品、接受你的服务。具体而言,合理的人设打造有以下三个作用。

第一,能够创造差异化特征。搞笑类账号有很多,如何让自己独树一帜,被大家记住呢?例如国内的"多余和毛毛姐",其账号的主演是男生,他通过戴假发、穿女装来反串女性角色。无论视频内容是唱歌还是表演,反串形式一直都很容易引起大家的好奇和关注。在 TikTok 平台拥有超 1.4 亿粉丝的 Khaby Lame,他的经典风格是用简单粗暴的"正常人"做法,一言不发地吐槽其他视频。他的视频全程没有一句台词,但"摊手+摇头+叹气"等一连串标志性的动作让许多观众印象深刻,他也在一年之内成为意大利最红的 TikTok 网红。

第二,好人设能获取巨大流量。在碎片化信息时代,信息呈现多样化的特点。好人设能让人记住,从而获取大量关注和巨大流量。有了关注量和流量,快速涨粉、变现也就更容易了。如图 5—1 所示,美国达人 Charli D'amelio,从 2019 年起,就在 TikTok 上发布自己的跳舞视频,一年半内实现 1 亿涨粉。不仅自己红,Charli 还带火了自己的姐姐 Dixie。姐妹俩不仅收获了关注度与粉丝量,也赢得了商业上的成功。《福布斯》发布的 2021 年收入最高的 TikTok 网红排行显示,妹妹以年收入 1 750 万美元(约 1.1 亿元人民币)、1.33 亿粉丝摘得桂冠;姐姐以年收入 1 000 万美元、5 700 万粉丝位居第二。2021 年 9 月,一档记录 D'amelio 全家日常生活的真人秀节目 The D'amelio Show 在美国电视频道 Hulu 播出,出镜者不仅包括姐妹俩,也包括她们的父母。因此,她们一家被称作新一代"卡戴珊家族",甚至势头更为强劲。

图 5—1　美国达人 Charli D'amelio TikTok 视频截图

第三,好人设是移动的广告位。随着跨境直播平台风起云涌般出现,很多普通人通过平台直播成为万众瞩目的网络明星,其热度不亚于当红的影视明星。而其背后的粉丝团具有强大的购买力,他们愿意为主播推荐或代言的产品买单。很多品牌方会请主播做广告,就是看到了主播背后明星效应带来的粉丝价值。而亚马逊红人的机制就是最好的体现。

二、优质主播的内外兼修

人设,是指粉丝对主播的印象。粉丝通过直播风格、外在形象、内在气质等方面来了解主播及其从事的行业,从而形成一个符合他们预想的主播既定印象。因此,优质的外在形象和内在气质,可以强化主播的风格,形成粉丝对主播的独特记忆。

(一)主播外在形象塑造

主播的外在形象包括仪容、仪表、仪态,通俗地说就是主播的相貌、穿着打扮、言谈举止。在直播平台中,大多数主播都给人留下大方得体的印象,例如娱乐主播、游戏主播、教育类主播、电商主播等。主播外在形象塑造,主要包括妆容和服饰等方面。

1. 更适合的妆容

主播的妆容将给粉丝带来最直观的视觉感受,不管直播的风格和类型如何,精致的妆容会给主播带来不少人气。需注意的是,不同人设对妆容要求略有不同。知识教育类直播间的主播需呈现知性的状态,妆容适宜温和,而非带给人视觉刺激;农产品销售类直播间的主播,应素颜面对粉丝,不要刻意浓妆艳抹,要塑造淳朴真实的人设。

主播在妆容设计的过程中应充分考虑观众的视觉感受,选择让人舒服的妆容,所以对主播妆容的第一要求就是让人赏心悦目。当然,主播的妆容还要考虑自身的形象气质以及直播的品类,不要因为化妆而破坏原本自身独有的气质形象或造成观众对直播产品认知的割裂感。

2. 符合人设的服饰

对于主播来说,服装是一种无声语言,精心设计的服装体现主播的个性,是主播表情达意的载体之一。服装的选配是一门学问,主播虽然不参与服装的制作设计,但是应该了解服装的相关搭配。精心选配与直播类型相对应的服装,是主播形象设计的重要组成部分,有助于获得更好的直播效果。

粉丝从主播的手势、眼神、表情等,可以了解主播的心情和想法。而主播的衣着打扮不仅能直接衬托出自己的身姿,还能折射出自己的内在。因此,主播们在服装的选用搭配上绝不可掉以轻心。主播的着装打扮应该达到以下几个要求。

(1)符合自己的体型:主播的服饰过长、过短、过松、过紧,都会分散观众的注意力。因此,主播的服饰必须符合自己的体型特征,力求穿着大方得体。

(2)符合自己的身份:主播必须认清自己在直播中的定位,是主播还是助播,是主讲人还是被邀请的直播合作者,要根据不同的身份定位合理地选配服饰。

(3)符合产品品类调性:电商直播的根本目的在于销售产品,主播的设置就是为了助力产品销售,所以主播的服饰必须与产品的属性、品牌的调性相吻合。

（二）主播内在气质培养

气质,与"脾气""禀性"相似,是指一个人相对稳定的个性特点,如活泼、直爽、浮躁等。粉丝进入直播间,可能首先会关注主播的外在形象或者技能水平,但时间一长逐渐会被主播的气质吸引。长相差但气质佳的主播也能吸引很多粉丝。精致的主播必须做到内外兼修。

1. 内修学识

直播平台为主播们提供了一个成为网红的机会,但并非每个主播都能够红。主播只有具备独特的个人特色,才能在众多竞争者中脱颖而出。要想在直播道路上实现长期发展,还得提升自己的内涵,做一个有"范儿"的主播。主播的才学来源于学习和累积,只有不断地学习,才能提高自身素质和修养。具有深厚文化底蕴、高尚情操及良好修养的人,才会在言语与表情中自然地流露出独特的人格魅力。

例如,开启古玩直播带货新风潮的新加坡籍古玩鉴赏专家李鉴宸,他通过 Netflix、Live Stream、Facebook Live 等直播平台,以古玩直播带货、古玩短视频出道圈粉,开播两个月实现销售额破 10 亿元。在李鉴宸的直播间,他全程用英文介绍古玩、历史知识,观众不仅可以学习关于文物古玩的历史知识和古玩直播带货技巧,还能跟着李鉴宸学习英语。而他的丰富内容输出,不凡成绩,也不是一蹴而就的。正规文博学院科班出身的李鉴宸早在2013—2016 年,就在中国与来自北京故宫博物院、首都博物馆、中国国家博物馆、北京文物局的多位知名鉴宝专家共同参与了上百场海选鉴宝活动。2016 年,李鉴宸取得了英国艺术品鉴定评估师资格证;2018 年,他荣获了全球艺术品鉴定评估师最高奖项"伍德曼"金奖,该奖被称为鉴定评估师界的"奥斯卡"。

其实,像李鉴宸这样优秀的跨境主播有很多,他们都是在自己的直播领域内以广泛的涉猎、多层次的文化素养征服了粉丝,在粉丝心中树立了良好的形象。因此,主播们要想在平台上实现长期发展,就要努力提升自己的内涵,用人格魅力来圈粉。

2. 外修形体

很多人的气质不是体现在语言中,而是体现在形体上。例如,一些知名模特站在那里,即使不说话,也是一道风景线。主播也是一样的,有的主播即使不善言辞,就安静地坐在镜头前,也会给人留下很深刻的印象。特别是娱乐类的主播,在提升自己才艺的同时,也要注重修炼形体。常见的形体训练多种多样,如瑜伽、舞蹈等。

第二节　跨境电商主播人设打造方法

主播可以用 SRIL 法则来判定人设塑造的方向。此外,要想成功地"立住"人设,我们也可以通过多种途径渲染,以加深人设内涵。而对于跨境主播而言,设立人设时还得充分考虑各地的文化差异,迎合不同地域的价值取向。

一、跨境主播 IP 打造

如何让人快速地认识你,贴上富有个性的标签就是最好的方式,而人设就是各种标签的有序组合。你需要给自己的角色配置上具备传播度,并能够吸引目标群体的标签。人设越清晰,粉丝对主播的印象越深。例如,甲主播和某演员长得相似,并且歌声动听;乙主播外貌不出众,但歌声惊人的好听;丙主播性格爽朗,像女汉子,衣品很是讨喜;等等。以上都是主播的一些明确人设。只有善于给主播打造富含个性的人设,才能更好地制造话题、获取流量。

如何高效地打造主播人设呢?要对主播有清晰的认识。我是谁?我要干什么?粉丝为什么喜欢我?这三个问题是相互关联的,在主播人设打造初期往往需要反复琢磨这三个问题。我是谁,就是要找准主播身上最能吸引人,并最具有辨识度的特点,让粉丝认识到主播的存在。综观各个领域的头部账号,或许主播没有出众的相貌,但必然有一个有趣的灵魂。我要干什么,则是要在有了自我定位之后,理清适合的直播品类,以及所要面对的粉丝群体,初步确定直播方式。明确了以上两个问题后,接下来面对的就是最重要的问题——粉丝为什么喜欢我。原因自然是人设足够吸引人。然而,要让你的人设真正确立,便需要坚持在直播中展现自身的特色,让你的标签深入每一位粉丝的内心。

主播在塑造人设时,可以用 SRIL 法则来判定人设塑造的方向(如图 5-2 所示)。

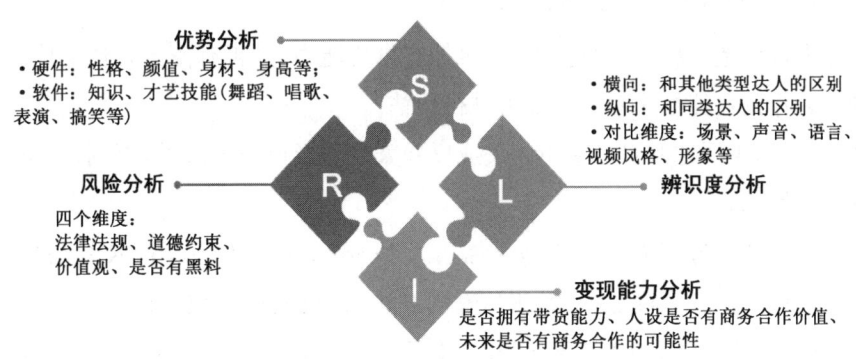

图 5-2 人设塑造的 SRIL 法则

(一) S (Strengths): 优势分析

主播可以从硬件和软件方面剖析自己。硬件是短时间内很难改变的一些东西,如身高、体重、身材、颜值、宗教信仰、所处的地理环境等。软件是指可以通过学习或一定的努力去获得的沉淀优势,如专业知识、技能、才艺等。

分析者客观分析达人身上每一个可能有的优缺点,并将其全部罗列,做通盘的分析,从而提炼主播的"闪光点"。

(二) R (Risk): 风险分析

分析直播中可能会遇到的风险,一般会从法律法规、道德约束、价值观以及是否有隐藏黑料四个角度来分析。

法律与道德的判断比较简单,任何人设的主播,都必须细读平台规则,不能触犯法律和规则。同时,主播售卖的产品,在不违反交易规则的前提下,还要注重质量,否则会影响粉丝对主播的信任。从价值观层面来说,要避免主播人设三观不正。价值观不正,就是走在道德的边缘,会承担很多不必要的风险。最后就是有没有隐藏的黑料,人设崩塌的后果不堪设想。

(三) I (Identity): 辨识度分析

主播在人设确定过程中,需要分析自己的人设是否有辨识度,辨识度高的主播,更容易受到粉丝的关注。辨别度分析分为横向分析和纵向分析。

横向分析,是判断自己的人设和其他类型的达人有什么样的区别。纵向分析,是判断与自己类别相似的网红,跟自己有没有区别。比如,一个美食博主思考与旅游博主的区别,这就是横向分析;他思考自己跟别的美食博主的区别,这就是纵向分析。这里说的"区别",是指场景、声音、视频风格等方面的全面分析。

(四) L (Liquidity): 变现能力分析

主播在人设塑造过程中,通过判断是否拥有带货能力、是否有商务合作价值,以及未来是否有商务合作的可能性来对变现能力进行预估。

需注意的是,不要选跟自己毫不相关或反差太大的形象设定人设,否则,严重的违和感会让观众产生反感。

下面我们以亚马逊直播平台 A 级直播达人 Lorna Finds 为例,用 SRIL 法分析她的人设塑造方向。Lorna Finds 既是一名亚马逊网红达人,也是一名成功的创作型歌手。2007年,Lorna 进入短视频行业,她在 YouTube 上的短视频观看人次高达 130 万,粉丝量已超过 6 万;在 Facebook 上,她的粉丝量已累计 3.6 万,视频观看次数高达 170 万。基于营销人员的丰富经验,她在 Amazon Live 上借助购物和音乐相结合的直播风格,进行健康生活、舒适家居类产品的定期直播活动,且取得了创纪录的销售量,被评为"亚马逊 A 级影响者",获得了亚马逊直播平台的认可。根据 SRIL 法的四大层面,我们可以构建 Lorna Finds 的 IP 塑造图(如图 5—3 所示)。

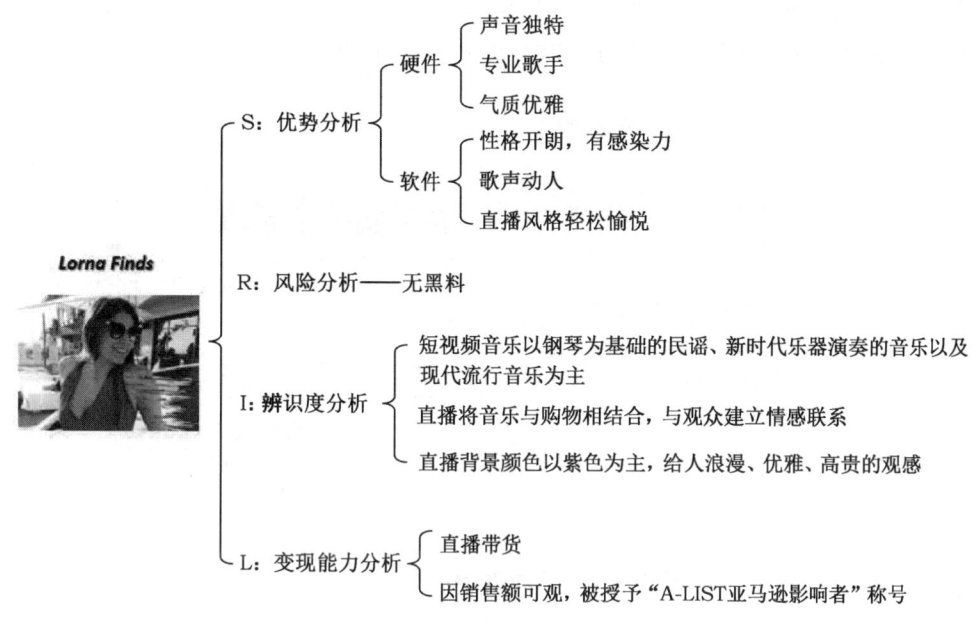

图 5—3　Lorna Finds 人设的 SRIL

二、从不同角度渲染主播人设

成功打造人设，需要让人设"立得住"，我们可以通过以下三个方式积极渲染主播人设。

（一）策划一系列故事

策划一系列表达人设的故事，故事主要包含以下三大类。第一类是个人成长类故事，这类故事主要告诉用户主播的成长经历，让用户对主播的经历产生共鸣，进而对主播产生认同感。第二类是得到用户肯定类故事，是指主播和直播团队凭借什么原则坚持做了哪些事，在这个过程中克服了哪些困难才得到了用户的肯定。第三类是直播团队的趣事。日常趣事不同于前两类，应该是轻松的、幽默的、引人发笑的。例如，TikTok 上最受欢迎的家庭类账号之一 Jason Coffee。它的主理人叫 Jason，曾经是星巴克的一名普通员工，他在账号里主要发布的是关于咖啡和自己家庭生活趣事的内容，经常能让观众在诙谐幽默的氛围中产生对特定日常生活状态的共鸣，因而也收获了 2 160 万粉丝。他的生活视频中常出镜的还有妻子和孩子们。

（二）在直播间讲故事

主播可以在直播间讲故事，并加入自己的观点，通过引起用户的情感共鸣，渲染自己在生活态度方面的人设。比如 2022 年最具影响力的 TikTok 网红之一 Bella Poarch，她经常在社交媒体上公开支持反对亚裔偏见的活动。她也曾受邀在 *Vogue* 杂志上讲述自己作为一名亚裔女孩在美国的经历,讲述了自己曾受到的不平等待遇和殴打,因而她获得了许多亚裔粉丝的支持。主播所讲的故事分为以下几种类型(如图5-4所示):

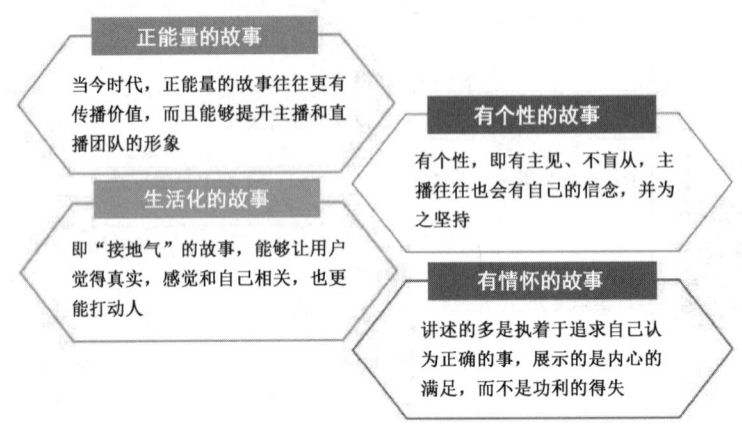

图5-4 在直播间讲故事的类型

(三)打造自媒体的传播矩阵

直播团队宣传主播人设不应该局限在直播间,还可以利用与直播间相关联的Ins、Facebook、YouTube等社交账号进行人设的包装和造势。要想大幅度提高直播间人气,就需要为主播在各个平台打造一个系统化的传播矩阵,定期频繁地输出符合主播人设的内容,增加主播的全网曝光度,为主播的直播间积累流量。

例如,来自海外的搞笑大神无语哥Khaby,本名Khabane Lame。他在视频里总是一句话都不说,却因为用无声的吐槽来怼网上那些无用、多此一举的生活小妙招而迅速蹿红,他冷漠的表情和经典的摊手姿势早已深入人心,在网络被称作面瘫哥、"反矫达人"。他的视频被众多网友追捧,2022年6月,他以1.4亿的TikTok粉丝量成为该平台关注人数最多的超级网红。为增加全网曝光度,2021年4月Lame还开辟了Ins账号(ID:khaby00)并保持持续更新,该账户一个月内就成功涨粉900万。他的粉丝还为他开设了英语、德语、阿拉伯语、葡萄牙语、西班牙语等多种语言的粉丝页面。如图5-5所示,Lame团队开始进军国内抖音平台、西瓜视频,其宣传语是"关注无语哥,远离Emo"。

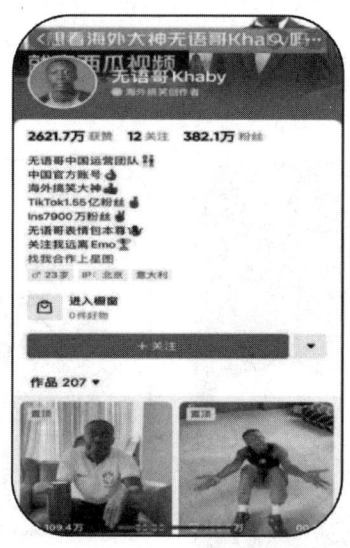

图5—5　Khabane Lame抖音平台账号截图

第三节　跨境电商主播人设类型及带货能力

优质的主播自带流量，了解优质主播人设类型有助于提高带货转化率，而结合主播人设类型分析优秀跨境带货主播的能力体现了人设打造的商业属性。

一、跨境电商主播人设类型

（一）导购促销类：提供专业消费意见

直播卖货，归根到底是一种交易行为。它也许会激发观众的一时冲动的消费，也会吸引一部分仅作为观众参与的"吃瓜群众"。然而，无论过程如何，最终还是要回归到交易的本质：交付商品。

导购促销类人设的核心是要击中用户的真实需求，快速、准确甚至超预期地匹配用户需求。这种人设最大的价值在于帮助用户缩短消费决策时间，取得用户信任后，可以让用户信赖主播的推荐，从而形成强大的带货能力。如图5—6所示，在马来西亚家居达人Grace 的 Lazada 平台直播间，她会以一个精打细算又亲和力十足的"妈妈"形象出现，结合自己的生活场景展示家居类产品的卖点，为观众提供相对专业的家居用品消费建议。

要打造导购促销类人设，主播必须非常了解产品卖点和用户需求。一方面，能从价格、品牌、竞品等多个角度说明产品特点；另一方面，能从用户的消费场景、心理需求等角度匹配合适的商品。这种人设的局限在于，主播所推荐的商品必须具有较高性价比，主播的推荐要专业，一旦推荐出错，则人设崩塌。

图 5—6　家居达人 Grace 在 Lazada 平台直播截图

（二）技能专家类：靠专业为用户赋能

随着商品种类的极大丰富，部分商品具有强意见领袖驱动的属性，需要美容师、穿搭师、健身达人等帮助用户完成消费决策和商品选择。

技能专家类人设的核心是产品背书和用户赋能，专家身份增强了产品的可信度，专业技能让用户更受益。以 IMAGIC Beauty 为例，它是一个专业的美妆品牌，在 2020 年"6·18"前夕策划了连续 15 场 Lazada 平台直播计划。如图 5—7 所示，每场直播都邀请了专业美籍华人化妆师 Sharon 以及菲律宾美妆博主 Joana，线上分享化妆教程。粉丝"种草"之路就此铺开，品牌直播间的粉丝数在 10 天内从 1 000＋增加到 5 000＋，吸粉增长率超 400％，吸粉带货效能明显。这充分体现了拥有技能专家类人设的主播，在推广高客单价商品、专业类商品、食品类商品时，所展现出的天然引领性。

要想打造技能专家类人设，主播自身必须具备扎实的专业技能和真实力。商家可以直接聘请具备相关资质的行业专家，还可以通过主播持续的专业知识分享来打造专家形象。然而，这种人设的局限在于，投入成本比较高。同时，专家类主播往往深耕于某一领域，很难跨界带货。

（三）BOSS 店长类：品牌人格化

在社交媒体盛行的时代，用户越来越倾向于和品牌直接对话，表达自己的情绪。老板

图 5－7　IMAGIC Beauty 品牌 Lazada 平台直播间技能专家类主播直播截图

是实现品牌人格化的最好载体。

　　BOSS 店长类人设的核心是营造一种平等感，让用户可以直接对话老板。这种人设的最大价值就是能提升用户的信任感，让用户感觉有途径直接对话老板，需求和问题都可以得到快速解决。如图 5－8 所示，美国母婴品牌 The Honest Company 在亚马逊直播中开设了自己的品牌直播间，并由品牌创始人、知名好莱坞女星 Jessica Alba 亲自主持。其实，很多观众并不在意老板们在直播期间做了多么专业的产品介绍或者说了多么有趣的段子，而是在意老板的出现——用户会因为老板的出现更加放心，所以现在各平台大促期间，经常能看到老板站台直播。例如，2020 年天猫活动期间，作为 FENTY BEAUT 主理人的蕾哈娜空降品牌天猫旗舰店直播间和粉丝互动；2022 年"黑五"期间，珠宝水晶类目 TikTok 小店@ROYAL JEWELRY 也是由老板挂帅。

　　要想打造 BOSS 店长类人设，主播在直播间必须具有话语权，他可以直接解决用户的问题，包括直接提供免单、降价等优惠福利给用户。这种人设的局限在于，要么老板亲自上阵，要么给主播充分的授权，否则人设很难建立起来。同时，亲近感和权威感需要把控好，否则会对品牌本身造成伤害。

（四）网络达人类：与用户产生情感共鸣

　　对于部分用户来说，消费不仅仅是为了满足物质需求，还有精神需求。消费本身代表了用户对美好生活的期待和向往，买什么东西意味着用户是什么类型的人。

　　网络达人类人设的核心是成为用户的理想化身，进而与商品相关联，让商品成为用户理想的载体。比如买一条裙子，除了因为它好看，可能还说明买裙子的女生是一个时尚、精

图 5-8　Jessica Alba 亲自主持 The Honest Company 亚马逊直播

致的人；购买健身产品，意味着消费者可能是一个生活健康、自律的人。

这种人设的最大价值就是能和用户产生情感共鸣，增加产品溢价，形成品牌护城河，降低用户对价格、品质以及其他产品属性的敏感度。要打造网络达人类人设，主播必须做到三点：(1)既有内容又风趣；(2)既有专业知识又能讲故事、段子；(3)既能对产品如数家珍，又有自己独特的消费主张。这种人设的局限在于，网络达人的不可控性。一方面，这种人设无法标准化复制，说不定主播在哪一方面能与用户产生共鸣；另一方面，具有强烈个性色彩的主播有极大的流失风险。

二、优秀跨境带货主播能力

电商主播以带货为目的，因而人设的打造是由商业属性驱动的，主要是帮助主播输出价值观，用清晰的人设告诉用户为什么要看我的直播、为什么要在我的直播间购物。因此，主播人设最终也是为了带货服务，国内平台主播和跨境电商主播都是如此。下面我们来分析优秀跨境带货主播应具备的能力。

(一) 对产品充分了解

直播模式下，与消费心理直接挂钩的不是主播，而是产品。对于主播们来说，其基本职能是向消费者展示产品、"种草"产品。对比流量明星的直播间，其他直播间最大的不同在于粉丝的购买行为更多的是从产品出发，而非主播本人。带货出身的知名主播，也是通过货物的价格、质量等积累起人气才拥有了当前的"名人效应"。

因此，充分了解产品的性能、衍生功效、市场标准价格等，才是引导用户产生购买行为的核心驱动力。以化妆品为例，一名优秀的带货主播不仅要了解产品的成分、产品的性能功效、与市场上同款产品的价格对比,还要了解不同的肤质使用这款化妆品有哪些不同的上妆效果,在夏天和冬天应该分别辅以哪些产品才能让使用效果更好等。

(二)互动能力

除了了解产品外,主播想要实现长期发展,还需要不断提升自己的吸粉能力。在直播过程中,主播要学会跟观众交朋友,要及时互动,提高观众的黏性。提升互动能力,需要主播具备较好的口语表达能力、肢体表现能力以及特殊情况下的应变能力,能随时调节现场的气氛,并和观众互动。提高直播间的互动氛围有以下几个小技巧:

(1)但凡进入直播间的用户,一定要让他们动起来。比如,如果你要做一款不粘锅的选品,你可以这么说,"想要不粘锅的宝宝在屏幕上打1"。

(2)主播在和用户互动时,要懂得抓准他们的痛点。比如,某主播有一次卖男性护肤品,她鼓励女性对自己的男朋友、老公好一点,但很多女性并不买账。第二天直播换成"假如你不给他们买这种平价商品,他们就会偷偷用你的神仙水、贵妇膏",结果当天直播的销量比前一天上涨了很多。

(3)主播可以针对粉丝设置奖励规则。比如,打赏榜前7名的有奖品,点赞超过多少赠送小礼品等,也可以通过设置延时福袋等做法,增加用户的平均停留时间。

(三)控场能力

作为一个主播,具备控场能力非常重要。缺乏控场能力的主播很容易陷入被动,比如被观众带偏节奏,这对直播是很不利的。特别是在面对"黑粉"强势带节奏的情况时,主播需要表现出很强的控场能力。另外,直播间的氛围也能表现出主播控场能力的强弱。如果新人主播不培养控场能力,前期很容易出现冷场。只有场面控制住了,气氛带起来了,留住观众的机会才更大。

(四)有自信心

很多主播,尤其是新人主播,在一定程度上缺乏自信心,最直接的表现就是对着镜头说话时磕磕巴巴,显得非常不自然。新手主播如果想要增强自信心,一是要对着镜子多练习,面容自信,语气高昂;二是要多向优秀的同行学习,模仿他们的语气和动作。

【本章总结】

关于直播内容定位,有一个意思相近的词——"人设"。人设是人物设定的简称,该概念起源于日本动漫产业的人物设定,是动画创作术语,后来被引用到剧本和故事的创作中,现在被普遍应用于个人形象的打造,是指人物展现给观众的直观形象,包括人物的外在形象以及内在性格。因此,一名优质的主播要做到内外兼修。

合理的人设定位,可以通过更加明确清晰的直播短视频内容,在不动声色中展现产品各方面的特性,吸引粉丝关注,减少流量获取成本。粉丝会因为喜欢你这个人而对你产生信任,从而购买你的产品、接受你的服务。具体而言,合理的人设打造能够创造差异化特征、获取巨大流量、创造明星效应并带来粉丝价值。跨境平台直播中,对主播人设的打造不容忽视。

常见的跨境电商主播人设打造的方法是运用 SRIL 法则,通过优势、风险、辨识度和变现能力分析来判定主播人设塑造的方向。此外,人设想要打造成功,需要"立得住"。要让人设"立得住",我们还可以通过以下几种方法:(1)策划一系列能够表达人设的故事(包括个人成长类、得到用户肯定类以及直播团队的趣事等),在得到观众共鸣中将主播人设立住;(2)在直播间讲故事,并加入自己的观点,通过引起用户的情感共鸣,渲染主播在生活态度方面的人设;(3)打造自媒体传播矩阵,对主播进行人设的包装和造势。进一步而言,作为一名跨境主播,在人设打造过程中应考虑不同国家差异化的价值取向,迎合国家文化也是相当重要的。

跨境电商主播以带货为目的,因而人设的打造是由商业属性驱动的,主要是帮助主播输出价值观,用清晰的人设告诉用户为什么要看我的直播、为什么要在我的直播间里购物。了解跨境电商主播人设类型,明晰适合特定品类直播的主播人设类型特点对直播效果提升有明显作用。跨境电商主播人设类型一般有以下四类:(1)导购促销类:提供专业消费意见;(2)技能专家类:依靠专业为用户赋能;(3)BOSS 店长类:品牌人格化;(4)网络达人类:与用户产生情感共鸣。如上文所述,依靠主播人设最终也是为了带货服务,优秀跨境带货主播的能力包括对产品充分了解、互动能力、场控能力、有自信心。

【课后思考】

1. 请结合主播人设塑造的 SRIL 法则,分析一名跨境电商平台主播的人设。

2. 观看 Lazada 印度尼西亚、越南、泰国等主要市场中的 LazLive,聊聊各国文化差异对跨境主播人设的影响。

3. 举例说明跨境电商主播人设类型。

第六章

跨境电商直播脚本

· 直播脚本概述

· 直播脚本类型及设计

· 跨境电商直播脚本示例

学习目标

1. 了解电商直播脚本的基本知识。
2. 了解电商直播脚本设计内容逻辑。
3. 熟练掌握跨境电商直播脚本的编写及运用。

本章简介

跨境电商直播被视为一种"新型社交"。一个电商产品的运营是否成功,很大程度上取决于有多少用户喜欢它,该产品拥有多大的向心力,以及这种向心力指向何方。内容的多元化是社交电商未来的发展方向。而跨境电商直播则通过"人、货、场"三位一体式的社交购物体验,为顾客和跨境电商平台创造了价值。这也是跨境电商直播成为风口的内在逻辑。

在直播中,主播的内容输出是决定一场直播成功与否的重要因素。任何类别的直播,只有拥有独特的内容特色,才更容易吸引人。如何打造一场成功的直播呢?直播脚本是关键。

直播脚本就是一场直播的"剧本"。好的直播脚本不仅可以提升直播效果,还可以使直播内容更加生动有趣,从而能够更好地吸引观众的关注。因此,写好直播脚本非常重要。在编写直播脚本之前,我们需要考虑多种因素,例如直播的主题、受众、场景、节目设置等。精心设计的直播脚本、吸引人的内容和演绎,可以让观众更加沉浸在直播中,从而提升直播的效果和影响力。

理解什么是跨境电商直播脚本,熟悉如何设计整场直播脚本以及单品直播脚本,并展示多个跨境直播脚本案例,将是本章的重点。

第一节　直播脚本概述

直播带货脚本是直播带货的框架,有框架不一定播得好,但是没有框架一定播不好。如果没有提前做直播计划,没有准备好直播带货脚本,那么实践中就容易手忙脚乱。

一、直播脚本总述

(一)直播脚本的含义

在观看直播时,你是否留意一些主播桌上放着一叠文件？即便是经验丰富的主播,在直播的过程中,也会时不时地低头看这些文件。这些文件就是直播脚本。就像电视剧或者电影的剧本一样,直播脚本就是直播的"剧本",它交代了这场直播的基本情况与流程,主播就是顺着这个脚本直播的。

直播脚本也是主播及其团队对于带货产品的提炼。在一场直播中,主播要在最短的时间内,形象地告诉消费者这些产品的核心卖点。比如,李佳琦在直播过程中,可以用最精准的词汇描述不同款口红的特点,他所描述的场景很容易打动观看直播的用户,这其实是主播及其团队共同策划的结果。用户从观看直播到下单,往往只有几分钟,想要获得好的直播效果,直播脚本的撰写是必不可少的。特别是对于新手主播而言,其无法与流量大的主播抢流量,但只要策划好直播脚本,尽量让自己的直播内容被粉丝喜欢,长久下来,就能积累起一批忠实的粉丝。

(二)直播脚本撰写目的及意义

1. 撰写目的

(1)梳理直播流程,让直播有条不紊,从而为观众提供更好的购物体验。在脚本中,需要梳理直播销售的流程,包括直播前的准备、直播中的操作流程、直播后的总结等环节。这样可以确保每个环节都得到妥善的安排和管理,避免出现一些不必要的失误和疏漏。

(2)管理主播话术,指导主播的行为。在直播中,管理主播话术也是非常重要的,可以指导和规范主播的行为,确保直播销售的效果。直播脚本中往往为主播提供了一些话术模板和指导,让主播更好地掌握销售技巧和沟通技巧,从而更好地与观众互动,提高观众的参与度和信任度。

(3)便于总结经验,为以后的直播提供借鉴。在每场直播销售结束后,运营人员和主播可以通过脚本的再梳理总结销售效果,分析成功和失败的原因,并针对这些问题提出相应的解决方案和优化措施,这样可以提高后续直播销售的成功率。

2. 撰写意义

(1)增加粉丝关注度,提升粉丝观感。直播脚本可以让主播在直播中更有条理和重点,从而提升直播的质量和观赏性,吸引更多粉丝的观看和关注。

(2)为观众提供独特的视角和深度。直播脚本可以让主播事先规划好直播内容和节目安排,为观众提供更深入、更专业的信息和见解,增加直播的信息量和吸引力。

(3)建立舆论导向,长期 IP 化打造。直播脚本可以让主播在直播中保持明确的针对性和方向性,有利于建立自己的直播品牌和风格,形成自己的直播 IP。这不仅有助于增强粉丝的忠诚度,还能在长期内塑造良好的口碑效应。

(4)减少直播突发状况,把握直播的节奏。直播脚本可以提前规划好直播的内容、节目和环节,减少直播中可能出现的突发状况和意外情况,保证直播的节奏和流畅度,提高直播的品质和观众的观感。

二、直播脚本核心要素

(一)主题:确定直播方向

主题是直播的核心,整场跨境电商直播的内容需要围绕中心主题进行拓展,比如,配合品牌上新、店庆活动,或是回馈客户等。

如果直播内容与主题不符,就会产生负面影响。比如,做店庆抽免单的主题,结果用户进来发现主播在讲省钱技巧,迟迟不抽奖,人马上就会走。再比如直播主推的产品是美妆,而主播对其他产品讲解太多太细,就很容易本末倒置,忽略主题,导致内容过于宽泛,让观众难以捕捉到直播的核心信息,进而可能导致部分观众的流失。

(二)节奏:做好直播现场控制

通过精心策划直播脚本,我们可以大致了解一场直播的时长、内容以及活动安排等信息,从而给粉丝留下好印象。跨境电商直播节奏的制定,是指对于时间的规划。确定每段时间的直播内容,有助于主播从容不迫地把控直播间的整体走向,在直播中占据主动地位,同时也优化了直播的流畅性,提升了粉丝的观感体验,不至于直播途中突然冷场和不知所措或是遇到突发状况就乱了方寸。当主播把控好直播节奏并且掌握主动权后,无论是获得打赏还是获得商品转化的可能性都会增加,进而最大化直播的经济效益。

(三)分工:调度安排直播人员

跨境电商直播是动态的过程,涉及人员的配合、场景的切换和道具的展示。因此,在直播筹备阶段,在脚本上一定要做好标注。这不仅有助于提升筹备工作的效率,还能确保现场的配合更默契。商家可以对主播、助播、运营人员的动作、行为、话术进行指导,明确直播参与人员的分工。比如,主播负责引导观众、介绍产品、解释活动规则;助理负责现场互动、回复问题、发送优惠信息等;后台客服负责修改产品价格、与粉丝沟通、促进订单转化等。

对于大型直播活动,个人要想完成直播流程的整个过程是非常困难的,这时候就需要组建直播运营团队,安排人员来协助主播完成直播的各项工作,这样能集合众人的力量把直播做得更好,同时也减轻了主播的负担。优秀的跨境电商直播脚本,必然考虑这些流程的各个环节和团队的配合,确保正式直播的内容有条不紊地推进。简而言之,直播脚本的规划就是对直播时间、场景、人员、道具、产品的综合性调度。

以下是针对TikTok直播时,小型和大型团队大致的分工情况(如图6—1和图6—2所示),团队人员的职责在直播脚本中应该都有合理安排。

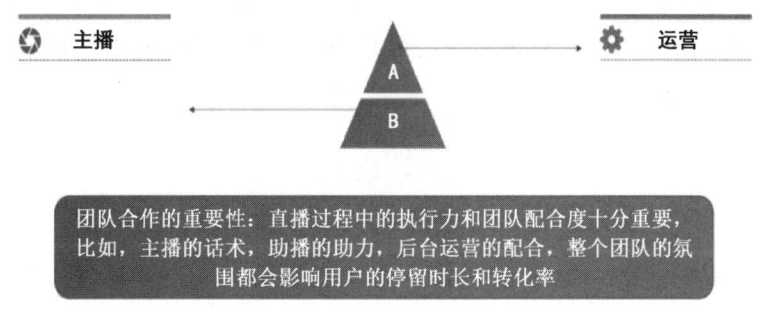

图6—1 TikTok直播小型团队人员布局参考

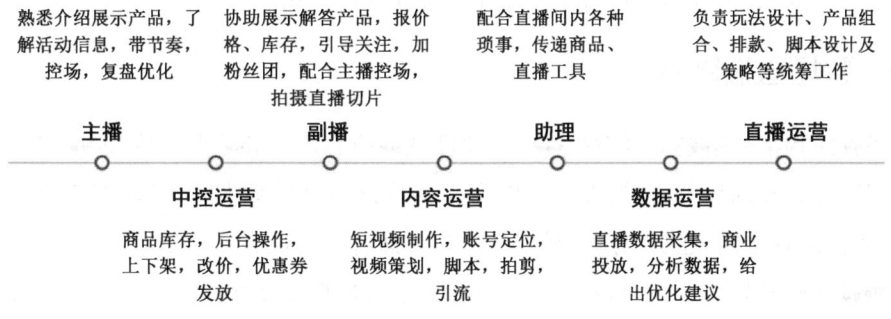

图6—2 TikTok直播大型团队人员分工参考

(四)互动:合理安排活动环节

很多用户喜欢看直播,因为直播间的产品便宜,优惠活动很多。看的过程中,他们虽然一直在花钱,但是感觉物超所值。为了营造直播间的活跃氛围,设置丰富多样的活动环节是必不可少的。

直播间的活动形式有很多,例如,优惠券、红包、盲盒、抽免单等。在策划脚本时,要提前明确本次直播的活动形式,也可以将多种形式的活动结合起来,并提前制定执行方案,让主播在直播过程中有一个明确的操控指南。

商家可以在刚开播的时候设置一波优惠券,以此吸引新进直播间的观众多停留一会儿。直播过程中,可以结合点赞数或者时间点不定时发放优惠券。最好提前准备一个有吸引力的大奖,并安排在直播的后半段公布。商家也可以设置一些限时、限量的利益点,在特定的时间发放。比如,主播可以给出一个口令,如"0520",并告知前 20 名私信客服的观众可以领取一个神秘大礼包,强调仅限 20 个名额,先到先得。

一般来说,抽奖是预约获客高峰期,主播合理使用这一策略,能有效提升转化效果。主播要营造紧张的氛围,反复强调参与方式,比如"还差×个预约就抽免单,马上点击预约参与抽奖"。奖品如果有实物,主播一定要拿在手上。类似的互动方法还有很多。

除此以外,有情感性互动、故事性互动也是提升直播效果的重要手段,这些互动用得好,往往会有意想不到的效果。

第二节　直播脚本类型及设计

直播脚本分为整场直播脚本和单品直播脚本两种类型。这两种类型在跨境直播中均极为常见。在撰写电商直播脚本时,需要注意,其内容和结构应根据产品类型、目标受众和销售策略定制,以确保直播内容的吸引力和销售效果最大化。

一、整场直播脚本

整场直播脚本是指整个直播过程中需要涉及的所有内容和环节的规划和安排,包括开场白、产品介绍、互动环节、营销推广等内容。编写整场直播脚本时,必须围绕直播的主题和目标,确保内容全面、连贯、有针对性,从而为直播过程提供有效的指导。

整场脚本模板如表 6—1 和表 6—2 所示,商家可根据需要在此基础上按需自行设计。

表 6-1　　　　　　　　　　　　整场直播脚本模板 1

×××整场直播脚本								
直播主题：								
直播时间：								
主播：			助理：			场控：		
开场白：欢迎来到×××的直播间……								
序号	货号	时长	图片	原价	直播价	内容	画面	道具
1								
2								
3								
…								
互动环节：								
直播总结：								
下次直播预热：								

表 6-2　　　　　　　　　　　　整场直播脚本模板 2

×××整场直播脚本										
直播主题				主播					注意事项：		
直播目标				运营							
直播时间				场控							
序号	时间	流程	产品类目	产品名	规格	日常价	直播价及促销	口播关键词	图片
1		开场互动							
2		产品 1							
3		产品 2							
4		产品 3							
…	…	…	…	…	…	…	…	…	…
直播结束及下场预告：										

续表

×××整场直播脚本
本场直播总结：

（一）开场环节

开播初期，最重要的目标是要让观众对直播间产生兴趣，提升直播间的人气。通常暖场时长为5～15分钟。这个阶段需要主播与粉丝打招呼问候，开展抽奖送福利活动，并与粉丝友好互动。同时，主播也需要提前告知粉丝直播间的产品亮点，让观众更好地了解本次直播的主要内容。

成功的暖场不仅能提高直播间的初始流量，而且也是检验主播能力的重要标准。很多直播团队不重视暖场，这是一种错误的观念。只有暖场做得好，才能为后续爆品、高客单价商品的销售打下基础。

暖场期间，主播需要准备好暖场话术、开场抽奖介绍、直播间商品的大致介绍以及本场直播间的大奖福利介绍等内容（如表6—3所示）。

表6—3　　　　　　　　　　跨境直播间开场互动话术范例

环　节	话　术
打招呼：关注主播＋分享直播间等	Hello，欢迎所有新进直播间的宝宝们，我们是××官方直播间，厂家直销，记得点击左上角的主播头像，关注主播，后续最新直播动态、最新作品都会第一时间通知你们哦！没有点关注的宝宝们帮主播把关注点起来吧！喜欢主播的宝宝们，可以点击左上角的小爱心，成为粉丝团员，我们会赠送运费险。宝宝们如果认可我们的直播间，可以点击下方的分享按钮，分享给身边的好朋友哦！我们每天会给大家带来意想不到的福利
强调开播时间和频率	新进直播间的宝宝们，欢迎大家来到××官方直播间，厂家直销。开播时间是每晚10:00到次日凌晨00:30，没点关注的记得点关注，点了关注的有时间可以来逛逛，我们随时在直播间恭候大家

（二）正式售卖环节

正式售卖环节分为售卖初期、售卖高潮期和售卖结尾期，每个部分的时长根据直播间的情况而定（如图6—3所示）。

1. 售卖初期

在售卖初期，关键的工作是逐渐提升直播间的销售氛围，鼓励用户积极参与互动。因此，在这个阶段，许多直播间会推出低价引流产品，以在直播间中形成互动和评论的热潮，从而吸引更多的粉丝参与。这样可以让新进入直播间的用户感受到热烈的氛围，大家都有

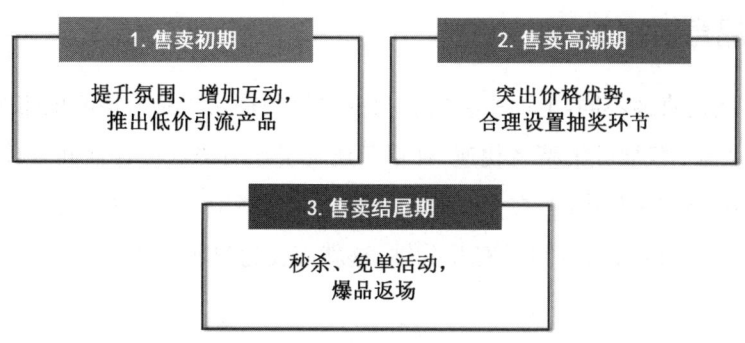

图6—3 正式售卖环节及其内容

从众和观察的心态,可以吸引新用户留下并创造销售机会。

2. 售卖高潮期

当进入售卖高潮期时,直播间的卖货氛围和人气都涨起来了。直播间的售卖高潮期堪比卖货的黄金时段,一定要抓住时机。这时建议先选择高性价比、具有价格优势的产品,再将高客单价和低客单价的产品相结合售卖。

如果主播售卖的商品有绝对的价格优势,他们会直接将其他平台的商品价格截图打印下来,在直播间展示,以打消用户对价格的顾虑。对于很多价格敏感型用户来说,这一招非常有效。同时,在售卖高潮期售卖的产品要高低价格相结合,以满足不同消费能力的用户需求,从而把人留住。在创造出高销售额时,也不要忘了放出大奖,刺激粉丝继续下单,拉高整个直播间的声势,让更多用户进入直播间,冲一波流量和销量。

3. 售卖结尾期

一场直播结束后,流量有高有低是很正常的情况。到了后期,直播间的流量开始下降,这时便进入了售卖结尾期。在这个阶段,用户可能会感到疲乏,为了吸引他们的注意力并提高下单率,我们可以采取一些策略,例如秒杀和免单活动,这样可以提升用户的购买欲望。同时,在这个阶段还可以考虑返场销售潜力爆款产品,以进一步刺激用户购买的热情。

(三)结束环节

当直播即将结束时,通常需要花费大约10分钟进行收尾工作。在这个阶段,主播可以再次赠送一些小礼品,以回馈已经下单的粉丝。同时,主播可以简短地进行下一场直播的预告,并根据粉丝的反馈和需求考虑是否安排某些商品的返场。此外,主播还需要引导粉丝关注直播间,强调每日直播的时间,并引导粉丝准时进入直播间观看。最后,主播需要再次感谢粉丝的支持,并告别下播。

二、单品直播脚本

与娱乐平台的直播不同,电商平台的直播主要目的是以产品为核心的带货。通过几个小时的直播,主播不仅要让消费者快速"种草",还要引导消费者在直播间下单。直播期间,产品卖点的展示是非常集中的,在一场时长 3 小时的直播中,主播往往会介绍 20～40 种产品,分配给每个产品的直播时间只有几分钟,这就需要通过脚本提前准备好每个单品的直播内容。

单品直播脚本是指针对单个产品或者一类产品进行的直播内容和呈现方式的规划和安排。单品直播脚本包括单个产品的直播脚本以及同一品类产品的直播脚本,包含以下信息:序号、货号、时长、产品图片、原价、直播间价格、产品卖点、利益点(用户角度)、适用场景等。

(1)序号、货号、产品图片、原价这些都是产品的基本信息,有利于主播在直播的时候区分产品。

(2)时长是指直播这款产品所花费的时间,提前策划好每一个产品的直播时长,有利于主播把控直播进度。

(3)直播间价格是指直播期间用户购买产品所享受的优惠价格,用户希望在直播间可以买到最优惠的产品,因此直播间价格一定要和日常销售的价格有明显的区别,这样才能刺激用户立刻下单。

(4)产品卖点是指商品具备的与众不同的特色、特点,是区别于同类型产品的突出优势,可以是产品的功能、造型、品牌等各个方面。每个产品最好都能提前准备至少 3 个卖点。

(5)利益点是指从用户的角度出发,告诉用户买了这个产品可以获得哪些好处,这部分可以从情感的角度挖掘。

(6)适用场景是指产品的应用范围,通过场景的描述激发消费者的购物热情。

(7)直播画面是指当主播在讲解商品的某一个卖点时,展现给用户的画面。直播画面的呈现经常需要助理的配合。比如,主播在讲直播价格和原价差别很大时,助理可以在直播间展示提前准备好的价格对比图片。又如,主播在讲某款眼线笔防水效果好时,助理可以在手臂上画一下,然后用水去擦——通过这种和画面结合的方式,让观看直播的用户亲眼看到产品的效果。

(8)实物道具是指配合这一部分直播画面展示所需要用到的产品和道具。直播助理需要根据脚本提前准备好要用的物品。

不同店铺、不同类目、不同主题的直播所要展示的产品内容有所不同,在具体实践中主播可以根据自己的需要打造单品脚本。表6-4为单个产品的单品直播脚本模板，主播可根据实际需要在此基础上自行设计。

表6-4　　　　　　　　　　　　　单品直播脚本模板

×××的单品直播脚本		
直播主题		
主播介绍		
内容提纲		
直播流程		
序号	时长（分钟）	主要内容
1		主播自我介绍、公司介绍
2		引出话术、产品简介、卖点痛点、使用场景
3		更多信息
4		优惠介绍、促单转化、服务保障
5		直播结束语及预告

三、脚本逻辑

不管是整场直播脚本还是单品直播脚本，脚本的梳理逻辑都是一样的：吸引用户——激发购买欲——打消顾虑——说服用户——逼单。

（一）吸引用户

手机屏幕前用户的注意力有限，如果产品一开始的介绍没有吸引他，那么他可能会丢下手机等待下一个产品。一个单品直播的脚本，首先要考虑什么样的开场可以吸引用户。引起用户注意的方法包括用销量、品牌介绍、口碑等告诉用户这是"大多数人的选择"；告诉用户，这款产品可以解决大多数人的痛点。

以下是某跨境电商直播间吸引用户的话术：

Do you have curlers or straighteners? Do you think it's inconvenient to use because it only has one function? What do you think? Do you think it's useful or not? Do you encounter these problems after use? For example, it causes frizz, tangles or pulls in your hair, dries out your hair, loses its luster, and so on. After you use it two or three times, you don't want to use it again, waste a lot of money, hurt your hair, if you have the above problems, today I will share with you a magical hair tool, it will solve all your problems, give you a fantastic experience, you will fall in love with it to create your own style.（你们有卷发器或直发器吗？你们认为它使用起来不方便，是因为它只有一个功能吗？你会怎么看待这样的产品？它有用吗？另外，你们在使用卷发器或直发器后会遇到下面这些问题吗？头发卷曲，被它缠住或拖拽，使你的头发干燥、失去光泽……因此，用了两三次后，你就不想再用了，浪费了很多钱，还伤了头发。如果你遇到以上的问题，今天让我来和你们分享一款发型神器，它将解决你很多发型问题，给你带来奇妙的体验，你会爱上它，创造自己的风格。）

（二）激发购买欲望

直播带货最大的优势就是可以现场展示产品，产品展示如果能做到以下两点，一定会引起用户尖叫：

(1) 跟用户的使用场景有关。比如在卖剃须刀的现场刮胡子，在卖锅的现场煎蛋。

(2) 强烈的对比性。比如，在卖女性脱毛膏的时候，找一个大汉做模特，脱毛膏敷上去不到10分钟，胳膊上的毛瞬间脱光，这种对比效果对用户来说是足够震撼的，果然脱毛膏一上架就售罄了。

（三）打消顾虑

当消费者看到价格低廉的产品时，他们可能会担心产品质量是否会受到影响。为了让消费者认识到他们购买的产品是靠谱可信的，主播可以通过产品的使用体验来证明其优良品质，介绍产品的权威认证信息，借助专家的证言进一步证实产品的品质等来打消他们的顾虑。这些方式可以让消费者放心购买产品，并认识到价格低只是因为直播间的优惠力度大，并不代表产品的品质不好。

（四）销售环节

在销售环节，主播需要公布产品的价格，让用户感受到物有所值。此外，通过促销政策，主播可以打造购买热潮，鼓励用户集中下单，营造购物氛围。负责监控销售数据的同事应及时向主播汇报销售数量，并利用剩余数量刺激那些还在观望的用户，从而提高用户下单的热情。

在直播带货过程中，主播不仅需要将产品与竞品对比，还需要与其他渠道对比，以证明直播间购买的优势。此外，主播还需要说服用户在直播间购买，而不是在其他渠道购买同样的产品。

（五）逼单

为了创造抢购的氛围，让用户有一种错过就吃亏的感觉，主播需要学会运用逼单的技巧。例如，主播可以不断提醒用户即时销量，以营造畅销的局面。另外，使用倒计时的方式，可以迫使用户立即下单。例如，在直播间中，主播不断强调上架产品数量有限，并强调直播间为粉丝提供的优惠价格，比如 20 元的差价。通过这种方式，主播能够不断刺激用户的购买欲望。以下是跨境电商直播间一些常见的逼单话术：

(1) The coupon only available for 5 orders, don't forget to use it to have the discount price ever.（优惠券只能用于 5 件产品，别忘了使用它，用折扣价购买。）

(2) ALL orders placed during LIVE show will be sent out within 3 days.（直播期间下的所有订单可以在 3 天内发出。）

(3) The ＄9.9 one only 100 pcs left, don't hesitate to buy it now to get best offer.（9.9 美元只剩 100 件，现在就购买，以获得最优惠的价格。）

(4) The ready to ship products is listed below, they all in stock ready to be shipped within 24 hours, you can just place the order directly then we can arrange it for you after LIVE.（准备发货的产品已经列出，都有库存，可以 24 小时内发货，您可以直接下订单，我们可以在直播后为您安排。）

(5) The free sample is offered during LIVE show and you just need to pay for the shipping, it's quite good offer.（现场直播时提供免费样品，您只需支付运费，这非常划算。）

第三节　跨境电商直播脚本示例

目前，跨境电商平台上直播销售越来越流行，不同平台和市场有着各自不同的语言要求。例如，Shopee 马来西亚站和中国台湾站允许使用中文直播，而其他一些平台则要求直播必须使用英语。这取决于平台的定位及其主要的目标受众。因此，如果是在跨境电商平台上直播，需要根据所选平台的要求选择合适的语言。表 6-5 至表 6-8 是跨境直播脚本双语实例。

表 6-5　　　　　　　　　跨境电商整场直播脚本(中文)

美妆护肤产品整场直播脚本						
直播主题:跨境美妆护肤产品推荐						
直播时间:2023 年 5 月 20 日,下午 2 点至 4 点						
主播:Jane		**助理**:Lily			**场控**:Tom	
开场白:欢迎来到 Jane 的直播间!今天我们将为大家推荐一系列热门的跨境美妆护肤产品。我是主播 Jane,和我一起的是可爱的助理 Lily,以及场控 Tom。在接下来的直播中,我们将带您领略美妆世界的精彩!准备好了吗?						
序号	货号	时长	图片	原价	直播价	内容
1	A001	8 分钟		¥199	¥169	韩国水润面膜
2	B002	8 分钟		¥299	¥249	法国护肤精华液
3	C003	9 分钟		¥129	¥99	美国眼部修复霜
…	…	…	…	…	…	…
互动环节:在直播过程中,我们将进行抽奖活动。观众们只需在弹幕中发送抽奖码,就有机会赢取我们的美妆产品礼包。敬请留意!						
直播总结:感谢大家收看今天的直播!希望我们介绍的跨境美妆护肤产品能够满足您的需求。如果您还有任何疑问或需要进一步了解,可以在留言区向我们提问。记得关注我们的直播间,我们下次直播再见!						
下次直播预热:下次的直播节目将为大家带来最新的化妆技巧和妆容分享。请大家在留言区告诉我们你们最希望了解的妆容技巧,我们会为大家准备精彩的内容!敬请期待!						

表 6－6　　　　　　　　跨境电商整场直播脚本(英文)

Cross-border Beauty and Skincare Product Recommendations Live Streaming Script						
Theme：Cross-border Beauty and Skincare Product Recommendations						
Live Time：2023.5.20,14:00－16:00						
Host：Jane			**Assistant**：Lily			**Stage Manager**：Tom
Opening Host：Welcome to Jane's live show! Today, we will be recommending a range of popular cross-border beauty and skincare products. I'm your host, Jane, and joining me is our lovely assistant, Lily, and our stage manager, Tom. Get ready to explore the world of beauty with us. Are you excited?						
No.	SKU	Duration	Image	Original Price	Live Price	Content
1	A001	8 mins		¥199	¥169	Korean Moisturizing Face Mask
2	B002	8 mins		¥299	¥249	French Skincare Essence
3	C003	9 mins		¥129	¥99	American Eye Repair Cream
…	…	…		…	…	…
Interactive Session：During the live show, we will be running a lucky draw. Simply enter the draw code in the chat for a chance to win our beauty product gift package. Stay tuned for more details!						
Livestreaming Summary：Thank you all for tuning into today's live show! We hope that our recommendations for cross-border beauty and skincare products meet your needs. If you have any questions or need further information, please feel free to leave a message in the chat. Don't forget to follow our live show for future episodes!						
Next Live Preview：In our next live show, we will be sharing the latest makeup techniques and beauty tips. Let us know in the chat what makeup techniques you would like to learn the most. We'll prepare some exciting content just for you! Stay tuned for more updates.						

表 6-7　　　　　　　　　　　跨境电商单品直播脚本(中文)

陶瓷两用卷发器直播脚本		
直播主题	新品促销	
主播介绍	知名电商平台优质主播、发型设计师	
内容提纲	1. 主播自我介绍；2. 产品介绍； 3. 提供采购方式；4. 直播总结	
直播流程		
序号	时长 (分钟)	主要内容
1	5	开　场
2	30	(讲解产品主要内容,视情况可做调整,注意观众互动) 引出话术： 　　你们有卷发器或直发器吗?你们认为它使用起来不方便,是因为它只有一个功能吗?你们会怎么看待这样的产品?它有用吗?另外,你们在使用卷发器或直发器后会遇到下面这些问题吗?头发卷曲,被它缠住或拖拽,使你的头发干燥、失去光泽……因此,用了两三次后,你就不想再用了,浪费了很多钱,还伤了头发。如果你遇到以上的问题,今天让我来和你们分享一款发型神器,它将解决你很多发型问题,给你带来奇妙的体验,你会爱上它,并创造自己的风格。 产品简介： 　　我们的这款发型神器结合了卷发和拉直两项功能。大家知道 FURIDEN 这个牌子吗,我们的这款产品和 FURIDEN 是同源生产商哦。(可以拿出亚马逊上的排名表。)我们这款两用卷发器是亚马逊上畅销的产品,因为我们有出色的设计、优质的质量和惊人的价格作为背书。如果你选择了我们的产品,一定会感觉物超所值,不会后悔。 展示细节： 　　我们专业的卷发棒只需一步就能轻松帮您搞定直发/卷发。全新设计的方向开关,只需顺时针旋转一步即可达到理想的高温。直发板和带弯边的卷发板可以不断调整角度,避免在拉直或卷发时拉伤头发,非常实用的设计哦。长绳夹板可 360 度旋转,可任意调节角度,使用方便。这种夹板是由陶瓷制成的,受热均匀,可以保护我们的头发。 产品演示： 　　现在让我来教大家如何使用它吧。 　　第一步,插上电源并旋转开关到合适的温度。你的头发越厚,数字设置应该越高。 　　第二步,把头发分成几部分。部分的数量取决于你头发的厚度。 　　第三步,如果你想把头发拉直,把直发器尽可能靠近发根,注意小心操作以免烫到自己。接着,把夹板夹紧,让头发接触夹板受热面。用直发棒沿着头发的长度往下烫。看,就像丝绸一样光滑,太神奇了。 　　如果你想卷头发,拿起你想卷的部分头发,梳顺它们。把夹板夹在头发上,转半圈,让头发呈 U 形。把卷发棒保持在这个位置一会儿,然后沿着头发一直移动到发梢。天哪,你看到结果了吗?非常卷曲,超有光泽,难以置信。如果你想让你的头发看起来更柔软和蓬松,用手指在卷发上滑动几次。卷发会像你希望的那样向下拉,垂顺。 　　……

续表

3	30	（介绍更多关于产品的信息） **产品卖点**： ・15秒加热：我们这款产品，带有美发器具行业新加热标准MCH装置，加热非常快，只需要15秒，能为大家节省很多时间。 ・适用于所有发型：专业发廊高温旋转控制，5种不同的温度设置（250°F～450°F）适用于所有头发类型。 250°F：适合细细的漂白头发。 320°F：适合深色头发。 355°F～410°F：适合正常或轻微卷曲的头发。 450°F：适合浓密的卷发和波浪发。 **使用场景**： 我们的这款产品具有世界双电压（100-240V/AC），咱们不需要购买适配器来改变电压。同时，它尺寸很小，长度只有30厘米，还有一个安全锁，所以非常便携。当你在世界各地旅行时，你可以把它放在包或行李箱里，带着它去任何地方，随时使用。当然，它还可以成为一款非常不错的礼物，送给你的妻子、妈妈、祖母、姐妹、女儿或女朋友，让这个特别的女士在你的生活中感受到被珍惜和被关爱。 ……
4	15	**促单**： 如果你们今天想要这个，我会送你们一把梳子，外加两个小发夹作为免费礼物。我们这款产品在亚马逊上的日常售价是39.99英镑，但在我的直播中，此时此刻，只需要14.99英镑，为大家节省了25英镑，折扣力度很大！如果买两件，还能打九折。欢迎大家来抢购。前无古人后无来者的价格，没有中间商赚差价，直接工厂货源！当我的直播结束时，它会恢复正常价，就不能再享受这个惊人的价格了，大家别犹豫了，赶紧加购哦！ ……
5	10	直播结束语（下场预告）

表6—8　跨境电商单品直播脚本（英文）

Straightener and curler 2 in 1		
Live Theme	new product promotion	
Anchors Introduction	well-known e-commerce platform quality anchors, designers	
Content Outline	1. Self-introduction of anchors; 2. Product introduction; 3. Procurement methods; 4. Summary of live broadcast	
Live streaming process		
No.	Duration (minute)	The main content
1	5	opening remarks

127

续表

| 2 | 30 | 引出话术：
Do you guys have a curler or straightener? You think it's not convenient to use it because it only has one function?
How do you think about it? Useful or not?
Do you meet these kind of issue after using it? Cause frizzy hair, snagging or tugging by it, make your hair dry, loose its sheen … after you use two or three times, you don't want to use it anymore, waste a lot of money and hurt your hair. If you have above issues, today I'll share you guys an amazing hairstyling tool, which will solve all your problems, bring you guys fantastic experience, you will fall in love with create own style by it.
产品简介：
This iron combo just combine curling & straightening together, with one in hand, you don't need to buy other beauty tools. Do you guys know FURIDEN, this just from same factory. You can pull out the ranking table on Amazon, you guys can see very clearly. This 2 in 1 is the top seller on Amazon, why we're the top 1, because we have the outstanding design, great quality and amazing price. You will never regret if you buy this.
展示细节：
　This professional hair straightening only need one step, with directional switch new design, only one step to rotate clockwise to desired salon high heat. The hair straightener plates and the floating plates with curved edges continuously adjust the angle to avoid snagging your hair while you just straightening or curling, this design is so brilliant. The long cord flat iron can swivel 360 degree, it can adjust any angle, so convenient. This floating plates is made of ceramic, heat evenly, can protect your hair.
产品演示：
Now I will Show you how to use it.
　First, plug in iron and rotate the switch to the right temperature. The thicker your hair, the higher the numbered setting should be.
　Second, separate your hair into several sections. The number of sections will depend on the thickness of your hair.
　Third, if you want to straighten your hair, place the straightener as close to the roots of the section as possible without burning yourself. Clamp the iron down so that the heated sides touch and your hair rests between them. Run the flat iron down the length of your section of hair. See, just as smooth as silk, it's amazing, there's no friction at all.
　If you want to curl your hair, grab the piece of hair you wish to curl and give it a quick brush through to remove any remaining tangles. Clamp the flat iron around the hair and give it a half turn so that your hair is in a U-shape. Hold the flat iron in this position as you move it down the hair shaft, right to the ends. OMG, can you see the results, so curly and super shinny, unbelievable. If you want your hair to look softer and looser, run your fingers through the curls a few times. The curls will pull down and loosen up as you hope.
　… |

续表

3	30	产品卖点： • Heats up in 15s: this flat iron with MCH, a new heating standard for hair appliance. Heats very quickly, only need 15s, save you guys a lot of time. • Fits all hair type: professional salon high heat with rotating controls. 5 different temperature settings(250°F～450°F)for all hair types. 250°F: suitable for thin fine bleached hair. 320°F: suitable for dark colored hair. 355°F to 410°F: suitable for normal or slightly curly hair. 450°F: suitable for thick curly and wave hair. 使用场景： This hair straightener with worldwide dual voltage(110-240V/AC), you needn't buy an adapter to change the voltage. The size is small, only 30cm, and there's a safety lock, so this is a very good helper when you are travelling around the world, you can put it in your bag or suitcase, take it anywhere and use it anytime. Of course this stunning design and great quality, can be a great gift for your wife, mommy, grandmother, sister, daughter, besides, girlfriend, make this special lady in your life feel cherished and loved. ……
4	15	促单： If you guys want this today, I'll give you guys a comb, two little clips as a free gift. This one on Amazon will cost you guys ￡39.99, but in my live stream, at this right moment, only cost you guys ￡14.99, save you guys ￡25, big discount. If you purchase two together, 10% off. So if you guys want this, just grab for it, this is the best price now or never, directly from factory, no middle man. When I end of my live stream, it will back to regular, you guys can't buy this amazing price anymore. Don't hesitate. Hurry up and buy it. ……
5	10	直播结束语(下场预告)

【本章总结】

好的直播脚本对于一场直播来说至关重要。电商直播的成功离不开优秀的直播脚本，它是直播内容的基础，决定了直播的质量和效果。通过不断地优化直播脚本，可以为电商直播间带来更多的人气、流量和销售额。

就像电视剧或者电影的剧本一样，直播脚本就是直播的"剧本"，用来梳理直播流程、管理主播话术、总结直播经验。一般而言，直播脚本中要包含直播主题、节奏、人员分工、互动环节等要素，从而让直播团队有条不紊地增加粉丝关注度，升级粉丝观感；为观众提供独特的视角和深度；建立舆论导向，长期 IP 化打造；减少直播突发状况，把握直播节奏。

直播脚本分为整场直播脚本和单品直播脚本两种类型。整场直播脚本是指整个直播过程中需要涉及的所有内容和环节的规划和安排，包括开场白、产品介绍、互动环节、营销推广等方面的内容。单品直播脚本是指针对单个产品或者一类产品进行的直播内容和呈现方式的规划和安排。无论是整场直播脚本还是单品直播脚本,在跨境直播中都是常见的类型。同时,撰写电商直播脚本时需要注意,它们的内容和结构应根据产品类型、目标受众和销售策略定制,以确保直播的吸引力和销售效果最大化。

需要指出的是,目前跨境电商平台上直播销售越来越流行,不同平台和市场有着各自不同的语言要求,这取决于平台的定位及其主要的目标受众。但不管跨境直播使用哪种语言,基本的直播脚本框架都可参照本章示例搭建。

【课后思考】

跨境直播脚本案例实操。

我们有一个代运营的女装客户,并为她提供上新直播服务,通常每周进行一次。这个直播主要面向现有的老顾客,目标是在每周上新时进行一次直播,而不是每天都直播。我们的主要目的是维护老顾客,并在上新时刺激他们来购买新品。

在人员配置方面,我们安排了两个主播,第一个主播是主力 Lily,负责 80% 的衣服介绍;第二个主播是副播 Tony,当主力主播在换衣服时,可以让副播接替,轮流介绍衣服。此外,两个主播搭配一个直播助理 Sara,主要负责一些操作直播后台,比如发放优惠券和处理弹窗等任务。

在直播时长方面,由于我们不考虑公域流量,只做老客私域直播,因此只播 4 个小时,即晚上 7:00—11:00。

在直播主题方面,我们可以围绕春季上新或者本周第一季度上新进行。

在直播准备方面,我们要准备衣服,以及每件衣服的卖点标签。这是为了防止主播在介绍衣服时,忘记介绍某一个卖点,可以把每件衣服上要讲卖点的地方,都贴上标签。

接下来,要准备适合主播的服装颜色和尺码。若尺码不合适,还需要准备一些夹子。还要准备号码标签,以防主播忘记衣服的出场顺序。

最后是流程安排:

7:00—7:10,预热、打招呼、介绍直播间规则;

7:10—7:25,拿 1 号衣服介绍 15 分钟;

7:25—7:35,做一次截屏抽奖活动,时长大概控制在 10 分钟;

7:35—7:50,拿 2 号衣服做卖点介绍以及搭配介绍,大约讲解 15 分钟;

7:50—8:00,做一个优惠抢拍活动,时长控制在 10 分钟左右。

活动结束后,继续拿 3 号衣服讲解,就这样重复流程就行。

根据以上直播脚本大纲信息拓展,在下方表格编写一份跨境直播脚本。

Theme:					
Live Time:					
Host:		Assistant:		Stage Manager:	
Opening:					

No.	SKU	Duration	Image	Original Price	Live Price	Content
1						
2						
3						
4						
...						

Interactive Session:

Livestreaming Summary:

Next Live Show:

第七章

跨境电商直播话术

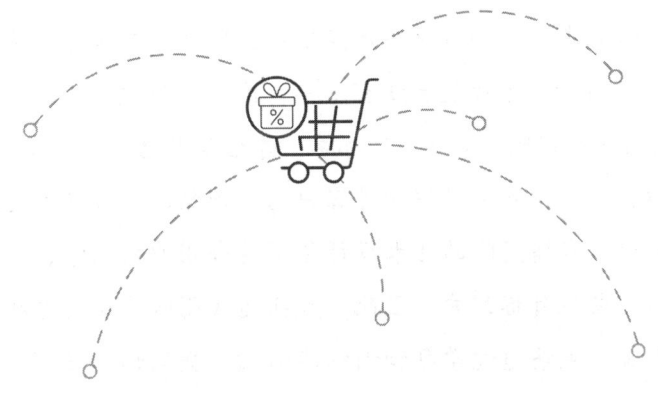

· 主播表达能力培养

· 跨境电商直播话术设计

· 跨境电商直播产品推荐技巧

学习目标

1. 了解提升主播表达能力的方法。
2. 熟悉跨境电商直播开场、商品推荐、结束话术设计。
3. 掌握跨境电商直播产品推荐技巧。

本章简介

跨境电商直播的本质在于营销。主播在营销产品的过程中，不仅要将产品更好地展示给顾客，还要利用话术技巧激发用户的购买欲。主播通过充分互动，引导观众进行体验式消费，在提高用户满意度的同时，提升自身的带货能力，使自身及团队的商业价值实现增值。

由于每个顾客的消费心理和消费关注点不同，即使面对合适、有需求的商品，也可能因为各种细节因素，导致最后没有下单。因此，跨境直播团队设计直播营销话术时，需要考虑用户的期望、需求、动机等，并结合当地的文化习俗、生活习惯、购买偏好等因素推荐产品，充分了解境外客户的心理需求，投其所好地展示直播商品的特点。总的来说，直播团队的话术设计是否符合用户的需求，在一定程度上决定了直播能否吸引并留住目标用户。因此，直播运营团队应认真分析并学习话术的相关技巧。一般而言，主播通过学习和训练能够切实提高话术技巧。该项能力主要是通过后天习得的，经过系统的培训可以看到明显的效果。主播们应致力于不断提升跨境电商直播话术能力，还应熟练使用外语直播，提高口语表达能力，并熟练使用各种商品推荐技巧，从而让跨境直播间实现涨粉、爆单。

本章主要讲解跨境电商直播话术，从主播的基本表达能力培养展开，介绍跨境电商直播话术设计和产品推荐技巧。我们希望这些内容能够有效助力跨境直播间减少尬聊、冷场以及低沉气氛的出现，让主播在掌控节奏的同时，引领直播间氛围，进而创造高销量和高成交额。

第一节　主播表达能力培养

直播本质上就是需要开口说话,不论是与粉丝互动,还是直播解说,抑或是直播带货,都需要主播具备良好的表达能力,从而提升主播在直播过程中的沟通效果,让粉丝愿意留在直播间进行有效互动。本节主要介绍一些提高主播表达能力的方法,通俗地说,就是一些聊天的话术技巧,这对于跨境主播而言是必备的技能。

一、语言：提升主播口才

一个人的语言表达能力在一定程度上体现了这个人的情商,我们可以通过以下方法提高自身的语言能力。

（一）注意语句表达

在语句的表达上,主播需要注意话语的停顿,把握好说话的节奏感;语言表达还应连贯、自然、清晰。此外,在规范用语上,主播应发展个人特色,从而形成个性化与规范化的统一。

（二）配合肢体动作

心理学家有一个有趣的公式:一条信息的表达＝7%的语言＋38%的声音＋55%的肢体动作。这表明,人们获得的信息大部分来自视觉印象。而视觉信息55%来自肢体语言。美国心理学家艾德华·霍尔曾十分肯定地说:"无声语言所显示的意义要比有声语言多得多。"因此,主播在直播时,不能只顾着讲,还要配合一些肢体动作,这样才能提高主播自身的吸引力、带动观众情绪、使表达的信息更为准确,也有助于树立主播独特的形象。以下介绍一些直播过程中,配合主播语言话术而建议采用的肢体动作。

(1)开播和粉丝打招呼时,主播可双手摆动,面带笑容,面对镜头打招呼。

(2)引导点赞与关注时,可参考的动作有手势指上方示意"关注"按钮;手势指右下角示意"点赞"按钮;手机对着屏幕向下倾斜45°,放在摄像头前示意教粉丝如何关注与点赞。

(3)介绍单品时,我们需要有逻辑且清晰地罗列单品的卖点,同时,配合场景带入化讲解引发粉丝的需求感。讲解单品时可多看镜头,多加讲解式手部动作来强烈推荐产品。

(4)讲解优惠价格时,可以拿出计算器,打出原价与折算后的优惠价并向镜头展示,让粉丝更直观地了解优惠力度,引起购买欲。

然而,做任何事情都要把握度,整场直播中不停地输出肢体语言很有可能会喧宾夺主,引起观众反感。

二、幽默感：制造直播轻松氛围

在直播行业中，虽然高颜值有吸引观众的先天优势，但是要想在直播的道路上走得更远，光靠颜值是远远不够的。颜值并不是决定主播发展的唯一因素，如果你没有高颜值，就让自己成为一个幽默的人。拥有幽默感的人会让人觉得很风趣，还能体现其内涵和修养。因此，专业主播的养成必然少不了幽默技巧。例如，TikTok上的幽默哥Khaby Lame、菲律宾的小网红Niana Guerrero等都有超1 000万的粉丝量，他们的直播内容多以"日常搞笑或音乐＋幽默"的形式输出自己的生活态度。因为独特的人格魅力，所以吸粉无数。

善于利用幽默技巧是主播培养表达能力的必修课。学习幽默技巧的第一件事就是收集幽默素材。主播平时可以多看喜剧，培养自己的幽默感，学会把故事讲得生动有趣，让观众开怀大笑，使其注意力都集中在直播间。但在一些直播中，主播会通过自黑的方式来制造话题、逗乐观众。虽然自黑能吸引一定流量和人气，但作为一名公众人物，仍需注意自己的行为举止。

另外，主播还要注意把握好分寸，懂得玩笑和幽默的尺度。例如，在开玩笑的时候，不要过度，许多主播因为玩笑过度而遭到禁播。

三、应对：强化随机应变能力

随机应变是一名优秀主播需要具备的能力。直播是一种互动性很强的娱乐活动，粉丝会向主播提出各种问题。对于这些问题，主播要在脑海中快速找到应对的话术。

如果被问及年龄、真实三围等隐私问题，那么主播可以根据自己的意愿选择性地回答；如果是关于专业知识类的问题，主播知道的就予以回答，不知道的完全可以表明自己不甚了解，千万不要不懂装懂，误导粉丝做出错误的购买选择，或产生不实际的认知。另外，主播在回答粉丝的提问时，如果涉及当下社会热点和时事话题，一定要谨言慎行，充分思考后再回答。如果是正面积极的事件，那就予以肯定和提倡；如果是负面敏感的话题，则不要发表任何观点，并想办法转移话题。因为每个人的价值观、对事物的看法和主张具有差异性，所以主播无法保证自己的观点一定是客观正确的，弄不好可能会误导舆论，造成不好的社会影响。

四、乐观：保持良好的直播心态

面对喜欢吐槽，甚至语言中带有恶意的观众，主播一定要保持良好的心态，不能因为这些人的不善言论而与其互喷，否则很容易让某些不明就里的观众转为你的黑粉。

在面对个别观众带有恶意的评论时，主播不与其争论，而是以良好的心态面对，这也是良好素质的表现。这种素质能让你成功获得其他粉丝的认同和赞赏。在面对观众吐槽时，一般有两种处理方案：一是用幽默的回复化解被吐槽的尴尬，二是对于恶意吐槽不予回应。

五、换位：站在他人角度着想

当粉丝表达个人建议时，主播需要站在他们的角度，换位思考，这样更容易了解他们的感受。其实，为他人着想也是一种尊重他人的表现，主播只有站在粉丝的角度思考问题，才能真正了解粉丝的需求和痛点，进而更好地为粉丝服务。

主播可以通过学习以及察言观色来提升自己的思想水平以及阅历，从而更能为他人着想。察言观色的前提是心思细腻，主播可以细致地观察直播互动时粉丝的态度变化，并思考总结，用心感受粉丝的想法。为他人着想可以体现在以下几个方面：第一，切忌心直口快。在与粉丝互动交流时，主播应该对自身的言语多加思考，避免因为自身的语言造成对粉丝的伤害或引起不满。第二，把握说话情境。在表述意见之前，主播需要了解此时说话的情境，站在对方的角度，选择合适的时机和方式。第三，进行有效沟通。当粉丝让自身感到不适时，认真找出造成这一现象的原因，同时也要时常对粉丝的关心表示感谢，并反过来站在粉丝角度关心其需求并帮助其解决问题。

六、切入：寻找话题的六种方法

对于新人主播而言，在直播中遇到的最大问题是不知道找什么话题和粉丝互动，也不知道怎样切入直播内容，从而导致直播间出现冷场的尴尬局面。造成这种现象的根本原因是主播在直播前没有做好充分准备，再加上经验不足，心里紧张，导致直播效果不佳。

主播在直播过程中该如何选择合适的话题来切入呢？可参考以下几种方法：（1）从粉丝的兴趣爱好中寻找话题；（2）根据自身才艺特长展开话题；（3）从当下的时事热点来引入话题；（4）在平时的生活动态中切入话题；（5）根据粉丝的提问求助展开话题；（6）做好直播内容的脚本，规划好常见情境下的方案。

七、素养：用真诚对待粉丝

（一）学会赞美粉丝

主播在与粉丝互动交流的时候，一定要学会真诚赞美粉丝的优点和长处，懂得诚心赞美和欣赏他人是尊重别人的一种表现。只有尊重粉丝，粉丝才会更加尊重你。

当粉丝受到主播赞美和表扬后，会有一种荣誉感和自豪感，从而使其对主播更加喜爱和信任，这对于增进彼此之间的感情和关系，起到促进作用。主播这样做不仅能增强粉丝的黏性和忠诚度，还能给粉丝留下良好的印象，赢得粉丝的尊重和拥护，结果双方都很愉快,可谓双赢。

在电商直播带货中,主播可以通过赞美粉丝达到产品销售的目的。例如,当粉丝担心自己的身材不适合某条裙子时,主播就可以对粉丝说:"这条裙子不挑人,大家都可以穿,这款裙子的风格和你很相配,不如尝试一下,没准会很适合你。"

(二)始终保持谦逊礼貌

主播在面对粉丝的称赞或批评时,需要保持谦逊礼貌的态度,即使成为红人主播也是如此。直播中,言语的谦逊礼貌会让主播获得更多粉丝的喜爱,让观众觉得在观看直播的过程中获得了尊重,提升路转粉的概率。

(三)随时感谢粉丝观众

在直播过程中,主播应该随时感谢观众粉丝,尤其是为主播打赏、点赞、关注的粉丝,还有新进入直播间的用户。除了表示感谢之外,认真回复观众的评论,让观众看到你在用心经营,也是一种转化粉丝的有效手段。

第二节 跨境电商直播话术设计

作为一名跨境电商主播,善于与粉丝沟通很重要。因为一句话可能会为你招来一大波流量,同样也可能造成大量粉丝流失。因此,主播必须掌握一些聊天与互动技巧,以营造活跃的直播间氛围。此外,因其引流带货的属性,跨境电商直播不仅要求主播会聊天,还需掌握营销策略和话术,以便让进入直播间的用户在短时间内了解"直播间在销售什么商品""这个商品好在哪里,如何体现""今天有什么福利,怎么兑现",从而在进入直播间不久毫不犹豫地下单。本节将从话术设计要点入手,介绍整场直播各环节中营销话术的设计和实用的直播营销话术套路。

一、话术设计要点

(一)话术风格应符合主播的人设

主播的人设不同,在直播间的说话风格也应有所差别。主播话术风格与其人设定位、自身性格密切相关。目前,较为常见的风格有专业高效型、平易近人型、快人快语型、幽默风趣型等。

(二)介绍商品特点时多使用口语化的表达

商品的文案风格多是严肃而正式的。在直播间,如果主播直接念品牌方撰写的文案,用户可能记不住商品的特点。主播如果将这些文案用一种更符合日常交流情景的口语来表达，可能更容易让用户了解商品。主播在介绍商品时可引入一些符合实际的应用场景，通过描述该类产品的潜在应用需求，激发消费者的购买欲望。直播时，主播应该多使用口语化的表达，使自己的描述让大多数人都能听得懂，特别是在描述一些专业词汇时，需要将其转换成符合常识和大众认知的内容。

（三）话术需要搭配合适的情绪表达

直播就像一场电视节目，主播如同表演节目的演员，演绎到位才能吸引用户。演绎到位意味着，主播不仅要说好"台词"，还需要为"台词"配上能打动人的面部表情和丰富的肢体动作。主播在直播过程中可以适当地表露自己的真情实感。比如，Christina Nicci，她是一位在 Amazon Live 上倡导健康饮食和快乐健身的红人，她的直播带货产品主要是厨房器皿、健身好物等（见图 7-1）。她经常会一边用自己直播的产品制作低脂健康小吃，一边分享该类产品的使用心得，帮助粉丝了解产品使用时的真实状态。她还会和粉丝一起聊健身过程中自己遇到的问题和解决方法，不知不觉中向粉丝输出绿色、健康、爱自己等主题，引起大家共情，同时也自然地让粉丝们愿意购买相关产品。

图 7-1　Christina Nicci 演示汉堡机工作状态

（四）整场话术设计要有节奏感

从氛围的角度分析，一场直播可分为开端、舒缓、提神、释放四个阶段，每个阶段话术的目的也不相同（如表 7-1 所示）。直播间要给粉丝营造松弛有度的氛围，不能让粉丝一直精神紧绷，但同时要确保产品内容介绍专业、高效。

表 7—1　　　　　　　　　　　　　　不同阶段话术的目的

阶段	话术目的	话术要点
开端	营造用户对直播间良好的第一印象	用热情的话术欢迎进入直播间的用户,用互动式的话术活跃气氛,用具有吸引力的预告话术让用户产生期待
舒缓	舒缓直播间的气氛,舒缓主播和用户的情绪	主播通过讲笑话、唱歌、聊天等形式,缓解直播间的气氛,缩短主播和用户的心理距离
提神	活跃气氛、吸引流量、促成转化	以兴奋的、激动的语气直播抽奖送福利、惊喜价促销、"宠粉"秒杀活动,或推出让用户兴奋的高品质商品等活动
释放	提升用户满意度,为下期直播积累用户	真诚地向用户表示感谢,提升用户的满意度;介绍下期直播最有吸引力的商品和活动,让用户对下期直播产生期待

二、直播开场话术

良好的开端是成功的一半。开场是直播的重要环节,是决定用户是否留下来的关键时间段。开场话术的核心就是让观众感觉到"被看见和被重视",从而引导观众在直播间观看、停留以及产生后续的互动,以达到提升直播间热度的效果。因此,在正式开始直播前,主播需要用一些热情的欢迎话术来暖场。考虑到跨境电商直播语言的特殊性,以下采用中英文对照的形式展示话术内容,直播团队可以根据目标市场切换成当地语言。

一般而言,直播开场话术分为四类。

(一)点对点名称开场

例如:

(1)Welcome ×××! I hope I read your name in the correct way, if you are the first time to come to my livestream, hope you can enjoy the time.(欢迎×××,希望我读对了你的名字,如果你是第一次进入我的直播间,希望可以在这儿玩得开心哦。)

(2)Hi ×××, where are you from? Is the profile photo you, yourself? Your blood hair is so charming!(×××,你好,你来自哪儿呀? 这个头像是你本人吗? 金发也太美了吧!)

(3)Hi ×××, welcome my new friends! You just have the same name as one of my schoolmate in college, I just have the feeling of familiarity!(×××,你好,欢迎我的新朋友! 你和我大学同学名字一样,令我有种熟悉的感觉。)

(二)话题开场

例如:

(1)Welcome to my channel, I've personally used one of the products recently, it's the ×××, anyone who uses it can share comments with us?(欢迎进入我的直播间,我最近经常使

用×××产品,它是×××,你们平时也用这个产品吗,可以分享一下使用体验吗?)

(2)Today we have numerous brand-new pieces, I do like the ×××, because it adds sparkle in my life.(我们今天有很多新款,我真的很喜欢这款×××,因为它给生活增添了色彩。)

(三)内容开场

例如:

(1)Welcome to my livestream. today I will show you the ×××. Don't forget follow me so that you can find me again!(欢迎来到我的直播间,今天我要展示的是×××,关注主播不迷路!)

(2)Welcome everyone to our live broadcast room. Today, our live broadcast room will release an unprecedented and huge discount product. Don't miss it.(欢迎宝宝们进入我们的直播间,今天我们的直播间会推出一款拥有史无前例的巨大优惠的产品,一定不要错过了哦!)

(四)互动开场

例如:

(1)Hi there, anyone who is new in my livestream? Please press "1" to let me see you. Ok?(有第一次来直播间的宝宝吗? 如果有,请在评论区打"1"。)

(2)Hi my old friends! Please press "2" to let me know you are here. Ok?(老朋友们,如果你们来了记得在评论区打"2"哦!)

图7-2展示了亚马逊红人直播开场白及和观众互动问候的场景,互动开场在短时间内重温了主播和粉丝间熟悉的关系,烘托了亲切愉快的直播氛围。

图7-2 主播开场白及观众互动问候

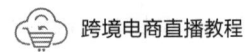

三、商品推荐话术

（一）互动话术

互动话术的核心是让观众对直播间和产品有初步的了解，从而带给观众一种确定感，使直播间产生更多的停留与评论等有效数据，同时也营造出更加热闹的直播氛围，进而提升观众的购买欲望。一般的互动话术整理如下。

(1)强调直播时间段。它适用于有规律直播时间的直播间，可以增强粉丝黏性。

例如：

Thank you for staying here with me, my friends! Our livestream time is from 6 pm. to 12 pm. every night. Please press "Follow" button so that you can find me next time! For those who have followed me, please come to my livestream very often. I want to see you guys!（非常感谢在我的直播间停留的所有朋友，我每天的直播时间是晚上6点到晚上12点。没点关注的朋友记得点关注哦！点了关注的朋友，记得每天准时来看哦！我很期待与你见面。）

(2)宣传直播内容。它可以用最短的时间让新粉丝对直播间有大概的了解。

例如：

Welcome to my livestream friend! I am ×××, and I will bring interesting products to enlighten your life! Follow me and let's meet interesting things very often! Please follow me and let's make our lives more interesting and relaxing.（欢迎来到我的直播间，我的名字是×××，我每天会给大家分享各种各样的家居好物，记得关注我，让我们的生活更加轻松愉悦。）

(3)宣传直播商品特点。这也是进一步强调直播间的调性。

例如：

Look, this simple but elegant product! Anyone who doesn't like this? Do you love this product? It's truly beautiful and adorable right? You can see all the products in my livestream are elegant and with reasonable prices, right?（大家看这个商品是不是非常简约、大气，它漂不漂亮，你们喜不喜欢？我们家的商品高端大气、价格合理哦。）

(4)指令式互动话术。此时由主播控场，引领直播间节奏。

例如：

Hi guys, press "1" to let me know you like this dress in me. Ok?（觉得这件衣服主播穿上好看的请打"1"。）

Anyone who wants this free gift? Send me a "WANT" in the comment. Ok?（想要这

个小礼物的朋友,请把"想要"打在公屏上。)

(5)其他。我们还整理了其他一些常用的互动话术,供大家在不同场景中灵活使用。

①直接询问期望人群

Anyone from UK? Let me know please.(有来自英国的宝宝吗?快让我知道哦。)

More gifts from UK friends!(给英国的宝宝们更多的小礼物哦!)

②关注话术

Follow me and ship today for you.(点关注,今天就发货!)

Follow me and more gifts for you.(点关注,更多小礼物等着你!)

Follow me guys, no follow, cannot find me again! My boss asked me to get 500 new friends today, could you guys help me to achieve it? Please!(点了关注不迷路。老板说今天新增粉丝数要达到500,大家能帮我实现吗?)

③点赞话术

Give me 50k likes then let's play a game, earphone as the prize!(点赞超过5万,我们来玩个游戏,耳机作为奖励哦!)

More likes so that I can keep offering the best price for you guys.(更多的点赞,主播将给大家带来更优惠的价格!)

Don't forget tapping screen and send me likes!(别忘了点击屏幕给主播刷起点赞量哦!)

④刷礼物互动

Thank you, thank you for your roses, love you love you.(谢谢你的玫瑰花,爱你哦!)

Thank you for the gift! So generous and kind of you! I love you guys so much!(谢谢礼物,你们真好,主播永远爱你们!)

(二)带货话术

跨境电商直播就是主播不断地向观众销售商品的过程,但经常会有主播有这样的疑虑"嘴巴讲了几个小时,口水都讲干了,就是没人下单"。然而,为什么有的主播却能把产品描述得绘声绘色,让人听到就想买,觉得自己今天不买就亏了?其实道理很简单,优秀的带货主播在介绍产品时,话术中有着充分的引导转化逻辑,一步一步让消费者从进入直播间,到观看直播,再到完成最后的种草下单。下面给大家介绍FABE话术法则,帮助主播提升商品介绍的带货话术技能。

FABE法则通过四个关键环节,极为巧妙地回应了顾客关心的问题,促进购买决策的形成。该法则被广泛应用于营销实践,同样适用于跨境电商直播,能够显著提升主播的产品介绍话术,使其以消费者为中心,更具逻辑性和吸引力。

具体来说,它分为四个部分(如图7-3所示),分别是:Features(特征)、Advantages(优点)、Benefits(利益)、Evidence(证据)。

图7-3 跨境电商直播FABE带货话术法则

1. Features(特征)

它是指产品的特质、特性、价格等最基本功能,以及它是如何用来满足用户的各种需求。电商平台上的宝贝详情页,很好地展示了产品特质(F)。

2. Advantages(优点)

A代表由特征F所产生的优点,也就是F所列的商品特征发挥的功能。优点可以从产品的结构、技术、材质、工艺等方面体现,也可以通过对比体现。

3. Benefits(利益)

B代表优点A能带给顾客的利益,也就是能带给顾客什么好处,是指站在"消费者生活场景角度"衍生出来的卖点。利益点具有千人千面的特点,我们可以根据账号的用户画像定位找利益点。

4. Evidence(证据)

E代表证据,用来证明主播之前所说的F、A、B是有事实依据的,不是凭空捏造出来的。

以介绍不粘锅为例,把上面的话术连在一起就是:

特征(F):我们的EXO不粘锅使用×××技术、聚能复合锅底。

优点(A):冲洗简单、耐高温,不会释放对人体有害的物质,做饭容易。

利益(B):因为冲洗简单,所以避免清洗麻烦(省事角度);因为做饭容易,所以饭菜更好吃(美味角度);因为不会释放对人体有害的物质,所以对人体健康有保障(健康角度)。

证据(E):这是对比演示……这是我们的证书、荣誉……

但是，快节奏的现代社会里，大多数观众没有耐心从进入直播间伊始就听主播用"FABE法则"讲解产品。因此，实际操作中，主播们会采用FABE的变形——"BEFA法则"。以上不粘锅直播话术往往是以如下形式组织的。

利益（B）：宝宝们，炒菜时是不是遇到不好用的锅，经常会粘锅，锅底黑漆漆一坨，不好清洗，菜也不好吃。如果多放油的话，油烟味很大，既不健康还容易长胖。今天我们家的EXO不粘锅将消除大家的厨房烦恼。无油煎蛋、无油煎牛排、无油烙大饼，一点都不粘。在少油烟的环境下，你也能做出健康美味的佳肴。

证据（E）：现场演示直观使用效果，展示EXO不粘锅获得的各种国家专利认证书，以佐证货真价实，进行对比测试，凸显优秀性能。

特征（F）：这个锅是平底锅，主播手上拿的是28厘米尺寸的，具有聚能复合锅底，不挑灶具，电磁炉、燃气灶通用。

优点（A）：我们的锅聚热导热都特别快，用普通的锅炒菜，需要开大火才能爆炒，对于咱们这口锅，中火基本就能达到爆炒的效果。

而且，我知道咱们直播间肯定有很多宝宝不太会做菜，其实并不是因为你们厨艺不行，很可能是因为大家没有一口好锅。EXO不粘锅受热非常均匀，大家可以购买试用，一定能做出色香味俱全的暖心菜品哦。

（三）促单话术

介绍完产品，接下来就是促单购买。促单话术是直播间促进成交的常见话术，目的是让正在犹豫的观众不要犹豫，激发其消费欲望，立即下单。主播促单有两个关键点：一是吊足观众胃口，找准时机宣布价格，让观众觉得"物超所值"；二是强调促销政策，包括限时折扣、现金返还、随机免单、抽奖免单等，让观众热情达到高潮，然后催促观众集中下单。

很多观众在下单时可能会犹豫不决，这个时候主播就需要用促单话术来刺激观众下单。以下是一些促单话术。

（1）This product has a limited quantity and only a few pieces per size. If you order early and ship early, you may not have the size you want if you take late. If you have a crush on it, you must place an order in a timely manner, otherwise you won't be able to grab it later!（这一款产品数量有限，每个码只有很少几件，早拍早发货，晚拍可能就没有你想要的尺码了。如果你看中了，一定要及时下单，不然等会儿就抢不到啦!）

（2）The product discount is limited to the duration of this event, after which the original price will be restored! Hurry up and buy the things you want.（产品折扣仅限本次活动进行时间，过了这个时间就会恢复原价哦! 想要的宝宝们抓紧时间抢购哦!）

（3）The product launched by the anchor today only has a ten-minute flash sale. If you like it, please place your order now! This is a popular product, sold at a loss, with a limited quantity and no additional orders after sale.（主播今天推出的这款产品只有 10 分钟的秒杀优惠，喜欢的宝宝们赶紧下单哦！这是一款圈粉产品，亏本销售，数量有限，售完不补单。）

（4）Only the last 5 minutes left, guys who hasn't placed an order yet, hurry up! As soon as the time comes, we will immediately close the link and never return. There are only 4 minutes left now. Everyone should seize the time to sit on the router and place an order first. This is the time to compete for network speed.（只剩下最后 5 分钟了，还没有下单的宝宝抓紧哦！时间一到立马关链接，绝不返场。现在只剩下 4 分钟了，大家抓紧时间坐在路由器上抢先下单，这是拼网速的时候。）

（5）The anchor of this product also needs to keep one, and everyone in our entire team has kept it. This price is not available anywhere in the market.（这件产品主播自己也要留一件，我们整个团队每个人都留了，这个价格是市场上哪里都买不到的。）

（6）Today this product is an exclusive customized product for our live streaming room, and can only be purchased in our live streaming room. You can not buy this product in other live streaming rooms. If you like it, don't hesitate to place an order quickly.（今天这款产品是我们直播间独家定制产品，只能在我们直播间购买，在别的直播间买不到这款产品。大家如果喜欢，不要犹豫，赶快下单。）

（7）This product has discount today. The original live broadcast price is ×××, but today's live broadcast price only needs ×××. Previously purchased items do not make up for the difference, so buy early and enjoy early. There are only a few items left. If you like them, place an order now.（这款产品今天破价了，原直播价×××，今天直播价只需要×××，之前买过的不补差，早买早享受。直播间只剩几件，喜欢的赶紧下单吧。）

除了制造售完不补、限时特价等紧张氛围以外，我们还能选择保障型话术，让消费者放心大胆买，通过免费退换货、长期质保、无理由退换、保价等服务，打消观众因为不确定因素而犹豫下单的顾虑。

例如：

（1）Our live streaming room provides a full platform price guarantee for one month. If you buy a lower price in another live streaming room within one month, we will refund double the price difference. Don't worry about the high price, the price is the cheapest.（我们直播间给大家全平台保价一个月。一个月之内，如果你在别的直播间买到的价格更低，我们将返双倍差价。大家不要担心价格高，价格已经到底了。）

(2)Make your payment and your product will reach you within 1－2 weeks. Any damage in the shipment process, you will have the free return. We have the 7-day no question asked return policy!（我们的产品拍下后 1~2 个星期可以到你的手上,如果有破损,随时联系客服给大家处理,免费退货,7 天无理由退货!）

四、直播结束/感谢话术

（一）结束话术

结束话术设计的目的是增强粉丝与直播间的黏性,与粉丝深度交流,进而让粉丝产生与直播间的长期、长效互动。很多直播间 60% 以上的 GMV 都是老粉丝贡献的。

例如：

(1)It's 5:10 pm now, and the anchor has 20 minutes left to have a rest. Thank you very much for the babies who followed and gave gifts. Thank you all! Babies should also have dinner on time.（现在是下午 5 点 10 分,主播还有 20 分钟就要去吃饭了。非常感谢关注直播间的宝宝们和送礼物的宝宝们,谢谢大家! 宝宝们也要按时吃晚饭哦!）

(2)We'll say goodbye after 20 minutes. Thank you very much for your company. I had a very pleasant time with you today. Would you like the anchor to sing another song for everyone? Remember to miss me, I will also miss you all!（主播还有 20 分钟就下播了,非常感谢大家的陪伴。今天和你们度过了非常愉悦的时光,主播再给大家唱首歌好不好? 你们要记得想我,我也会想念大家哦!）

(3)Today's live broadcast is coming to an end. I'll see you in the live broadcast room at the same time tomorrow evening at 8 pm.（今天的直播接近尾声了,明天晚上 8 点,同样的时间直播间见哦!）

(4)After broadcasting this product, I will finish today's work! I hope everyone has a good sleep, a good dream, and a new day to work hard tomorrow. We will continue to chat with our fan group tonight!（播完这个产品我就下播了哦! 希望大家睡个好觉,做个好梦,明天新的一天好好工作,晚上我们在粉丝群继续聊哦!）

（二）感谢话术

直播开始后,逐渐会有观众打赏、关注或者购买主播推荐的产品,对于这些行为,主播一定要用真诚的感谢话术给予反馈。感谢话术是主播对观众心意的回馈,真诚的反馈会让观众有存在感、被重视感,以后可能会经常进入直播间。

那么,感谢话术该怎么说呢? 举例如下：

(1)Thank you for your company today, thank you for your attention and likes. I'm very happy today!（感谢宝宝们今天的陪伴，谢谢你们的关注、点赞，主播今天很开心！）

（2）Thank you to the babies who accompanied me from the start of the broadcast to the next. Companion is the longest confession, and your love is the driving force behind my live broadcast. With your support, the anchor will definitely get better and better.（感谢从开播一直陪我到下播的宝宝们。陪伴是最长情的告白，你们的爱是我直播的动力，有了你们的支持，主播一定会越播越好的！）

（3）Thank you for your attention and support, especially ×××who has been accompanying us from the beginning to the end. Thank you for your attention. You can also share our live broadcast room with more friends so that they can buy cost-effective products. Thank you again.（感谢粉丝们的关注和支持，特别是×××这几位粉丝一直从开播陪伴我们到下播，感谢大家的关注，也可以将我们的直播间分享给更多的朋友，让他们也买到高性价比的产品，再一次感谢大家。）

从上面的话术中可以明确看出，直播的时段不同，主播话术的侧重点也不一样。只有不断地练习话术，主播才能熟能生巧、随机应变。

第三节　跨境电商直播产品推荐技巧

产品，作为主播与观众之间不可或缺的桥梁，是直播中双方关注的焦点，从引导观众关注，到主播介绍产品，再到最终促成下单，构成一个完整的直播销售转化逻辑。跨境主播在推荐产品时，需要讲究技巧，从而让粉丝快速种草买单。本节主要介绍几种直播产品推荐技巧，包括单刀直入法、重点突出法、对比分析法、以退为进法、限时限量法和互动交流法，帮助主播在设计话术时更加灵活机动，策略性地引导观众，从而实现销售转化。

一、单刀直入法

单刀直入法是最有效的产品推荐技巧之一。主播直接向直播间观众详细介绍产品的品质、工艺、原料、渠道、品牌、是否为现货等关键内容，产品推荐高效，绝不拖泥带水。此类推荐方式节奏较快，能快速促成交易。如图7-4所示，主播直接大屏打出产品数据，让粉丝直观地了解产品相关性能，快速高效地为产品匹配目标粉丝。

图 7—4　主播直接大屏打出产品数据

二、重点突出法

每一款产品都有其重点，主播在介绍产品时着重介绍与产品有关的重点内容。为了突出重点，一般重点内容不超过 3 项，最多不超过 5 项，且论述重点时分点介绍。比如介绍某服饰时，主播重点突出其材质和剪裁：一是在介绍产品时突出材质的稀缺性、工艺复杂性或者原材料进货合同等内容；二是通过主播试穿展示其修饰身材的功能，突出立体剪裁的工艺。如图 7—5 所示，主播在介绍该款牛仔短裤时，重点强调了其四面弹的性能，对大尺码腰围的粉丝也相当友好。

图 7—5　主播重点突出产品弹性

三、对比分析法

主播可以从其他渠道或其他主播处提前购买同行业同类产品用于产品比较分析,通过多项比较,突出自己产品的优势,可以从材质、工艺、剪裁、大小、色彩等方面全面比较。

四、以退为进法

当直播间顾客否定你介绍的产品或提供的服务,或者与你产生较大的意见分歧时,作为主播不妨后退一步,尽量减少与对方发生争论。因为争论伤和气、伤感情,如果真到了一发不可收的地步,也许你真把自己的后路堵死了。

俗话说得好:"退一步海阔天空。"在面对观众的拒绝时,后退是为了更好地前进,犹如拉弓,生拉硬扯很有可能把箭弦拉断,如果张弛有度则可以射得更远。在与观众交流时,以退为进既是一种谈判技巧,也是一种谈判策略,表面上看是退缩,实质是进攻,后退是为了更好地前进。

主播与其同客户争得面红耳赤、两败俱伤,不如平心静气、好言商量。主播在采用"以退为进"策略时,可以参考下面的做法:

(1)避免争论主动退让,掌握谈话的主动权。当观众表达出反对意见时,主播可以在自己的职权范围内尽量予以满足,包括在不影响原则利益,或者以最小代价换取更大利益的前提下主动做出让步。

(2)掌握分寸,退让要恰到好处。主播在向客户让步时,要掌握分寸。一般来说,主播的每次让步都要让观众感觉到自己费了一番周折,否则观众会觉得你让步很容易,从而刺激观众不断讲价。

五、限时限量法

限时限量法是饥饿营销在线上直播中的运用,其目的是促使用户下单。限时限量的方法可以刺激观众的购买欲望,从而促使他们不纠结、不犹豫且快速下单。

稀缺的东西,总会受到追捧。如图7—6所示,主播发放仅适用于直播期间的限量优惠券、限时优惠券,同时"限量1 000份""仅亏1天""赶快来疯抢吧"等类似字眼在直播间被主播反复强调,这样能刺激粉丝快速下单。机不可失,时不再来,这可能是大多数消费者在面对这些营销攻势时的心理。商家利用人为制造的稀缺及其所产生的用户,来缩短用户购物的决策流程,尽快促成下单。这种方法可广泛应用于直播运营,比方在直播活动中,前100位用户送礼品。在直播开始或中场环节,限量发售的各种低单价产品可以促使粉丝快速下单,以此获取流量或者吸引粉丝关注。不管是限时还是限量,都是在用稀缺营造紧迫感,从而让用户快速行动起来。

主播前期为了吸引粉丝会以较低的价格推出一些新产品,以此获取粉丝的关注,迅速打开市场,但是此种做法不可持续且不长久,低价、低利润甚至亏本运营是不可持续的。因此,主播需要恰当地使用限时限量法。

图 7—6　主播发放限时限量直播优惠券

六、互动交流法

互动交流法是通过与粉丝互动更好地了解粉丝需求,比如主播可拿出 2～3 款产品让观众自行提出购买意见,在屏幕上打出比较喜欢的产品,主播会根据喜欢的人数来选择上架产品或者安排上架顺序,将较多观众喜欢的产品放在前面上架。主播团队应该设置多种形式的活动,通过互动吸引粉丝关注、了解粉丝的需求、解决粉丝的疑虑等。下面列举较常用的几种活动方式。

(一)转化活动

运营团队可以在直播间设置粉丝会、生日会等大促活动,设置一些定制产品或者特价产品,以不定时抽奖的方式吸引粉丝关注。

(二)亲密度设置

主播可以在直播间设置亲密度,比如前 10 个成为铁粉的观众送×××,前 10 个成为钻粉的观众送×××。直播间有明确的粉丝等级,每到不同的等级,粉丝都会享受到不同的福利、不同的赠品,这也是在直播间留住人的一种好方法。同时,店家可以给粉丝建微信群,方便后续联络及售后。

（三）饥饿营销

直播间可以设置跟老板砍价的环节。比如，一款直播中的产品突然被下架了，主播赶紧打电话问老板怎么回事。老板说，价格上错了，亏得太多，所以赶紧下架了。这时，主播说粉丝很想要，再跟老板软磨硬泡好几分钟，还说以后免费给他播一场，最终老板妥协了，说只上架10分钟。于是，粉丝就会去拍，而且还会非常感谢主播。其实，这个砍价过程很可能是事先安排好的，这种玩法的变种有很多，有打电话的，还有直接邀请老板出镜的。

主播在直播过程中可以交替使用单刀直入法、重点突出法、对比分析法、以退为进法、限时限量法和互动交流法，这些方法之间并不冲突。主播团队可以策划各种运用方式，提高方法使用的效果。

【本章总结】

跨境直播的话术积累和储备必不可少，只有准备好必要的话术模板和掌握一定的话术表达技能，才能让主播在和粉丝的互动中轻松应对，让粉丝感受到看跨境直播的乐趣和主播的个人魅力。

语言表达能力是主播与粉丝交流所必备的社交技能。具有良好语言表达能力的主播，通常有自己的套路来应对多种情形下的沟通交流，且应对自如。

有了良好的表达沟通能力做基础，主播还需要掌握跨境电商直播话术。首先，直播话术风格应符合主播的人设，介绍商品时多使用口语化表达，在表达时可以适当带入主播的情感，根据直播节奏调整话术快慢速度。其次，跨境电商直播话术设计应包括直播开场话术、商品推荐话术和直播结束话术的构想。

良好的开端是成功的一半。开场话术的核心就是让观众体验到"被看见和被重视"，从而引导观众在直播间观看、停留以及产生后续的互动，以达到提升直播间热度的效果。开场话术包括点对点名称开场、话题开场、内容开场、互动开场，主播需要用热情的语言来吸引观众的停留。商品推荐话术分为互动话术、带货话术和促单话术。通常这是整场跨境直播最重要且占比最大的话术准备部分。互动话术的核心是让观众对直播间和产品有一个初步、简单的了解并形成记忆点。带货话术帮助观众更准确地了解商品，判断是否适需。而促单话术的目的是让正在犹豫的观众不再犹豫，激发其消费欲望，立即下单。为了增强观众与直播间的黏性，以及对观众的心意表示真诚的回馈，我们对直播结束和感谢话术也要进行设计。

跨境主播应该熟悉每场直播的完整流程和各个部分的话术套路，同时也应该在推荐产品时讲究一定的话术技巧,例如,单刀直入法、重点突出法、对比分析法、以退为进法、限时限量法和互动交流法等。

【课后思考】

1. 用 FABE 法则介绍一个产品。
2. 用英文写一则完整直播某产品的直播话术稿。

第八章

跨境电商直播复盘

· 跨境电商直播复盘概述

· 跨境电商直播复盘两大方向

· TikTok 直播复盘

▶ 学习目标

1. 了解跨境电商直播复盘的意义和基本步骤。
2. 熟知跨境电商直播复盘中人、货、场复盘和数据复盘基本知识。
3. 掌握 TikTok 直播数据复盘基本思路。

▶ 本章简介

跨境直播自带流量，已成为当前跨境电商领域的热门进阶模式。这一模式对直播过程中的人员设置、场地把控、流程掌握等方面都有较高要求，以实现直播时更高的转化率。而为了提升转化率，把握带货节奏，直播后的复盘至关重要。

跨境直播没有复盘就像在碰运气，决策没有数据就像在拍脑袋。在跨境电商直播领域，如果方向不对，再努力也是徒劳。有时候，我们和月销千万的直播间的差距，或许就在于有没有做好每一场复盘。如果没有复盘，我们就不知道问题出在哪里，更不知道如何优化，带着一堆问题接着播下一场，这样的直播怎么会有转化率？因此，我们需要通过复盘来发现问题、分析问题、解决问题，最终找到优化方向，这样才能走得更远，实现快速迭代与升级。

如何做好跨境直播复盘？我们将从跨境直播复盘的意义和基本步骤入手，详细讲解基于"人、货、场"和直播间重要数据指标的复盘要点。最后，我们还将以 TikTok 直播复盘为例，分享实际操作中的复盘活动以及基于复盘的直播优化策略。

第一节　跨境电商直播复盘概述

直播复盘是直播运营的一个重要参考。

一场直播只关注销量是不合理的。如果想做好直播,我们需要分析直播情况,梳理出本场直播的失误。比如,直播过程中哪里出错了,互动有什么失误以及商品上架有什么问题等,通过数据变化情况来调整直播的节奏。不断地查漏补缺,改进不足,以便为接下来的运营提供更具价值的可行性方案。

对于跨境电商直播带货而言,要想让一次直播效果更好,在下播后复盘十分必要。

一、跨境电商直播复盘的价值

直播数据复盘的意义何在?它的价值主要体现在哪里呢?我们可以根据以下几点进行梳理。

(一)发现规律,将工作流程化

跨境直播时,我们利用一些技巧或方法,有时可以起到事半功倍的效果。但这些方法并不是唯一的,也不是固定的,我们应该根据自己的特点不断探寻最适合自己的方式。通过直播回顾,我们可以找到适合自己的方式,让整个直播间的工作更加流程化。

(二)纠正错误,避免继续犯错

通过跨境直播复盘回顾,我们会发现直播中出错的地方。我们记录下这些出错的部分,从而改正、优化,避免类似问题重现,也会使得跨境直播更为顺畅。

(三)将经验转化为能力

直播时一定会遇到突发状况,我们可以通过直播复盘进行分析、总结,当同样的问题再次出现时,我们便可沉着应对。同时,我们也可整理本场跨境直播的出彩点、吸睛点,并形成经验,以便进一步复制优化,以期效果翻倍。

二、跨境电商直播复盘步骤

跨境直播复盘的基本步骤如图8-1所示。

(一)回顾目标

跨境直播复盘的第一步是回顾刚刚结束的那场直播的目标。目标是否达成是评判一场直播成功与否的标准。将直播的实际结果与目标进行对比,直播团队就可以知晓一场直

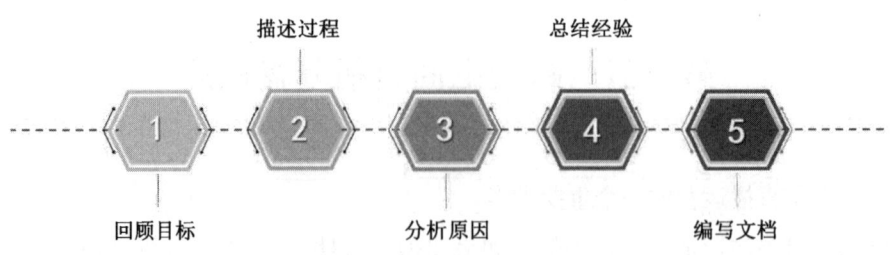

图 8—1 跨境直播复盘步骤

播的营销成绩。

回顾目标的环节，可拆分成两个步骤。第一步，展示目标。在直播前，直播团队通常已经根据实际情况制定了合适的目标。此时，只需要把目标通过陈述、放映或其他形式展示出来即可。第二步，对比结果。直播团队将直播实际的结果与目标进行对比，发现两者的差距。在后续的复盘过程中，分析造成这些差距的原因，探究实现目标的有效方法。

（二）描述过程

描述过程是为了找出直播过程中哪些操作有利于目标的实现，哪些不利于目标的实现。描述过程是分析实现结果与希望目标之间差距的依据。因此，在描述过程时，可以遵循如图 8—2 所示的三个原则。

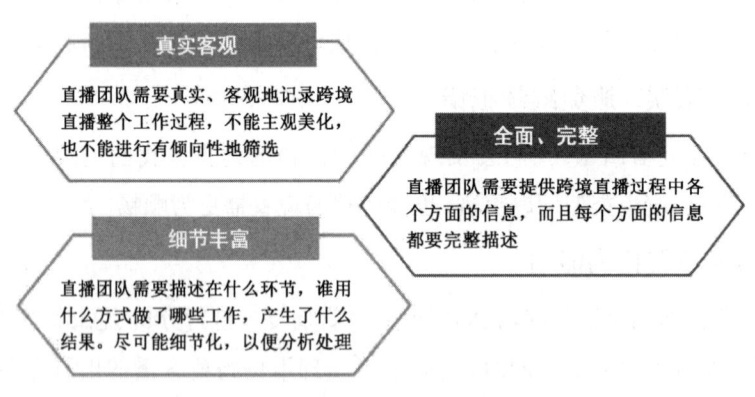

图 8—2 描述过程需要遵循的原则

（三）分析原因

分析原因是跨境直播复盘的核心板块。直播团队只有把原因分析到位，整个复盘才有效果。

分析原因时，直播团队可以从"与预期不一致"的地方入手，开启连续追问"为什么"模式，经过多次追问后，往往能探究问题背后的真正原因，从而找到真正的解决办法。

追问"为什么"可以从以下三个角度展开：

(1)从"导致结果"的角度,问:"为什么会发生？"

(2)从"检查问题"的角度,问:"为什么没有发现？"

(3)从"暴露流程弊端"的角度,问:"为什么没有从系统上预防(事故/糟糕结果)？"

跨境直播团队从这三个角度连续多次追问"为什么",可以得出相关结论。这些结论,可能就是问题形成的根本原因。

（四）总结经验

"可控环节"及"半可控环节中可控的部分"是跨境直播团队在之后的工作中能够改进的部分,可以作为经验保存下来,并用来指导后续的直播工作。而对于"不可控"环节,由于直播团队无法预判结果,其相关结论在下次直播时可能就不会出现,因此不具备指导意义,也不能作为经验和方法。

因此,跨境直播复盘的核心,就是要从一场具体的直播中总结出经验和方法,旨在解决工作中出现的一个问题甚至是一类问题,从而提升直播营销的效果。

（五）编写文档

编写文档是将跨境直播复盘过程中发现的问题、分析的原因,以及得出的经验和改善方法,以文字的形式固化下来,编写在册(如表8—1所示)。

表8—1　　　　　　　　　　　　跨境直播复盘文档

复盘直播场次		直播主题	
直播时间		复盘时间	
复盘会议参加人员			
回顾目标			
实际与目标对比			
描述过程			
分析原因			
总结经验			
经验适用			

编写文档,虽然看起来只是一个微不足道的环节,但对跨境直播团队的直播运营能力提升意义重大。

首先,编写文档可以为直播团队留下真实、准确的记录,避免信息遗漏或遗忘。

其次,编写文档将工作过程、工作经验变成具有一定逻辑结构的显性知识,可供查阅、传播,还能显著降低直播团队在相同的知识点上的重复学习成本。

再次,文档方便存储,也方便提取。直播团队在后续工作中需要时,可以快速调取,借鉴使用,从而提升工作效率。

最后,文档还有利于直播团队对比学习。直播团队不断地将刚完成的直播与过去存储的经验文档进行对比,可以提升对事物本质的认识,甚至能探索出新的认知方法。

综上所述,编写跨境直播复盘文档虽然不是复盘的核心环节,但它却是跨境直播团队学习的重要资源,是不可或缺的一环。

第二节　跨境电商直播复盘两大方向

跨境电商直播复盘是一项非常重要的工作。下播后的复盘就是围绕本次直播过程以及前期准备工作进行团队讨论,找到直播中存在的问题,分析原因,并探讨相应的优化措施,以便之后再遇到类似的问题,就可以吸取上次的经验教训。如何有效地进行跨境直播复盘呢？一般而言,我们会从两大方向着手:一是人、货、场复盘;二是数据复盘。

一、人、货、场复盘

人、货、场复盘是跨境直播复盘的第一步,人、货、场是直播间的黄金三要素。

(一) 人员复盘

直播是团队所有成员配合的过程,因此,直播过程的复盘需要清晰地了解团队各部分成员的任务是否执行到位。

1. 场控

场控作为一般直播的指挥官,也是复盘的组织者,随时关注整个直播流程设置、选品、排品、视觉效果,以及各种重要数据。在线人数低时,场控组织加大引流、上福利、留住人并增加互动等方案实施,对正常直播的稳定性和高效性负责。复盘时,场控需要关注的问题主要是产品上镜时特点的凸显度、产品介绍中要点归纳情况、预估直播数据是否出现偏差、直播中突发情况的判断及处理等。

2. 主播

跨境直播中,主播是直面顾客的第一人。复盘可以从直播状态出发,对直播脚本和各种话术、控场能力等方面进行总结;也可以通过直播间的实时监测数据与主播直播感受进行复盘。

直播中,主播一般会出现的问题包括在线人数激增时无法承接流量、直播间节奏出现偏差、黑粉出现时临场反应不佳、粉丝提出专业问题时无法及时回答、产品卖点介绍错误且混乱、直播间号召力差、催单逼单能力弱等。因此,复盘时,主播可以对照这些具体问题查漏补缺。

3. 副播

副播在跨境直播过程中充当了主播的直接助手角色,当主播感到疲惫时,能制造话题、烘托气氛;当粉丝想看产品细节时,能第一时间给到近景;做福利时,细致介绍规则和操作。因此,副播的工作也是直播极为重要的一环。

一般而言,副播在直播期间常见的问题包括激情不足无法烘托直播间氛围、与主播配合度欠佳、产品细节展示不清晰、优惠券发放不及时、回答观众提问和解决问题不到位、传递道具错误等。复盘时,副播可以从以上问题入手,对照评价本场直播情况。

4. 中控

中控的工作内容相对简单,一般负责直播后台的操作,例如,产品上下架、价格及库存修改、配合主播进行数量的呐喊、优惠券的发放、实时数据记录等。中控在复盘时,可以从产品上下架速度、库存数量修改、催单逼单气氛的配合度、实时问题出现后的记录等方面考虑。

5. 客服

直播客服也是非常重要的角色,直接点对点对接每位消费者,客服响应的质量直接影响消费者下单或者复购的意愿。因此,直播复盘少不了客服层面问题的反思。客服的复盘主要考虑的是粉丝需求的响应度,例如,对售后问题的解决情况、直播过程中粉丝高频疑问的回复、中奖粉丝的联系和奖励的发放是否及时等。

(二)货品复盘

货品复盘主要是复盘直播间的选品逻辑是否合理,比如,引流款、利润款、主推款的分配是否合理,过款流程的安排是否合理等。同时,产品核心卖点提炼是否到位,直播间的货品展示是否清晰美观也属于货品复盘内容。

(三)场景复盘

相较于人和货的复盘,场景复盘是比较简单的,主要是复盘场地布置、直播间背景、直播间灯光、直播设备、商品陈列等。

二、数据复盘

跨境直播间内所有的行为都会产生数据。因此,在复盘时,关注各项数据的呈现是必不可少的环节。跨境直播复盘用数据驱动而非感觉驱动,将直播进一步迭代,打造爆品和高 GMV 直播间,是数字化时代精准优化跨境直播间的常见做法。

跨境直播平台的账号后台,一般都会有直播数据统计。直播团队可以在直播过程中或直播结束后通过账号后台获得直播数据,同时,也可运用第三方直播数据分析平台(例如超电有数、知虾、电霸等),查看跨境直播的自身数据、同行数据等。

跨境直播团队在数据采集过程中,会看到很多数据指标。不同数据指标有不同的意义和价值,直播团队需要进一步了解、分析,从而优化这些数据指标。以下介绍一些跨境直播的核心数据。

(一)整场交易总额

整场交易总额(Gross Merchandise Volume,GMV),即直播期间累计成交金额。GMV是衡量带货主播带货能力的最重要考核指标。

(二)千次观看成交金额

千次观看成交金额(GMV per Millie,GPM),顾名思义,是指每1 000次观看带来的成交量,衡量的是直播间的卖货能力。一般而言,GPM越高,则反映主播流量转化能力越强。GPM的计算公式为:

$$GPM=GMV\times 1\ 000/每场观看量$$

(三)投入产出比

投入产出比(Return on Investment,ROI)是指直播带货的收益与成本的比值,也就是销售额/单场投入成本费用。ROI越高,说明直播带货的效率越高,收益越大。但是,直播也不能盲目追求高ROI,因为有时候高ROI可能意味着低投入,也就是品牌没有充分利用直播的潜力,错失了更多的销售机会。另外,直播ROI不仅要看绝对值,还要看相对值,也就是与自己过去的表现、同行业的竞争对手、同平台的其他主播等进行对比分析。只有这样,才能更好地评估直播带货的效果和优化直播营销的策略。

(四)客单价

客单价是指每个客户带来的成交金额,它往往与所售卖商品和直播间观众人群有关。定期关注客单价的波动,可以帮助主播了解客户的购买力,从而调整卖货话术、直播选品、带货节奏和商品组合。例如,高客单价直播间面对高端客户群体,主播可以更多地强调商品品质、财富标志等;低客单价直播间面对下沉市场消费群体,主播可以更多地强调商品的性价比。

(五)UV价值

UV(Unique Visitor)价值,是指每个进入直播间的观众带来的成交金额,即每个观众对直播间的贡献值,计算公式为:UV价值=直播交易额/直播场观。UV价值越高,代表单个用户对直播间的价值贡献越高,表示粉丝拥有极强的购买能力。因此,商家可以用更好的高利润产品深挖粉丝的消费潜力。精准粉丝的引入是做好直播间高UV价值的决定性因素。另外，UV价值越高，平台也更愿意给这样的直播间推流。

（六）点击率

点击率（Click-through Rate，CTR）是指直播间点击数和直播间页面展示的比值，点击率越高，曝光率越高，场观越高。高点击率决定着流量的获取能力，因此，点击率对直播间十分重要。影响CTR的关键因素有：直播间直播观感；直播间标题、文案；主播的表现力、话术；所售卖的商品等。

（七）直播转化率

直播转化率（Conversion Rate，CVR）是考核直播间购买力的核心数据，也是很多跨境直播间考核主播带货能力的核心数据。主播话术能否充分输出产品要点，引导粉丝产生需求从而下单，也是决定商品曝光率和转化率的关键点。

$$转化率 = 成交人数 / 观看总人数$$

因此，转化率越高，意味着在某种程度上直播效果越好。比较不同场直播之间的转化率，可以对比得出提高转化率的关键要素以及直播内容、主播能力之间的差异，进而总结经验教训。

（八）直播间平均停留时长

直播间用户的平均停留时长代表着用户愿意在直播间停留多久，从侧面反应出直播间内容的吸引力，主要考验的是主播的话术和直播间的选品排品。

$$平均停留时长 = 用户观看总时长 / 观看总人数$$

一般来说，直播间的平均停留时长为30~60秒，而好的直播间的平均停留时长超过2分钟，这依赖于好的选品技巧以及主播的个人魅力。新粉丝进来之后的欢迎语、与观众的互动技巧、吸引关注点击的商品、详细美观的产品介绍资料等都是决定平均停留时长的加分点，有能力的直播间可以努力把数值做大，这样对直播间标签的建立和自然流量推荐都有助力作用。

（九）直播间平均在线人数与人气峰值

这两个数据直观反映了直播间人气，数值太低则没有变现盈利的可能，一般来说，平均在线人数在50人以上就有直播带货的变现能力。根据公式成交额＝在线人数×转化率×客单价，如果在线人数很低，则很难有较大盈利的可能。在人气峰值点进行直播内容的复盘，可以在某种程度上分析出消费者所感兴趣的内容，为下一次直播积攒经验。这两项数据是衡量直播间人气的关键指标，一定要予以关注，并结合直播回放和网友评论进行综合分析。

（十）互动率

$$互动率 = 评论人数 / 观看总人数$$

互动率可以体现直播间的活跃度，反映了跨境直播间里主播的话术能力、中控的运营能力。高互动率有助于吸引新的用户进入，也可以增加粉丝黏性。

经过数据的整理与分析之后，我们要结合人、货、场的复盘情况从数据当中提炼出真正对未来直播间优化起重要作用的经验教训，即哪些环节、哪些地方做得好，哪些做得不足，有哪些可以改进的具体措施。以下几点自查思路可供参考：

（1）内容不垂直，导致流量不精准，引起的转化率低（需要排查内容质量与垂直度）；

（2）商品组合销售与搭配方案有问题，导致客单价低；

（3）主播讲解能力与引导成交能力欠佳；

（4）直播间陈列与商品展示效果不理想，导致转化率低、客单价低；

（5）直播间的场景布置导致视觉效果没有突出特色；

（6）直播间氛围不活跃，没有感染力；

（7）活动设计与互动执行有问题。

第三节 TikTok 直播复盘

本节以 TikTok 直播为例，对直播复盘及改进进行梳理，以求更直观地展现"复盘＋优化"跨境直播。本节基于 TikTok 直播间后台运营数据以及流量漏斗各个阶段特征，介绍两种 TikTok 直播复盘思路。

一、以 TikTok 直播间后台运营数据为基础的复盘思路

对于 TikTok 直播而言，在运营后台，商家可以自主选择很多数据指标，比如创建订单数、支付订单数、成交用户数、评论次数等（图 8－3 为某商家 TikTok 直播间运营数据）。对这些数据指标的解读，有助于优化直播效果。

一般而言，TikTok 直播间后台运营指标包含以下几类模块，运营团队通常可以参考对比这些模块中的具体数值来优化直播。

第一类，交易数据模块。该模块包括 GMV、GPM、客单价、订单总数等具体数据。通过该模块数据周期性环比分析，评估近期直播带货整体表现，结合其他指标分析，不断推进直播策略调整，如优化选品、主播话术、引流等。此外，成交密度也是非常重要的交易指标，但它并没有现成数据，需要商家通过单位时间内成交件数的测算得到。如果只花 1 分钟就

图 8—3　TikTok 某直播间直播数据

能成交一单,那么这个直播间表现非常优秀;如果 60 分钟成交了 20 单,相当于 3 分钟成交一单,这也算是正常水平;如果 100 分钟才成交 20 单,而且客单价非常低,那么这个直播间不管从选品、主播还是场景搭建等方面都需要优化。

第二类,流量来源模块。新号开播时,需重点关注直播推荐流量(For You feed)的占比,如果占比下跌至 50% 以下,需要采取激活策略拉回推荐流量。

第三类,流量数据模块。观看人次(Page View,PV)和峰值这两个指标可以直接反映出单场直播间的流量规模。如果 PV 周期环比下降,通常直播推荐流量的占比也会同步下降。峰值分为开场峰值和推荐峰值,一般来说,开场峰值受上一场直播场观的影响,而推荐峰值则受当场互动内容的影响。运营团队可回看直播记录,分析产生推荐峰值时,主播做了什么,或者流量是在什么时候开始下降,据此形成行动方案后,在之后的场次逐渐调整,以达到关键指标较为稳定的状态。

第四类,用户画像模块。这个模块主要包括支付用户画像、看播用户画像。直播用户占比的人群画像分析,帮助商家判断用户在年龄、性别、国家等属性上是否符合品牌的目标受众。精准的用户画像在新号打标阶段非常重要,这也决定了后续直播推荐的流量精准度。如果用户画像不精准,就需要关注以下几个方面:流量占比最多的是哪一个产品、引流品的选择是否有问题、主播话术和动作是否恰当等,然后通过进一步的人工调整,纠正用户画像。

第五类,商品分析模块。本模块的相关数据包括商品订单数、销售额、点击率和查看次数等,通过这些关键数据的分析区分 top 品和压箱品。单场或者连续多场排名靠前的 top 品可作为潜力爆款主推和连续返场;而压箱品,不管是否上架,由于其点击率和成交率的排名都靠后,因此随时会被淘汰。直播间要不断上新,以测试出新的 top 品。同时,商家还可在后台关注成交商品的评论(展示在用户界面的商品详情页)和退货率,筛选出劣质品,这类商品也需及时淘汰。

第六类,互动数据模块。本模块数据包括点赞率、评论率、新增粉丝数、分享次数、停留时长,可反映出直播间的人气状况,进而影响直播间的权重和流量。

二、以流量转化漏斗为基础的复盘思路

漏斗原理是指通过不同阶段的筛选,将客户从了解产品或服务的阶段转化为最终购买或使用阶段的过程。与实际的漏斗相似,一个完整的直播流量漏斗包括多个不同的阶段,每个阶段都会筛选出一部分客户,最终留下转化为实际购买或使用的客户。对漏斗的分析和优化,可以大大提高转化率。常见的跨境电商直播间的流量转化漏斗模型如图 8-4 所示。

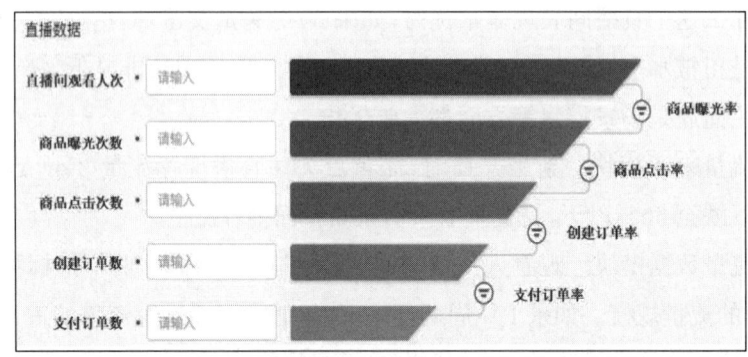

图 8-4 跨境电商直播流量转化漏斗模型

在跨境直播复盘的过程中,我们主要以结果为导向,所以可以根据流量转化漏斗各个阶段的特性,针对流量漏斗中出现的五大方面数据指标做逐一拆解。

(一)复盘观看人次

复盘第一步是分析观看人次,影响观看人次的主要因素有以下几方面:

1. 视频引流

在 TikTok"直播+短视频"的带货模式中,短视频发布时机分为直播前、直播中和直播后三种。"直播前视频"的主要目的是通过短视频为直播预热,一般在直播开播前 30~60 分钟发布;"直播中视频"的主要目的是在直播过程中通过短视频为直播间引流;"直播后视

频"一般是直播结束后尽快发布短视频,目的是感谢支持本场直播的观众,并预告下一次直播时间,增强观众的黏性。

TikTok 直播复盘时,应注意这三类短视频是否都起到了应有的作用,短视频中是否挂上了直播间主推商品的链接,短视频内容和文案是否有优化的空间。

2. 主播话术

对于观看人次指标,主播话术的影响并不是最直接的,主要需要留意的是吸睛话术的密集程度。主播应尽量频繁输出,缩短整套话术的循环时间,尽量让更多刷到直播画面的观众被吸引,从而进入直播间。

3. 直播间场景

在观看人次指标中,直播间的场景起了决定性的作用。当观众与直播间初次接触时,直播间场景是能在最短时间内传达最多信息的渠道,观众会在 2~3 秒内判断是否对这个直播间感兴趣,进而决定是进入直播间看一会儿还是直接走。因此,直播间场景要在 3 秒之内抓住观众眼球。例如,有的直播间卖羽绒服,会把直播场景放在大雪纷飞的户外,直接将观众带入商品使用场景,通过新颖的场景抓人眼球。再如,品牌直播间的配色和场景设计风格简约大气,令人赏心悦目,通过高端大气的设计抓人眼球;还有的直播间会把折扣信息打印出来贴在主播的额头上,通过另类的方式吸引观众眼球。

(二)复盘商品曝光率

$$商品曝光率 = 商品曝光次数/观看人次$$

TikTok 直播复盘第二步可以针对商品曝光率进行复盘,商品曝光率的影响因素主要有以下几方面:

1. 直播间商品

在这一环节,商品的展示形式与商品本身对观众的吸引力起到了很大的作用。如果商品曝光率比较低,可以考虑换品或优化展示形式。例如,直播间卖 DIY 小配件(往往只有指甲盖大小)的时候,如果摄像头与商品距离太远,导致商品展示得不够清晰,没有突出其卖点,则会让观众对该商品的兴趣大减,从而直接划走。商家可以拉近摄像头与商品之间的距离,从而将商品细节展示得更加清晰、有质感;还可以带入商品的使用场景(如用于 DIY 的手工装饰品),从而极大地增强观众对商品的兴趣,产生进一步了解商品的欲望,达到曝光商品的目的。

2. 主播话术

主播话术对这一环节的影响主要体现在以下两个方面:一是主播对商品的描述是否有吸引力;二是主播是否有明确的点击购物车的话术引导,包括使用另一部手机在直播间现场展示下单流程。

主播在直播过程中,通过话术引导观众点击购物车时,可以配合一些手势,例如手指指向屏幕左下角,来引导观众点击屏幕左下方购物车,查看商品。具体话术举例如下:

Go to my yellow cart to check the first link.(去我的小黄车点击一号链接。)

Yellow cart, left corner, you can see all my products there.(小黄车,屏幕左下角,在那儿你能看到我的所有产品。)

3. 运营操作与场景引导

如果商品曝光率指标较差,可以着重考虑以下两个因素:运营人员操作是否正确、场景引导是否到位。在这一环节,运营人员操作商品弹屏的时机与频率起着非常重要的作用。因此,运营人员应该与主播提前沟通,在适当的时机进行频繁的商品弹屏操作。

直播间布景,如果有条件使用 OBS 贴图,则效果最佳;如果没有,则可以做 KT 板,将其放在直播间引导。

(三)复盘商品点击率

$$商品点击率 = 商品点击次数 / 商品曝光次数$$

复盘第三步是针对商品点击率进行复盘,其主要影响因素有以下几方面:

1. 主播话术

这一环节,要求主播对商品有更深入的理解,从而对商品有更深层次的讲解,让观众产生想点击商品链接进一步了解商品的欲望。同时,主播也要适当带入引导、逼单的话术。如果商品点击率较低,可以优化主播对商品讲解的话术与引导逼单话术。例如:

Only 10 pieces left today guys! Hurry up! The best price only today!(朋友们,今天只剩下 10 件产品了!赶紧拼手速行动起来吧!最好的价格仅限今天!)

2. 直播间商品排序

顾客在 TikTok 直播间购物时,点击小黄车后,手机弹出的第一屏商品列表页面只会显示前 4 件商品。因此,前 4 个商品位置展示什么商品、如何排序非常重要,会给商品点击率带来较大的影响。由于这是观众看到的第一个商品页面,也决定了观众对直播间商品的第一印象,因此建议把主推的、最受欢迎的商品放在前 4 个位置,并将它们的主图制作得更精美,标题写得更加吸引人。

如果商品点击率较低,就应该考虑优化商品排序及商品主图和标题。

(四)复盘创建订单率

$$创建订单率 = 创建订单数 / 商品点击次数$$

复盘第四步是针对创建订单率进行复盘,其主要影响因素有以下几方面。

1. 主播、助播话术配合

观众是否点击商品链接与主播的销售话术有很大的关系,主播需要在直播间营造销售火爆的氛围,同时还要用上逼单话术。此时,助播也要配合主播逼单,一起营造商品正在热卖与库存紧张等氛围,让观众尽快创建订单,锁住库存。

2. 商品详情页

在这一环节,由于商品详情页非常重要,因此对操作商品上架的运营人员有着较高的要求,要确保每一个详情页已将商品的卖点通过图片和文字的形式清晰地传达给观众。如果商品创建订单率较低,就可以检查商品图片和文字表述是否有优化空间。

3. 直播间商品定价

直播间商品的定价也是非常关键的因素,如果定价过高,就很有可能会让观众产生抵触心理,从而降低创建订单的意愿;如果定价过低,就会让观众担心商品质量,从而影响创建订单的信心。因此,如果创建订单率太低,就可以考虑定价是否合理。

(五)复盘支付订单率

$$支付订单率=支付订单数/创建订单数$$

复盘第五步是对支付订单率进行复盘,其主要影响因素有以下几方面:

1. 主播、助播话术

在这一环节,主播与助播的逼单话术仍然会起到非常重要的作用。主播可以多做下单步骤的详细引导,以及详细讲解商品卖点与本次直播间活动。

主播与助播配合话术如下:

主播:How many left?(还剩多少库存?)

助播:Only 30 pieces!(只有 30 件!)

主播:Do more today! A lot of new friends today!(再上一些!今天有很多新朋友到场!)

助播:No,almost out of stock, only 30 left!(不行啊,快脱销了,只剩 30 件了!)

主播:Ok, hurry up my friends! Go to the yellow cart, find the 1st link! So good price and quality!(好吧,赶紧行动起来吧,朋友们!去小黄车,找到 1 号链接!物美价廉啊!)

2. 客服跟单

许多观众在创建订单之后,可能会犹豫、纠结,导致没有完成支付,这时需要客服人员积极跟进,可以通过营造紧迫感、消除客户疑虑、送小礼品等方式促单。

【本章总结】

一场跨境直播只盯着销量是不合理的,如果想做好直播,就需要对直播情况进行分析,做好直播复盘工作。复盘可以帮助直播团队发现规律,将工作流程化;纠正错误,避免继续犯错;将经验转化为能力,游刃有余地应对多种情况。一般而言,跨境直播复盘可以按回顾目标、描述过程、分析原因、总结经验和编写复盘文档这几个步骤操作。

而在具体的复盘中,跨境直播运营团队会从人、货、场和直播数据指标两方面重点复盘。

人、货、场的复盘是跨境直播复盘的第一步。首先是人员复盘,直播过程是团队所有成员配合的过程,因此,直播过程的复盘需要清晰地了解团队各部分成员是否执行到位。总体而言,人员复盘包括对参与直播各个环节的人员所承担的工作任务执行情况进行回顾、查漏补缺,涉及要求场控、主播、副播、中控和客服分别做出的复盘总结。其次是货品复盘。货品复盘主要是复盘直播间的选品逻辑是否合理,比如,引流款、利润款、主推款的分配是否合理,过款流程的安排是否合理等。同时,产品核心卖点提炼是否到位,直播间的货品展示是否清晰美观也可归为货品复盘。最后是场景复盘。场景复盘相较于人和货的复盘是比较简单的,主要是复盘场地布置、直播间背景、直播间灯光、直播设备、商品陈列等。

第二步是根据跨境直播间的数据进行复盘。各个跨境直播平台的账号后台,一般都会有直播数据统计,直播团队既可以在直播过程中或直播结束后通过账号后台获得直播数据,也可运用第三方直播数据分析平台,如超电有数、知虾、电霸等来分析跨境直播的自身数据、同行数据等。不同数据指标有不同的意义和价值,直播团队需要了解、分析,从而优化这些数据指标,使直播进一步迭代,打造爆品和高 GMV 直播间。这也是数字化时代精准优化跨境直播间的常见做法。跨境直播运营团队通常会关注的核心数据有:整场交易总额(GMV)、千次观看成交金额(GPM)、投入产出比(ROI)、客单价、UV 价值、点击率(CTR)、直播间商品转化率(CVR)、直播间平均停留时长、直播间平均在线人数与人气峰值、互动率等。

最后,本章以 TikTok 直播为例,对直播复盘及改进进行梳理,以求更全面地展现"复盘+优化"跨境直播。具体而言,主要基于 TikTok 直播间后台运营数据以及流量漏斗各个阶段特征来介绍两种 TikTok 直播复盘思路。

【课后思考】

1. 观看一场跨境电商直播,试着对其主播的表现情况进行复盘。
2. 若一个跨境直播间互动效果不理想,请分析可能的原因。

第三部分

跨境电商直播平台实操

第九章

TikTok 平台直播实操

· TikTok 下载安装及账号注册

· TikTok Shop 及直播开播

· TikTok 直播攻略

学习目标

1. 熟悉TikTok下载安装及账号注册基本流程。
2. 了解TikTok Shop及基本申请方式。
3. 掌握TikTok直播的创建流程，并熟悉卖家和买家界面的操作。
4. 了解优化TikTok直播的基础知识，以便更高效地直播带货。

本章简介

2017年5月，抖音的海外版——TikTok正式上线，并以"激发创造，带来愉悦"作为愿景。过去几年，TikTok的业务在海外呈爆发式增长，成为全球知名的社交媒体平台之一。

目前，TikTok在全球用户数量已超过30亿，月活用户超过12亿，覆盖全球150多个国家和地区。移动数据分析平台App Annie出品的报告中提到：2021年，全球范围内的TikTok用户平均每月在该应用上花费19.6小时；在美国，每天大约有18.68%的移动互联网用户会点开自己手机上的TikTok。由此可见，TikTok逐渐成为全球移动应用端的流量霸主。因此，在这个流量为王的时代，越来越多的个人及商家纷纷入局TikTok，在TikTok上积累粉丝量，实现引流转化。TikTok海外电商的发展与抖音电商的发展策略具有一定参照性。从短视频导购电商到直播电商，TikTok逐渐完善其商业闭环，因此对熟悉国内抖音玩法的用户产生了更强的吸引力。

然而，作为一款出海应用程序，TikTok直播和国内抖音直播有所不同。我们要布局TikTok直播，还需要先了解其最基础的实操程序和经验。本章将从TikTok下载安装及账号注册、TikTok Shop及直播开播、TikTok直播攻略三个方面，介绍TikTok直播相关内容。

第一节　TikTok 下载安装及账号注册

开启 TikTok 直播之旅，首先，我们需要了解如何在国内环境下顺利下载 TikTok 应用程序；其次，选择方便的方式注册账号，解锁其他功能。

一、TikTok 下载安装

TikTok 下载安装流程如图 9－1 所示。

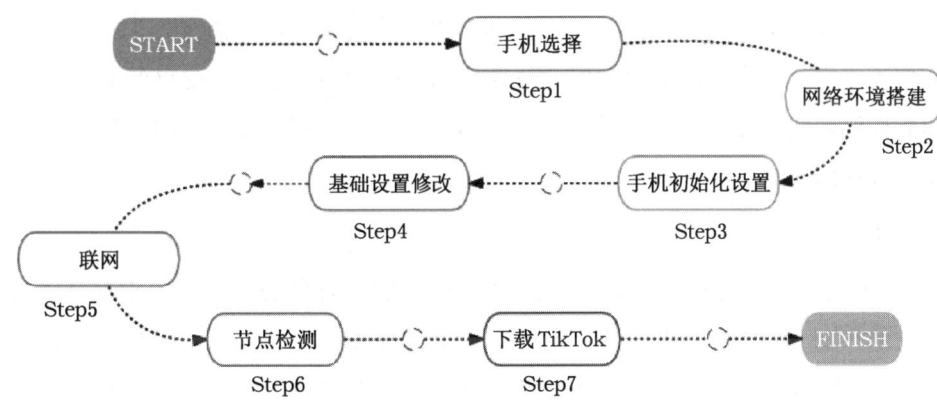

图 9－1　TikTok 下载安装流程

（一）手机选择

由于 TikTok 对中国区用户实施锁区限流政策，且会检测手机卡等信息，因此建议准备一部专门的工作手机来运行 TikTok，以确保账号的安全和稳定。苹果手机和安卓手机都可以用来注册 TikTok，考虑到手机系统版本及软件流畅度，苹果手机建议版本 iPhone 7 及以上、系统高于 iOS9.3、内存 32G 以上，iPad 也可以；安卓手机建议 4＋32GB 及以上的运行内存，系统 7.0 及以上。带谷歌移动搜索（Google Mobile Service，GMS）的安卓手机，使用更加方便。

相对而言，新手更建议使用苹果手机，因其系统单一、操作较流畅稳定、下载方法较简便。如果要选择安卓手机，尽量选择海外版的安卓手机（例如三星 S7、HTC U11、life 等）。

（二）网络环境搭建

准备好手机后，就需要通过手机设置模拟海外网络环境，因此必须将手机内国内 SIM 卡拔出。若使用国内 SIM 手机卡，会被识别到运营商数据，并出现黑屏、播放量为零等问题。如果有海外手机卡的可以插上,不再使用的、已停机的海外手机卡也可以。为了模拟真实的海外网络环境,所使用的海外手机卡最好与目标市场所在国家相匹配。建议现阶段直接不插卡,因为国外手机卡前期作用不大。

(三)手机初始化重置

建议直接将手机恢复出厂设置,该步骤很关键。不要以为手机空间很多,就不需要格式化,只要手机在国内使用过,都会有残余数据遗留。

(四)基础设置修改

第一步,修改语言时区。将手机的时区、时间、语言等设置都改成 TikTok 账号所在的国家。如果你的手机语言选择中文,在注册 TikTok 的时候,页面会跳出前缀是"86"的手机号。如果改成英文,时区也改了,那么页面跳出的手机号的前缀就是"1"。第二步,关闭定位和广告追踪。虽然可以使用虚拟定位软件(如苹果的爱思助手、安卓的 Fake Location 等),但软件偶尔会失效。因此,建议直接关闭定位。关闭广告追踪也是同样的道理,避免手机被定位在国内。

(五)联网

目前,市面上有免费和收费的联网软件可将手机连接到国外节点,可根据自己的需求取舍,选择对应目标国家的节点 IP,例如,选择英国市场作为目标市场,就选择英国节点。节点很重要,如果频繁跳节点,会影响网络稳定性,进而影响账号流量。如果只是下载 TikTok 刷视频,了解外国人的生活,建议购买共享节点 IP,价格相对便宜。如果是专业使用,需要用到专线,建议联系国内通信商搭专线。

(六)节点检测

打开手机浏览器,输入网址 http://whoer.net,查看搭建的节点环境状况,进而测试代理 IP 与海外真实用户 IP 的相似程度。通常而言,相似度至少高于 95%,最好显示 100%,此时操作 TikTok 更为稳妥,安全性更高。当然,我们也可以根据网站提示做出相应更改,以达到理想的相似匹配度,而其中最容易出现差错的是系统时间以及语言与使用的代理 IP 地址发生冲突。除此以外,whoer 还能检测浏览器、IP 地址、IP 时区等信息。

(七)下载软件

安卓手机下载 TikTok 有两种方法。一种是在手机应用商店搜索下载"Go 安装器",然后打开"Go 安装器",一键安装谷歌三件套,即谷歌应用商店(Google Play Store)、谷歌应用账号认证(Google Play Service)、谷歌服务框架(Google Service Framework)。安装完成后,登录谷歌应用商店搜索 TikTok 下载。另一种是用已有 App 安装包下载。

苹果手机下载 TikTok 需要登录 Apple ID,国内的 Apple ID 无法在 App Store 中找到

TikTok 软件,所以需要用国外目标地区的 ID,可以自己注册或是直接在网上购买。用准备好的 Apple ID 直接登录 App Store 搜索下载 TikTok,而不要用该 ID 登录 iCloud,否则可能会锁机。若在 Apple Store 搜索不到 TikTok,可用 chrome 网页登录 TikTok 官网(http://ww.TikTok.com),并在界面引导下指示到 App Store 下载安装。需要注意的是,每个人最好申请和设置自己专属的 Apple ID,若多人共用同一个 ID,则存在风险,比如,容易被封号,导致隔几天就要换 ID;如果操作失误,会被锁机。下载 TikTok 可参考以下步骤:第一,打开 App Store;第二,点击首页右上角的头像位置;第三,页面往下翻,找到"退出登录"选项并点击;第四,输入海外 Apple ID 账号,点击(登录);第五,登录后,App Store 就会自动切换到你现在登录的 Apple ID 账号对应的地区;第六,点击右下角的搜索,搜索 TikTok 即可。具体操作见图 9—2。

图 9—2 苹果手机 TikTok 下载安装流程图

最后,一定要记得每次打开 TikTok 前,需要检查 IP 地址以及代理 IP 与海外真实用户 IP 的相似程度。

二、TikTok 注册

相比搭建网络、下载软件,注册 TikTok 账号更简单,你可以通过手机号、邮箱、社交媒体账号等多种方式实现。选择一种合适的方式,按照软件提示步骤完成注册即可。需要注意的是,在填写资料时,建议年龄设置为大于 18 岁,以便成功注册,获得基础的使用功能(例如直播功能、基金提现功能等)。

(一)邮箱注册

邮箱注册的具体步骤如图 9－3 所示:(1)按正确方式下载 TikTok;(2)点击 TikTok 注册;(3)选择"使用手机或电子邮件"选项;(4)在"电子邮件"处输入相应的 TikTok 邮箱并创建密码;(5)选择生日年/月/日(选择年龄 18 岁以上);(6)系统图形验证;(7)创建用户名。理论上,任何邮箱都可以注册。但是,国内的 qq、163、网易等邮箱不推荐使用,一般建议使用国外邮箱,比如谷歌 Gmail 邮箱、Outlook 邮箱或者自建企业邮箱。国外邮箱的优点是注册方便,邮箱地址容易获取,自行注册或购买的成本也很低,还可以批量注册 TikTok 账号。但是,国外邮箱不能给 Follow 的用户发私信,如果要发私信,还是要绑定手机卡。邮箱注册是现阶段成本最低、起号最快的方式。前期用邮箱批量起号,后期再将表现优质的账号绑定海外手机卡。

(二)手机号码注册

只能用国外手机卡注册,国内手机卡不能注册。这种注册方法的优点在于密码忘记或账号异常时很容易找到,绑定手机号可以发私信给关注你的用户。它的缺点是国外的手机卡不方便买,而且价格较贵。

(三)社交媒体账号注册

TikTok 支持用 Facebook、Google、Twitter 等社交媒体账号快捷注册。登录时,通过社交媒体账号授权即可,类似国内的微信快捷登录。但这种注册方法也有一些缺点:一是需要绑定手机号才能给 Follow 的用户发私信;二是如果你没有国外的社交媒体账号,就必须先注册第三方账户后才能注册 TikTok。

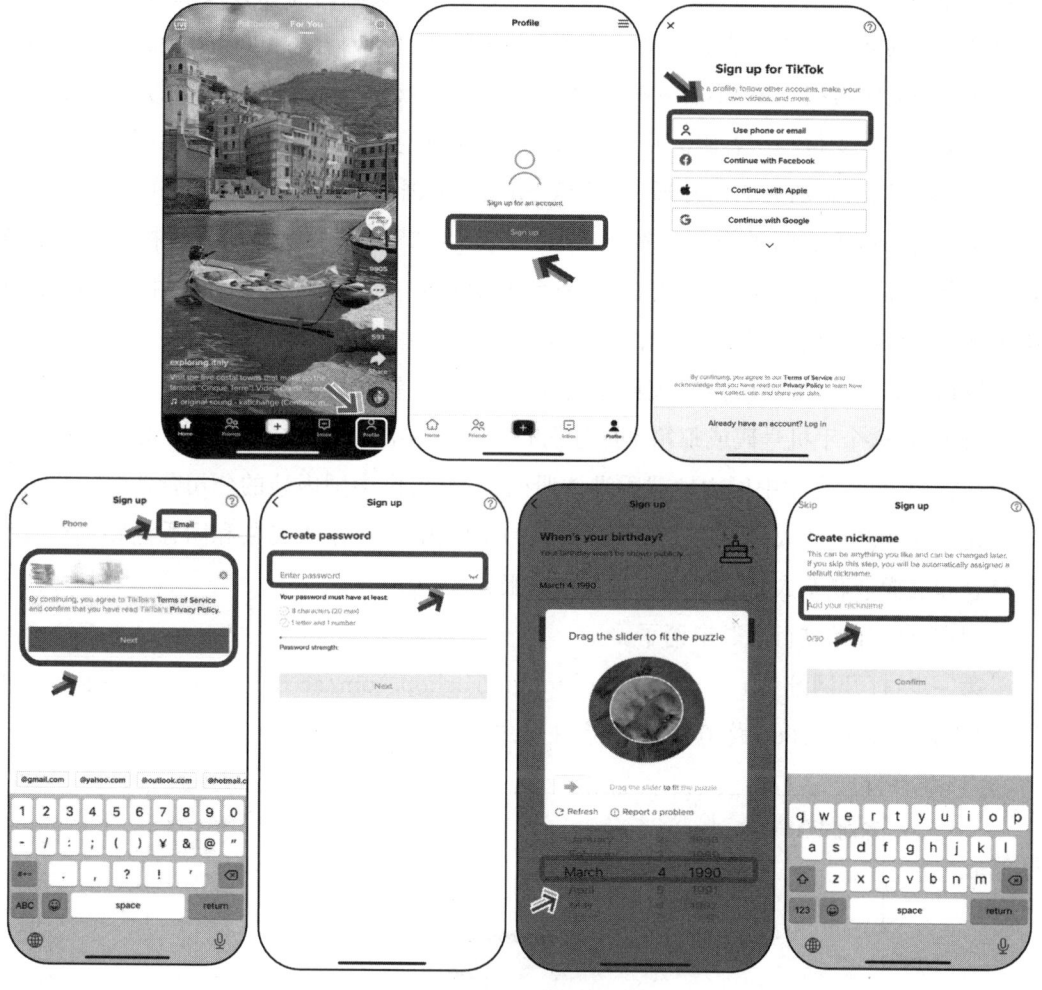

图 9—3　邮箱注册基本步骤

第二节　TikTok Shop 及直播开播

电商直播作为 TikTok Shop 电商内容矩阵的重要部分,与电商视频、品牌官号、商品橱窗一起驱动着 TikTok 跨境业务的新增长,并且以其更为多维、立体的呈现方式逐渐成为内容电商的重要战场。本章将介绍以 TikTok Shop 为载体开展的跨境直播。

一、TikTok Shop 概述及入驻

TikTok Shop 是基于 TikTok 的跨境电商业务,其功能类似于国内的抖音小店,以个

性化直播和短视频为载体,通过兴趣内容推荐功能帮助卖家的商品直接触达消费者,激发消费者潜在的购物兴趣。消费者看到感兴趣的视频或直播内容后,可以直接通过视频或直播上显示的购物链接下单,不需要跳转到站外,并在 TikTok 上完成一站式的闭环操作:浏览——下单——支付——客服。目前,TikTok 在美国、英国、印度尼西亚、泰国、越南、马来西亚、菲律宾以及新加坡均已开通 TikTok Shop。根据商家的销售需求,TikTok Shop 划分为跨境店和本土店两种类型。本土 TikTok 小店,其店铺主体必须为目标国本土的企业。而跨境 TikTok 小店,顾名思义对企业无属地要求,且支持中国企业入驻,为中国商家提供了一个可以直接将产品销售给 TikTok 用户的渠道。

申请入驻 TikTok Shop(以英国小店为例)之前先要准备以下资料:(1)一个手机号码或注册邮箱,这个手机号码或邮箱不能注册过其他 TikTok 账号或者 TikTok 小店;(2)一份营业执照,可以是在中国内地或香港注册的公司,提供中国内地的公司营业执照或者香港公司的证件;(3)法人身份证正反面照片;(4)中国内地/中华人民共和国香港特别行政区发货仓和退货仓联系人、手机号码(用于物流服务)。

现在可以开始进行入驻申请了。

第一步:打开网址 https://seller.tiktokglobalshop.com/account/register 注册。点击"注册成为 TikTok Shop 跨境卖家"开启注册之旅,如图 9—4 所示。

图 9—4 开启 TikTok Shop 注册之旅

第二步:填写手机号码、手机验证码、邮箱地址、邮箱验证码,设置密码,检查协议,最后点击"提交",如图 9—5 所示。

第九章　TikTok 平台直播实操

图 9－5　TikTok Shop 账号注册

第三步：选择希望开通的市场以及售卖国家，并选择公司主体所在地，如图 9－6 所示。公司主体所在地既可以是中国内地，也可以是中国香港。如果没有客户经理发的邀请码，也可以选择普通入驻，两者本质上没有差别。

图 9－6　选取 TikTok Shop 公司主体所在地

第四步：验证公司信息。上传营业执照，如实填写相关信息，如图9－7所示。

图9－7 填写注册公司信息

第五步：验证法人信息。上传身份证正反面照片，如实填写相关信息，如图9－8所示。

第六步：上传主要经营电商平台资料（英国卖家是可以跳过此步骤的）。

第七步：填写店铺信息。设置店铺名称，需要英文填写且全网唯一，并选择主营类目，如图9－9所示。

图 9—8　验证注册公司法人信息

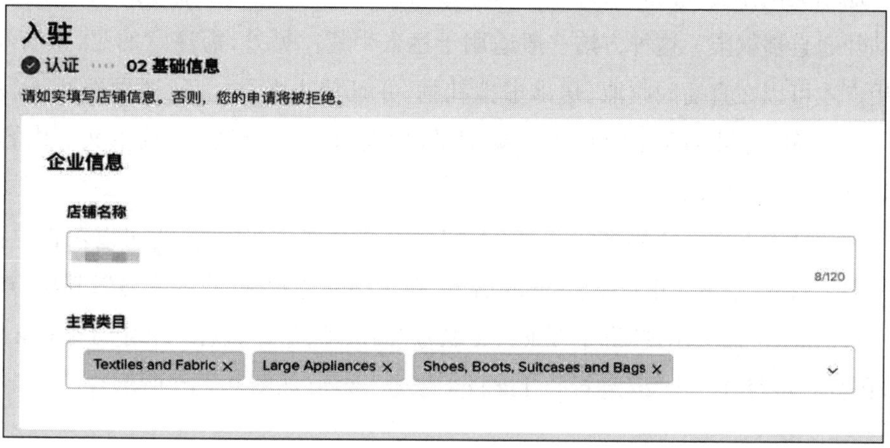

图 9—9　填写 TikTok Shop 店铺名称和主营类别

第八步：填写地址簿。设置发货仓库及联系人，支持设置中国内地（内地仓的手机号码对应区号＋86）/中国香港（香港仓的手机号码对应区号＋852），设置退货仓库及联系人。退货一般有三种选择：第一种，在英国有仓库的可以直接填英国仓库的地址；第二种，选择将产品退到TikTok的海外集中仓；第三种，仅退款，不需要客户退货。

至此，TikTok Shop入驻操作步骤结束，等待平台审核资质。审核结果将通过邮件告知，如果审核被拒绝，请查看邮件里的原因，修改后重新提交审核。一切顺利的话，将会来到缴纳保证金这一步，这也是入驻TikTok Shop的最后一步。完成充值缴纳后，卖家才能获取发布商品的权益，开始经营之旅。

二、开通TikTok直播权限

TikTok注册成功后，便可考虑开通店铺跨境直播功能。此时，需要先解决开通TikTok直播权限的问题。

要了解直播权限与电商权限的区别。电商权限是指TikTok账号主页有产品展示橱窗，但不一定有直播权限。只有短视频可以挂购物车，观众进入账号主页，通过橱窗可以看到里面的产品，并且可以购买。但有了直播权限也不一定可以在直播中挂购物车，即不一定拥有电商权限。因此，如果想在TikTok上做直播带货，就必须同时拥有直播权限和电商权限。

电商权限比较容易获取，如果绑定了TikTok Shop就可以直接获得电商权限，成为达人也可以获得电商权限。下面主要说明获取直播权限的两种方法。

第一种：任何TikTok账号，不管是英国的、东南亚的还是别的国家或地区的账号（某些国家或地区可能无法使用TikTok直播功能，例如，在中国香港地区，你需要确保你的账号符合当地相关法律法规的要求）。只要账号拥有1 000个粉丝，主播年龄满16周岁，系统就会自动开通直播权限。这种方法一般适用于达人带货。另外，需注意的是，只有年满18周岁的用户才可以在直播间收取、送出虚拟礼物，并且禁止索取礼品、诱导送礼，以及欺诈等行为。如果你在TikTok上有严重违规记录，如发布色情、暴力、恐怖主义等内容，可能会影响你开通直播功能的资格。

第二种：TikTok账号直接绑定TikTok Shop。即使是零粉账号，也可以获得电商权限和直播权限。首先，点开TikTok Shop的后台，在页面左边找到"我的账号"；其次，点击"我的账号"，点击后，下面会出现"绑定TikTok账号"的选项；最后，点击"绑定TikTok账号"，点击后，在右上角就有一个"绑定新的TikTok账号"选项（如图9—10所示）。

第九章　TikTok 平台直播实操

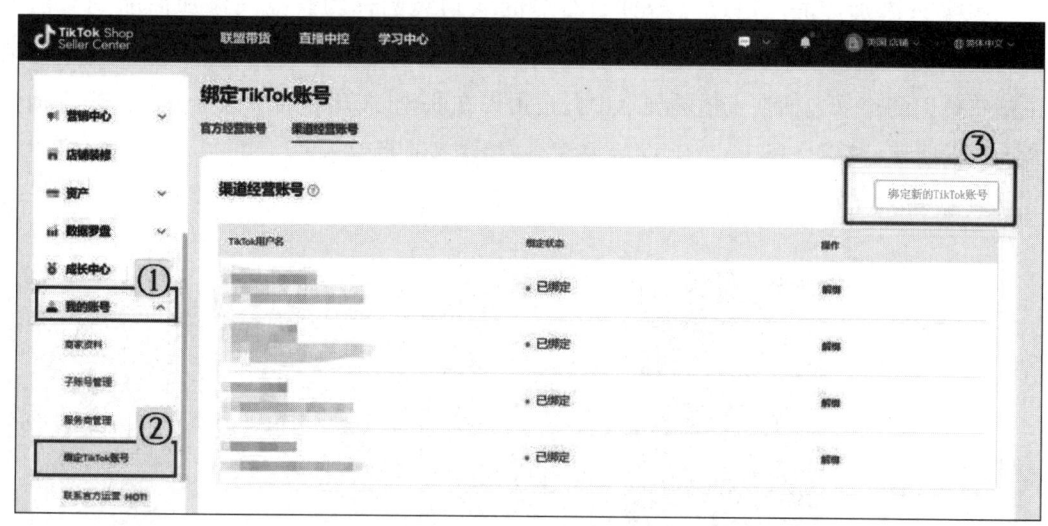

图 9－10　绑定 TikTok 账号操作页面

三、TikTok 手机直播操作步骤

TikTok 手机直播分为以下 4 个操作步骤：

步骤 1：单击屏幕底部的"＋"按钮，此时相机将以自拍视频模式打开。屏幕底部圆形录制按钮的上方需选择"video"选项，下方向右滑动至"LIVE"选项并点击它。需注意的是，如果没有看到"LIVE"按钮，可能是因为未达到 TikTok 给主播的规定条件。或者，当时 LIVE 功能使用人数过多，TikTok 限制了一次可以上线的人数。如果是这种情况，只需等待几分钟即可使用。如果还是未出现 LIVE 功能，就需要联系客服。

步骤 2：进入直播界面后，设置直播封面，封面需尽量选择符合产品特征或直播主题的图片，用来吸引用户。

设置好直播封面后，卖家可输入直播标题（最长 32 个字符），标题设置关键词需注意以下几个要素：第一，设置流行或者关键词 Hashtag；第二，和直播内容相关，如果直播卖美妆，但是标题却是 3C 产品，这种不相关的、具有欺骗性的标题，会引起用户的反感，不利于提升直播间人气；第三，可以使用表情符号、标点符号（感叹号等）；第四，突出直播特征，比如名人、美妆博主等；第五，建立群体标签，用一些关键词与特定的群体联系起来，比如男装专场；第六，巧用营销词汇，例如，专场、盛宴、福利、折扣、豪礼、狂欢、限量、限时、超强/值/低/划算等。

此外，还能为直播增加相关的话题、是否支持非营利机构运营等标签，以更好地为直播作推广。

185

步骤3：添加产品。通过点击页面右边的购物袋图标为直播间添加商品到自己的 Showcase。商品可以来自 TK 小店(TikTok Shop)、直接邀请(Direct Invite，卖家可以邀请主播将他们的产品包括在主播的展示中)，也可以在联盟(Affiliate)中添加商品。当主播介绍商品的时候，可以选择 Pin／Unpin 来置顶/撤消置顶商品。

点击"Go LIVE"，开启直播，如图 9—11 所示。

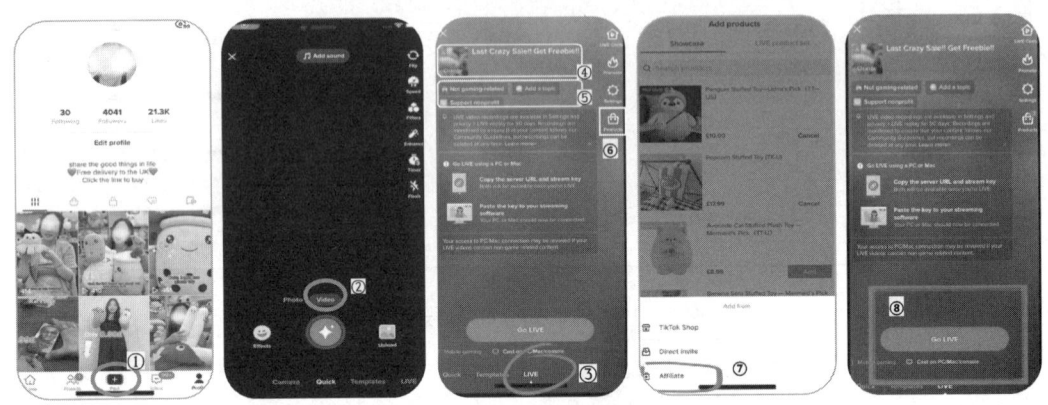

图 9—11　TikTok 手机开播基本步骤

另外，TikTok live 功能其实和国内抖音相似，也有镜头翻转、视频美颜、滤镜特效、视频特效、直播间分享、邀请共同直播、留言互动、禁言等设置，可以利用这些功能调整直播。

为了使直播能被更多消费者看到，TikTok 还有 Promote 功能，它是 TikTok 站内的付费广告工具，可用于推广直播间和短视频。针对直播，Promote 通过直播预览流的方式提高直播间的曝光度，用户可在刷短视频时看到直播间的预览卡片，一键点击即可进入直播间。和抖音一样，我们需要结合自己的商品，选择目标人群的年龄、性别。在创建了付费计划后，需等待 15～20 分钟的审核，所以要根据直播间的流量情况提前安排投放时间。我们可以参考历史直播间的分时段流量情况，判断流量一般在直播的哪个阶段开始下跌，可在该时段的前 15～20 分钟创建计划。

步骤4：直播结束后，点击关闭标志，确认结束直播即可。直播结束后，我们可以看到直播的数据统计，例如：直播间观看人数、新增粉丝数、打赏观众及累计获得打赏数（如图 9—12 所示）。

以上是卖家端手机界面与功能展示，此外，带货直播同样要知晓买家端直播界面功能及购买流程。

买家直播界面类似平时用户刷 TikTok 视频界面，屏幕下方会出现滚动评论，在最下方还有小黄车、留言区、鲜花、礼物以及分享等功能（见图 9—13）。用户进入直播界面，可以进行以下操作：(1)点击头像查看主播详细信息，还能够直接关注主播；(2)留言区能够互

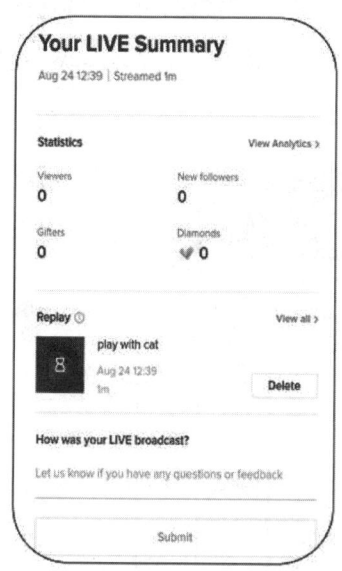

图 9—12 TikTok 直播结束总结界面

动;(3)点击 share,可以转发以及分享;(4)可用金币购买虚拟礼物打赏主播;(5)能够选择与主播进行连麦。

图 9—13 TikTok 买家端直播界面

买家如果对产品有意,可点击小黄车进入购买界面,购买界面会出现主播此次直播的产品列表,买家点击商品右下方的"Buy"按钮,可以看到更详细的订单信息。当用户确定购买之后,填写订单以及地址等详细信息,点击"Buy now",这笔订单就完成了(如图 9－14 所示)。

图 9－14　TikTok 直播购物

四、OBS 电脑端直播

OBS 是 Open Broadcaster Software 的简称,是一款免费且开源的用于视频录制以及视频实时交流的软件。这款软件可以帮助用户对直播画面进行优化,并可实现多场景设置,将图像、文本、浏览窗口、网络摄像头等通过自定义实现场景之间的无缝切换。基于其"免费"的定位,很多主播在直播时都会选择它。

首先,我们了解一个相关概念:推流。推流就是将直播的内容推送到我们服务器的一个过程。简单来讲就是将现场的音频、视频信号传输到网络的过程。而 OBS 就是一个视频采集的推流软件,它的作用就是采集语音、视频信号,并且推送到我们的媒体服务器。"推流直播"是一项功能,是指不用手机也可以进行直播,借助单反相机、摄像机、无人机等摄影设备在电脑上进行 OBS 直播。但推流直播跟流量并无关系,既不会影响平台流量分发,也不会给直播间带来更多流量,只是相较于用手机直播,推流直播能让直播变得更专业。

其次,介绍在 TikTok 上直播时 OBS 的两大场景。第一个场景是正常的实时直播。我们看到的大部分直播都是使用手机镜头或摄像头对着主播录制的。这种实时直播有三种背景形式:直播场景的实景、KT 板和绿幕。其中,用到 OBS 最多的是绿幕背景,因为它可以低成本地切换直播背景,比如虽然主播在直播间,但我们把背景切换到工厂。此时,需要提前录好工厂的背景音视频作为素材,然后通过 OBS 才能实现背景切换。另外,如果我们需要将电脑上的一些素材,比如标题、优惠、福利等信息进行投屏,同样也需要用 OBS 操作。第二个用到 OBS 的场景是 TikTok 无人直播或者录播,即获取推流码之后,通过 OBS 软件将录制好的视频素材(例如才艺表演、秀场直播等)直播出去,从而获取用户打赏。

综上所述,OBS 最主要的作用是将电脑中的视频内容推送到直播平台,并在直播平台中显示。用 OBS 进行 TikTok 直播,首先需要获取推流服务器的地址;其次,OBS 直接把画面通过推流服务器传给 TikTok 服务器;最后,TikTok 服务器再分发给观众。具体的步骤如下:

步骤 1:软件下载及安装。下载地址是 https://obsproject.com/。目前,OBS 支持 Windows、macOS 以及 Linux 系统,用户可以根据操作系统选择下载对应的安装包并安装(如图 9-15 所示)。

图 9-15　OBS 下载界面

下载成功后,打开 OBS 主界面,如图 9-16 所示,整个界面由中间的黑色大舞台和下面的许多控件组成。中间的黑色大舞台就是预览界面,用于预览我们将要录制的内容。主界面左下角依次是来源模块、场景模块、混音器模块、转场模块和控件模块,这些模块都是可以拖动出来悬浮,或者自定义调整其顺序的。以下是各个模块的简单介绍。

(1)画布:最中间的黑色大舞台,其中展示的就是直播录制的内容。

(2)场景:可以设置不同的场景用于切换,这样在录制时可以快速切换不同的画面,主要用于直播,比如主播切换广告页面和游戏界面,录制视频时一般不用。

(3)来源:最重要的模块,在这里我们可以选择想要录制的内容。

(4)混音器:录制声音的部分,包括桌面音频、媒体源和麦克风。桌面音频捕捉电脑发出来的声音。如果不想录制麦克风或者桌面音频的话,直接点击音量控制条右边的小喇叭,直接设置静音即可。需要注意的是,Mac端没有自带的桌面音频,需要安装一个虚拟声卡Soundflower捕获电脑内的声音。

(5)转场特效:用于切换场景时过渡,这样使切换显得更自然更好看。

(6)控制按钮:负责操控开始录制、结束录制及其他复杂功能。

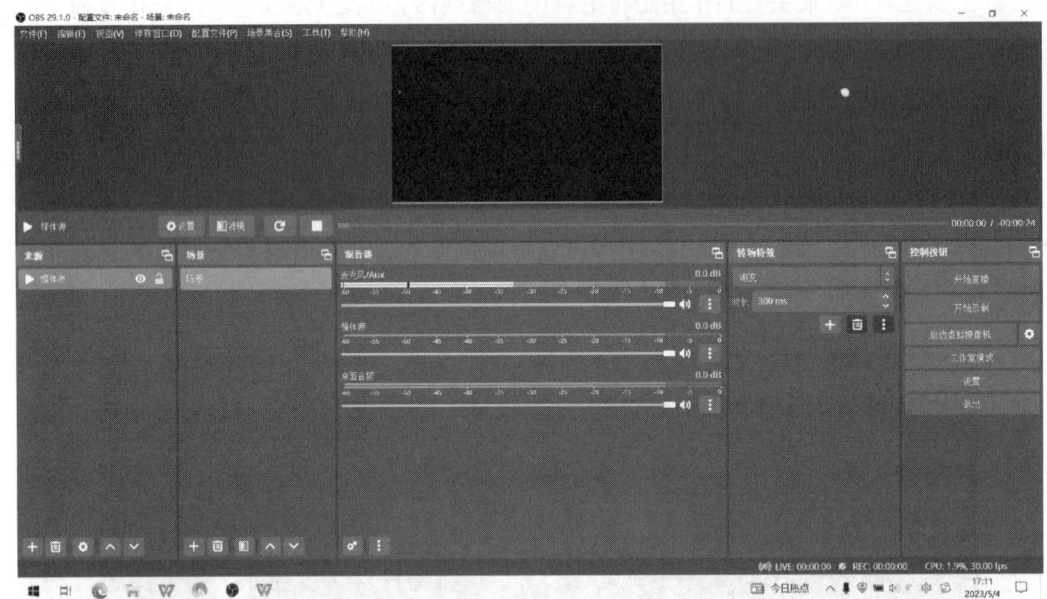

图9—16　OBS主界面

步骤2:选择内容来源。无论内容是视频、图片还是音频,点击左下角的加号就可以选择(如图9—17所示)。如果我们添加的内容是图片就选择"图像",如果是本地视频就选择"媒体源"。要添加的内容选完后点击确定,在弹出的对话框中点击"浏览"按钮,添加所需要的本地视频即可。如果在直播时需要添加摄像头,就选择"视频采集设备",在设备栏有可供选择的设备列表,包括电脑自带的摄像头、相机等,选择需要添加的设备,点击确定内容的来源即可。

步骤3:获取推流服务器的地址(Server URL)和密钥(Stream key)。获取之前,要确保自己的TikTok账号拥有OBS权限(基本申请条件是:单场直播时长不少于1小时;直播间布景、画风优质,让消费者有购买欲;直播内容合规,不打擦边球;申请OBS的TikTok账号近30天没有违规记录);如果没有,需要跟平台的工作人员联系,看能否开通。开通权限后,手机打开开播画面,就会出现推流服务器地址和密钥,复制即可(如图9—18所示)。我们也可在网页端打开TikTok,电脑操作更方便。

获取推流服务器地址和推流密钥后,只需要把它们填入OBS就可以了。在OBS软件的右下角先点击"设置",然后点击"直播",就会出现推流服务器地址和密钥的填写项,最后

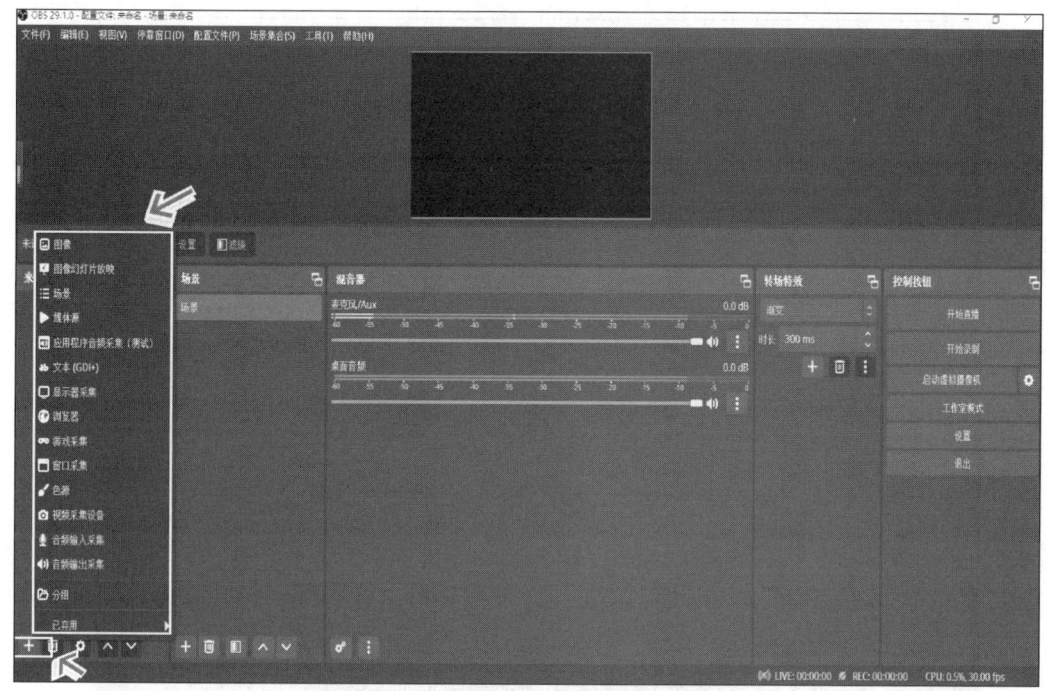

图 9—17　在 OBS 软件里添加图片和视频

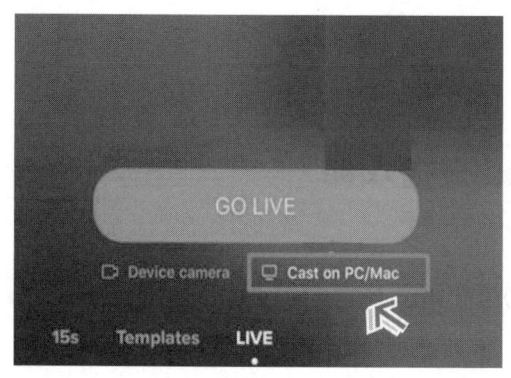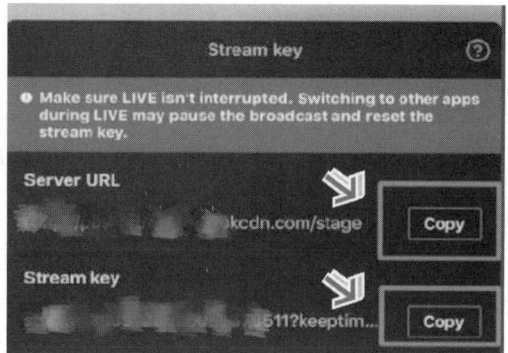

图 9—18　有 OBS 权限的账号可以看到推流服务器地址和密钥

填写刚才复制的地址和密钥即可,"服务"选项可选择"自定义"(如图 9—19 所示)。

步骤 4:开始推流。返回主页界面,点击"开始直播"即可。开播时若提示有问题,可以检查服务器地址串,试着将开头的字符串"rtmps"删除,看看是否可行。如果还不行,再将后面的字符串":443"删除,这两项操作完成后就可以了。开始推流后,检查页面右下角的小方块是不是绿色的,绿色代表 OBS 在正常工作。还需强调的是,TikTok 平台直播对网络带宽是有要求的。如果用罗技 1000E 摄像头,上行速度及上行带宽最好达到 6 兆;如果

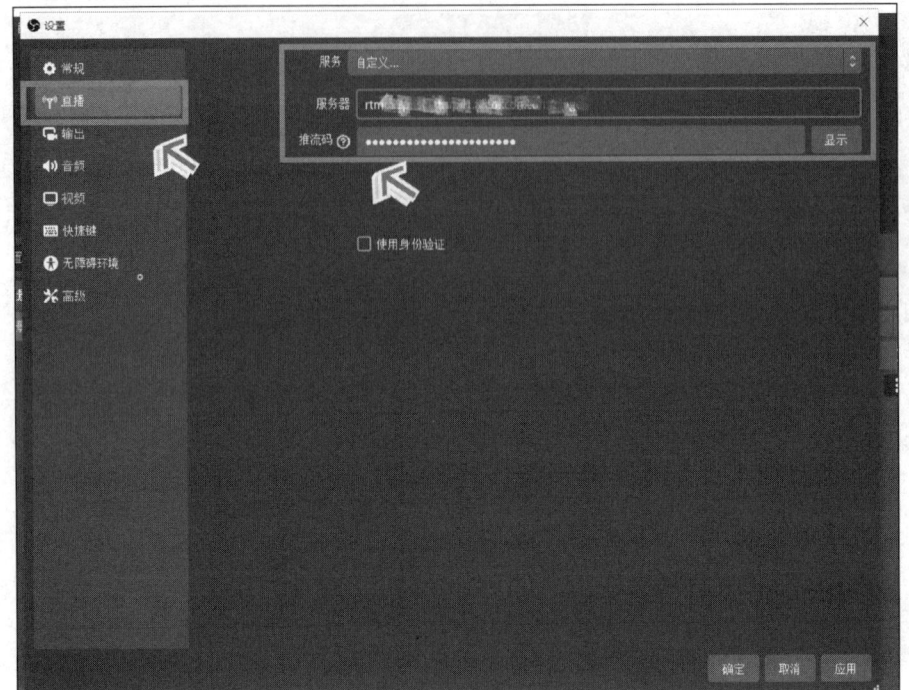

图 9—19　在 OBS 里填写推流服务器地址和密钥

用高清相机,则至少要达到 10 兆。

第三节　TikTok 直播攻略

越来越多的卖家加入 TikTok 直播带货,为店铺引流,降低运营成本。如何让 TikTok 直播效果更好?直播有哪些注意事项?以下的一些攻略可供参考。

一、TikTok 直播间的引流

一个新账号前期是没有任何流量的,那么流量从哪里来?怎样启动 TikTok 直播间?此时,我们需要考虑的是 TikTok 直播间冷启动的方法。冷启动的方法有以下三种:

第一种是看内容。内容有非常出彩的地方,比如主播非常优秀、漂亮,或者口语能力特别强,甚至会说脱口秀等。这样的主播是有内容的,但也很难找到。如果把重点放在主播身上,直播间冷启动会很难。其实,更容易做到的是卖自带内容的 IP 款产品。如果直播间卖 iPhone,这样的产品肯定是自带流量的,而且产品本身就是硬通货。然而,并不是所有

IP 款都适合摆在你的直播间,选的 IP 款要符合直播间的目标人群标签。

第二种是用低价产品来引流,所以这种产品也称引流款。用引流款来启动直播间是国内常用的一种玩法,用在 TikTok 直播间也没问题。

产品价格越低,顾客购买障碍越小,买的人越多。引流款除了为直播间引来流量外,还可以提高成交数据。这样直播间的权重也会增加,平台会为直播间推荐更多同属性的流量,这就让直播间进入了一个正循环。同时,引流款还可以为后面的主推款奠定转化基础,因为买过引流款的客户之后买主推款的概率更高。同样的,引流款的标签属性也要契合主推款或直播间标签属性。比如,直播间如果卖美妆,就可以用成本一两元的面膜来作引流款。

第三种是拉时长。从平台的角度考虑,平台现在整体缺的是内容,特别是优质的直播内容,所以平台会鼓励多开播,让内容丰富起来,也会将更多的流量推荐给优质且直播时间长的直播间。因此,我们要迎合平台的算法,尽量多播,播的时间尽量长一些。当然,我们要在主播状态和数据指标良好的前提下拉时长。

直播新号可以采用上述方法尝试冷启动。运营 TikTok 直播间后,我们还可以从 TikTok 三类流量层面着手,以达到引流的目的。

(一)自然流量层面

TikTok 自然流量拥有六大入口,分别是"For You"、"Following"、"Top Lives"、"Messages"、账号主页和搜索关键词。

(1)For You:For You 主页的视频推荐可以直接将商品展示给精准用户,发布直播导流短视频以吸引用户注意。

(2)Following:Following 关注页可以命中已关注账号的用户。已关注用户打开此页面,可以优先收到账号的动态信息,从而提高用户进入直播间的概率。

(3)Top Lives:点击左上角直播页即可看到平台推荐的直播间。如果能在短时间内快速吸引关注,就可以大大提高直播间的用户留存度。

(4)Messages:当已关注的账号开播时,用户会收到账号开播的站内信息,及时将直播信息传递给关注用户。

(5)账号主页:账号直播期间,头像周边会显示粉色呼吸灯以吸引用户注意。

(6)搜索关键词:如果搜索的账号正在直播,这个账号的头像周围会打上 LIVE 标识,方便用户了解卖家开播状态。

由这些入口导入的自然流量,很有可能转化为预热短视频的流量,从而为直播间引流。卖家可以进一步丰富短视频内容,如果有用户刷到,就能看到正在直播的标识。通过短视频进入直播间的流量占比为 60%,短视频是抓取自然流量最多的一种方式。

（二）付费流量层面

卖家对直播间或者直播预热视频进行 Promote 投放，能在短时间内增加直播间流量，提高下单、互动概率，让直播间更容易成为优质直播间而被平台推荐。

（三）私域流量层面

私域流量主要来自以下两方面：

(1)站内私域流量。在直播开始前可以发布预热短视频，吸引已关注的粉丝进入直播间；也可以用 EMD 邮件通知下过单的用户，如果其感兴趣，会再进来观看。

(2)站外私域流量。在直播开始前可以将直播预告分享到 Instagram、Facebook 等社交平台。在直播中，主播也可以引导消费者在其他社交媒体分享直播间链接。

以上做法都可以为 TikTok 直播间引流。

二、TikTok 上的黄金直播时段

国内商家通过 TikTok 出海，在直播运营时，需要考虑开播的发布时间和时差，让直播获得更多的关注和流量。出海不同的国家所面临的时差不同，比如，中国与印度相差 2.5 个小时，与英国相差 7 小时，与美国相差 13 个小时左右。

一般来说，英国最佳直播时间为中国时间凌晨 0 点到上午 8 点，其次是中国时间的 16:00—21:00。因为美国时区跨度非常大，所以对美国市场进行直播，时间段选择会更多。从以往的成交数据来看，美国订单量爆发的时段是中国时间 0:00—12:00。东南亚国家与中国几乎无时差，可按黄金时间段直播，即北京时间 20:00—24:00 与 11:00—14:00。

三、TikTok 直播间节奏选择

直播间的节奏非常重要，好的节奏能带动观众的情绪升级转化，最终决定直播间的转化量。直播间节奏由直播脚本决定，在实施的过程中，主播起着关键的作用。如果有专门的场控人员参与，则效果会更好。

情绪的带动催化是需要一定数量的人参与的。因此，当直播间人数少、热度不足时，未必要按照脚本走。比如同时在线人数少于 30 人，互动也比较少时，主播要做的就是刺激观众互动，提升直播间热度，吸引更多的观众留在直播间。可以适当地顺应观众的一些要求，增强观众的参与感，比如让观众以点单的形式在评论区说出其感兴趣的产品，主播则有针对性地展示产品，即使刚刚介绍过该产品，在直播间人数比较少的情况下，也可以满足观众的要求再展示一遍。

如果人数足够，热度也有了，屏幕上在疯狂刷屏，互动也很多，此时就可以按脚本走，切换到脚本所确定的节奏中。主播要主动切换，在切换的过程中，有些观众仍会提出一些要

求,此时要以其他理由回绝,比如时间不够等。要让观众跟着主播的节奏,而不是被观众打乱节奏。如果节奏被打乱,直播间从引流到介绍产品,再到最后销售的整个流程都会被打乱,导致转化量大大下降。

四、TikTok 直播注意事项及状况处理

TikTok 直播间有以下几个需要规避的问题:

第一,主播在英文直播间千万不能说中文。即使是少量的中文句子或词汇,也可能被打上英文不流利的标签。这种标签可能会导致被限流。

第二,主播不能长时间不说话,时长一般是三秒。如果主播有三秒以上没有说话,直播间就会处于静默期。平常我们不觉得三秒有多长,但在直播的氛围下,如果三秒没说话,氛围就会立刻冷却。除此以外,在直播间,主播还要时常和观众互动,很多新人主播过分关注产品介绍,而互动性低,直播间的流失率也会特别高。

第三,不要引流到站外。TikTok 平台对引流到站外的管控非常严格。有些卖家没办法把一些产品上架到小店或小黄车,就想引流到自己的独立站,这就属于引流到 TikTok 平台之外。TikTok 平台很忌讳将流量从直播间引到站外。如果经常往站外引流,处罚轻的可能是给一个警示,提示你违规了;处罚严重的,可能直接让直播间断播,或者下架直播间的所有产品;处罚再严重点可能直接封号或者后台直接限流。

第四,千万不要卖侵权产品。TikTok 平台对侵权产品的管制非常严格,打擦边球、仿牌的产品都不要卖。国外的电商环境或网络环境对侵权产品的管制都很严格。

第五,不能让直播时长过短。如果你关注过国内大 V 们的直播就会知道,他们基本上每天都会直播至少 2 小时。在 TikTok 上做直播也是如此。保证直播频率和时间是提升直播权重的重要操作。如果长时间不直播或者直播时间太短,系统会认为你的直播间效果差,从而限制你的直播流量。

另外,当观众形成了在某一个固定的时间去看你的直播的习惯,而你却没有直播或者改了直播时间,往往会导致粉丝无法如期观看直播,造成粉丝流失的情况。因此,要尽量保证直播时长和规律。

第六,千万不要在直播时使用不当内容。直播时,需要避免谈及暴力、裸露、使用不恰当的词语等违禁操作。开播准备阶段,一定要花时间阅读 TikTok 的社区指南,并确保严格遵循平台规则。简而言之,你要尽量避免涉及政治、亵渎、任何冒犯人的话题。

下面介绍一些在直播间出现状况时的处理技巧。

(1)当直播间出现负面评论时的处理技巧。观众在直播间发表负面评论甚至刻意恶评,比如说某某是骗子或某某东西不好,此时我们可以直接正面回应。比如,"我们直播间

童叟无欺！""不是骗子！""很多客户在我们这里买了东西并且都已经收到了！""我们的东西很多人都很喜欢！"等。直播间里也有其他粉丝，可以引导直播间的忠粉、正面的粉丝帮着回应。如果正面回应无效，对方显然就是无理取闹，那就由运营人员直接将其禁言。

（2）当直播间遇到客户投诉时的处理技巧。在服务过程中会出现一些问题，比如客户没有收到产品、发错产品、发少产品等。如果客户在直播间说的是诸如此类的问题，我们要引导他去给客服留言，不要在直播间讨论此类问题。不管什么问题总会给人留下不好的印象，我们可以用真诚的态度说"我们的客服一定能帮你解决"之类的话，引导客户与后台的客服沟通。

（3）直播时翻车或出错的处理技巧。比如在直播间打包的时候，客户要粉色的，你不小心打包了蓝色的，这时客户就会说"我是要粉色的，你装错了"，甚至还会有其他观众帮着说"他要的是粉色不是蓝色，你搞错了"之类的话。或者出现弄错价格、发少产品、送少赠品等问题时，我们要真诚地跟观众表达歉意，这样做还能拉近与观众的距离。事实上，因出错翻车跟观众道歉也是一种互动。只要问题与产品质量无关，或无关声誉和信任就没关系。

【本章总结】

TikTok是字节跳动旗下的短视频社交平台，于2017年5月上线，2019年推出TikTok直播功能。虽然一些TikTok用户纯粹是为了娱乐而使用它，但也有些用户利用它来建立个人品牌，甚至开启了他们的跨境电商之旅。如果想用好这款应用，我们还需先了解其最基础的实操程序和经验。

在TikTok上开播带货，首先必须搭建网络并下载TikTok应用程序，同时注册一个属于自己的账户。一般情况下，我们可以通过邮箱、手机号码和社交媒体账号三种方式注册账号。邮箱注册因其手续方便、邮箱地址容易获取和自行注册或购买的成本较低，成为推荐新手尝试的注册方式。

通常情况下，TikTok账号只要拥有1 000粉丝量，主播年龄满16周岁，系统就会为其自动开通直播权限。此外，TikTok账号直接绑定TikTok Shop，即使是零粉账号也可以获得电商权限和直播权限。TikTok Shop是基于TikTok的跨境电商业务，其功能类似于国内的抖音小店。而电商直播作为TikTok Shop电商内容矩阵的重要部分，积极地驱动着TikTok跨境业务的新增长。因此，在TikTok上做直播，申请开通TikTok Shop也是很多人的选择。

有了直播权限，在手机端就可以方便地开启TikTok直播带货，其具体的开播流程以及操作方式和国内抖音开播方式相似。为了增加直播的稳定性和流畅度，进行直播中多场景切换、优化直播画面，我们通常还会采用OBS在电脑端推流开播。需注意的是,OBS 不属于直播标配工具,但因其操作简单、功能强大、免费开源、无需安装额外插件等优点,被很多主播采用。

在 TikTok 上进行直播变现是一种常见的方式,很多人毫不犹豫地加入,但如果没有掌握相关技巧,没有熟悉玩法,就会以失败告终。为了玩转 TikTok 直播,我们还需要了解一些攻略。

【课后思考】

1. 为什么 TikTok 会成为跨境电商风口?
2. 尝试注册一个 TikTok 账号并发布视频。
3. 观看几场 TikTok 直播,谈谈 TikTok 直播的注意事项。

第十章

亚马逊平台直播实操

·亚马逊直播资格及类型

·亚马逊直播创建

·亚马逊直播小技巧及禁忌

·亚马逊直播实操补充问答

学习目标

1. 了解在亚马逊平台做直播的资格以及不同类型的亚马逊直播。
2. 掌握亚马逊直播的创建流程与具体方法。
3. 熟悉亚马逊直播的技巧及禁忌。
4. 了解亚马逊直播实操过程中常见的问题及其解答。

本章简介

随着互联网时代的快速发展,电商平台如雨后春笋般涌现,流量自然而然地成为了各大电商平台竞争的焦点。当流量红利开始见顶,平台如果需要发展并留住用户,就必须不断地探索新的流量获客玩法。"直播+电商"这一运营模式,已然成为当下最为广泛采用的营销手段之一。近年来,国内直播行业的增长速度有目共睹,中国零售市场中的直播带货潮更是领先于世界其他市场。面对站内流量转化日益艰难的现状,以及众多电商平台纷纷加码直播领域的趋势,亚马逊也期望能够借助网红经济与社交媒体营销的强劲爆发力,收割一波直播红利。

亚马逊在2019年初正式推出了直播板块——Amazon Live,它是一个具有高度互动性的平台。在Amazon Live上,卖家可以通过网络直播的形式,结合品牌内容,向消费者展示正在销售的产品,并演示其使用方法。平台的实时聊天功能使得买卖双方能够实时沟通,快速解决疑问,同时,在直播页面下方则直接显示了产品的购买链接,便于观众一键点击购买。虽然亚马逊直播起步晚,其生态体系尚不及国内直播市场成熟,且许多国内卖家也并不了解亚马逊直播的情况,但亚马逊的统计数据却揭示了其巨大的潜力:在亚马逊平台上观看视频的客户转化为实际购买者的比例是非观看客户的3.6倍。此外,2021年亚马逊Prime会员日期间,顾客通过实时聊天与名人、网络红人和创作者积极互动的次数超过10万次,这充分说明了购物者对视频内容的浓厚兴趣以及亚马逊直播向好的发展趋势。因此,越来越多的商家开始尝试亚马逊直播。那么,亚马逊直播有哪些基本要求?如何在亚马逊创建直播?如何在平台上更有效地开展直播活动?对此我们需要有基础性了解。

第一节 亚马逊直播资格及类型

亚马逊直播是一项通过实时视频直播与用户互动的功能，卖家可以借助直播来展示和推广他们的产品。要想在亚马逊上成功进行直播，首先需要满足一定的资格条件，以获取有效的卖家账号。其次，根据目标需求，选择相应的直播类型，实现更为精准的直播带货引流。

一、亚马逊直播资格

目前可以通过 Amazon Live 直播的群体分为以下三类：

（一）亚马逊 VC 卖家

亚马逊 VC 卖家是指 Amazon Vendors，是亚马逊公司重量级的供应商，一般业内喜欢称其为 VC。登录亚马逊 VC 账号，页面左上角会显示"Vendor Central"标识。亚马逊上的所有自营商品几乎都来自于本平台供应商。VC 账号是邀请制的，即只有亚马逊看中了你的产品，你才有可能被邀请注册，这说明 VC 账号的稀缺性和价值。当你使用亚马逊 VC 账户销售时，你可以充当供应商，向亚马逊批量销售。换句话说，你直接向亚马逊销售而不是向消费者销售。同样地，VC 卖家在亚马逊上出售的商品通常包含这样的描述："sold by Amazon"。

如果你是 VC 卖家并且开通了亚马逊店铺，可通过 Amazon Live 直播店铺内的产品。你的直播有机会出现在店铺首页和产品详情页面，甚至出现在 Amazon Live 首页。这有助于提升产品流量转化率，同时可以有效防止竞争对手通过广告等手段抢夺流量，甚至削弱竞争对手在你的产品详情页投放 SB（Sponsored Brands，品牌销售）、DSP（Demand Side Platform，需求方平台）等广告的影响。

（二）亚马逊专业品牌卖家

亚马逊专业品牌卖家是指拥有亚马逊 SC（Seller Central）账号的卖家，这是亚马逊上最普遍的卖家类型。登录亚马逊 SC 账号，页面左上角将显示 Seller Central 标识，SC 账号具备作为亚马逊平台的第三方卖家需要的基本权限。

（三）亚马逊影响者

亚马逊影响者（Amazon Influencer），即亚马逊红人，被定义为"任何拥有有意义的社交媒体追随者的人"。但是定义并没有给出"有意义"的具体含义，也没有提供追随者的最低数量标准。一般情况下，要成为亚马逊影响者，你需要在 YouTube、Instagram、Facebook、抖音等社交平台上拥有一个活跃账户，并注册亚马逊影响者计划，亚马逊需要根据你的关注者数量和每篇原创帖子的参与率来评定成为亚马逊影响者的资格。

如果你是一名亚马逊红人，就可以通过 Amazon Live 直播亚马逊上任何允许直播的产品，一旦通过直播成交的订单符合亚马逊的归因条件，作为影响者的你就将获得亚马逊给予你的佣金。你的直播也可以出现在 Amazon Live 首页，直播产品详情页面，直播产品竞品产品详情页面，以及你的影响者账户首页。如果做 Deal 专场直播（站内限时秒杀直播），还可能出现在 Deal 首页。

二、亚马逊直播类型

亚马逊直播通常有三种类型：亚马逊官方直播（Amazon Hosts）、亚马逊店铺直播（Brands）以及亚马逊红人直播（Amazon Influencers）。

（一）亚马逊官方直播

亚马逊官方直播是由亚马逊专属制作团队和直播工作室制作的直播栏目和内容，包括亚马逊固有栏目直播以及亚马逊主播主持的品牌赞助直播。官方直播通过亚马逊的直播主持人向顾客推广亚马逊上品牌旗舰店中的产品。亚马逊上流量最好的直播位置通常都是由亚马逊官方掌控。如果卖家使用亚马逊官方制作的直播，至少需要支付 35 000 美元，付出高费用的同时能带来大流量，这比较适合品牌实力强，或者想要快速打造品牌的卖家。卖家一般可以通过联系亚马逊广告经理，锁定坑位。

（二）亚马逊店铺直播

SC 账号卖家和 VC 卖家做的直播都属于店铺直播，他们都是在自己的账户里做直播，而且只能直播自己店铺里的产品。通过店铺直播，卖家可以生动展示店铺在售产品的功能、特点、使用场景，同时实时解答买家的疑问。这样的直播为买家提供了更好的沟通体验，进而提升店铺产品流量的转化率和销量。随着销量的增加，产品权重逐渐提升，从而获得更好的产品排名，进而吸引更多自然流量和订单。诸如 Ecoflow、Bedsure、Govee、Anker、eufy、SHOKZ、UGREEN、Casetify、Logitech 等知名品牌，都通过自己的直播间直播。

店铺直播适合所有精品卖家。精品卖家们如果自己有条件开展店铺直播，建议一直坚持下去，因为店铺直播的效果是个循序渐进的过程，需要慢慢地把直播账号养起来。但是，如果与第三方机构合作，比如 Wahool，则建议店铺积累一定流量后再做，或者在旺季做，这样效果更好，并且投资回报更高。

亚马逊店铺直播界面如图 10—1 所示。

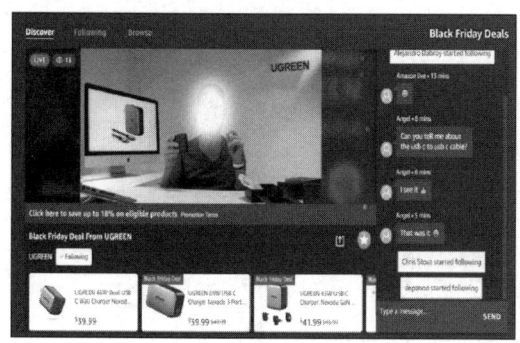 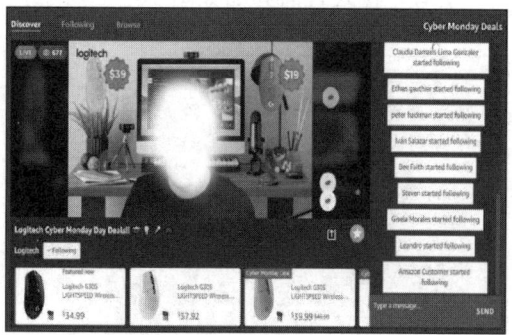

图 10—1　UGREEN 和 Logitech 品牌的亚马逊店铺直播

（三）亚马逊红人直播

亚马逊红人直播是指亚马逊红人（如训练有素的电视主持人、一线主播、社交媒体红人等）在自己账户通过 Amazon Live 帮助多个卖家或品牌带货，通过直播的方式实时解答买家疑惑，生动展示在售产品功能、特点、使用场景等的一类直播形式。随着直播时长以及粉丝数量的增长，亚马逊影响者等级可以从"Rising Star"上升到"Insider"，再上升到"A-List"。而随着等级逐渐升高，直播能够解锁的功能就越多，包括在亚马逊上直播的额外展示位置。此外，红人直播可以分为日常影响者直播和 Deal 影响者直播，而只有"A-List"影响者才可以针对正在做 Deal 的产品开启"Deal 直播"。因此，我们可以将 Deal 影响者理解为亚马逊头部主播，类似李佳琦、sisy 莉贝琳、罗永浩等在点淘的地位和影响力。

亚马逊红人的等级划分如下：

（1）Rising Star——初级红人：如果你有 Facebook、Instagram、YouTube 等账户并且有一定的粉丝量，即可申请成为亚马逊红人，通过亚马逊审核即为初级红人。初级红人直播可以自动出现在相关产品类别行和"立即直播"行中的 Amazon Live 网站品牌产品的详细信息页面。

（2）Insider——中级达人：初级红人必须在 30 天内直播至少 90 分钟才能申请成为中级达人，一旦亚马逊通过申请，即成为中级达人。中级达人直播可以自动出现在所有初级达人展示位置和 Amazon Live 网站页面顶部位置。

（3）A-List——高级达人：中级达人申请升级成为高级达人，必须在 30 天内直播 1 000 分钟，获得 5 000 个销售量，或在 30 天内销售 100 个单位，亚马逊通过审核即成为高级达人。高级达人具有特殊访问 Amazon Live 活动的机会，并且获得 Amazon Live Creator 团队的优先支持，其达人直播可以自动出现在所有初级达人和中级达人的展示位置。同时，Deal 的直播也只能由"A-list"主播及高级达人操作。

亚马逊红人直播界面如图 10—2 所示。

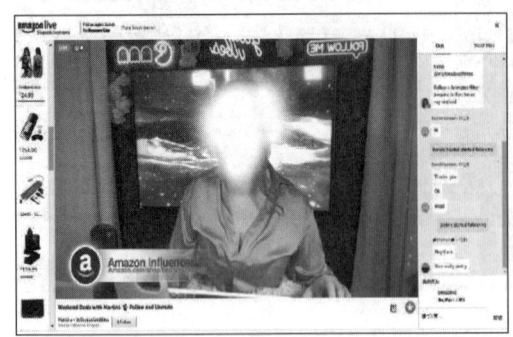 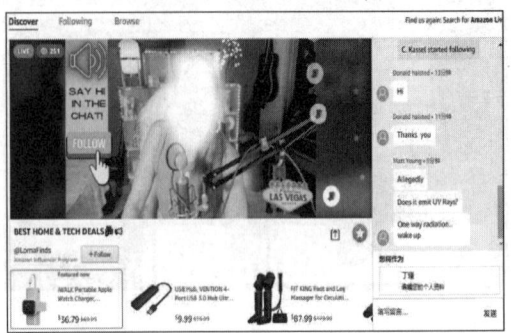

图 10—2　亚马逊红人直播

第二节　亚马逊直播创建

具备了亚马逊直播资格后，我们就需要考虑如何来创建亚马逊直播。在申请亚马逊直播前，卖家需要先登录 Amazon Live Creator App，绑定个人账户信息，然后登录到 Amazon Seller Central 创建直播，具体操作可以参考以下说明。

一、登录 Amazon Live Creator App

步骤 1：在 iOS 设备上下载 Amazon Live Creator 应用程序。Creator 应用目前仅支持 iPhone 手机并进行更新优化。Amazon Live Creator 也可以在 iPad 上使用，但无法获得最佳使用体验。需注意的是，该应用暂不适用于安卓设备。Amazon Live Creator 应用下载界面如图 10—3 所示。

步骤 2：登录页面上有 3 种登录方式：Seller(Seller Central)、Vendor(Advertising Console)、Amazon Influencer Program。如果你是一般的卖家，直接选择第一个选项 Seller(Seller Central)登录。这里需要输入你作为卖家的中央账户用户名和密码，以便平台连接到你的账户并确切了解哪些产品与你的品牌相关。此外，为安全起见，最好用一部全新的手机，选择最新版本，这样手机硬件性能会更好。最后需注意，Amazon Live Creator 目前只适用于已完成亚马逊品牌注册并在 Amazon.com 上销售商品的专业亚马逊卖家，因此，务必使用卖家后台或者品牌注册登录信息登录 Amazon Live Creator。Amazon Live Creator 登录界面如图 10—4 所示。

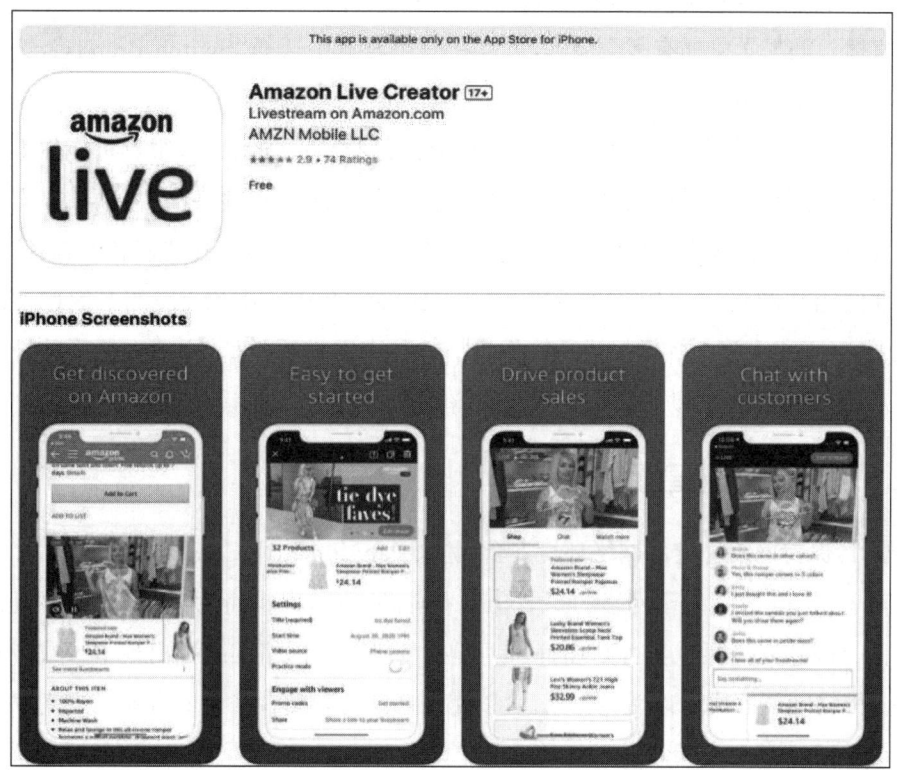

图 10－3　Amazon Live Creator 应用下载界面

图 10－4　Amazon Live Creator 登录界面

步骤3:首次登录时,系统会让卖家选择已在亚马逊平台完成"品牌注册"的一个品牌来创建直播。如果卖家拥有多个品牌,可以在应用设置中选择"Switch Brands",这样在直播中就可以实现多品牌切换。

但需要注意的是,如果你没有在亚马逊平台找到要直播的品牌,很有可能你不是该品牌的"权利所有者",此时就要更新品牌注册信息。你可登录"品牌注册"界面或在卖家后台中联系卖家支持来完成进一步的品牌注册。另外,在"品牌注册"中以"权利所有者"身份与品牌关联的用户都可以代表你的品牌登录 Amazon Live Creator 应用。因此,Amazon Live Creator 上也允许多人登录进行协作直播。与淘宝直播类似,主播在镜头前推荐产品吸引观众,旁边有助理协助主播回复聊天或备好直播产品、切换镜头等。

二、创建亚马逊直播

步骤1:保持网络稳定和网络环境安全,登录 Amazon Live Creator 客户端。通过 Amazon Live Creator 直播对于网络的要求会比平时高一些,以支持通过 iPhone 手机拍摄和播放视频,且网络必须稳定,否则在直播过程中可能因为网络问题而出现卡顿或者直播直接暂停。网络问题解决了以后,卖家就可以使用自己的影响者账户或者亚马逊卖家账户登录 Amazon Live Creator 客户端,并通过选择页面底端"+"按键创建直播,然后设置直播封面(一般情况下,直播封面的缩略图比例最好是 16∶9,像素 1 240×720)。此外,"+"按键旁边还有一个"More"选项按钮,用来更改频道设置,关联卖家账号,阅读直播提示等。亚马逊直播创建界面如图 10-5 所示。

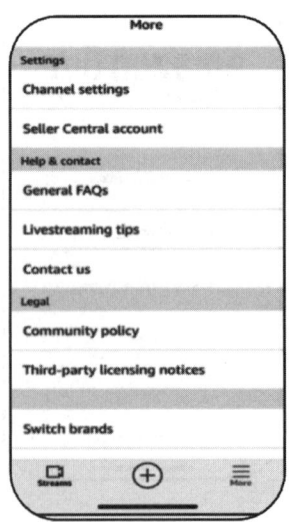

图 10-5 亚马逊直播创建界面

步骤2：进行直播练习。如果是初次直播较为生疏，需要在开播前演练，那么可以选择运行练习模式（Practice mode），此时，亚马逊会提供一个链接，这样你就可以在一个私人频道页面上进行直播测试。当启用练习模式时，私人直播将仅在特定的练习模式页面上显示，不会上传到 Amazon Live 上，只有自己可以看到该页面的链接，但也允许分享链接给朋友来观看。直播练习模式创建界面如图 10－6 所示。

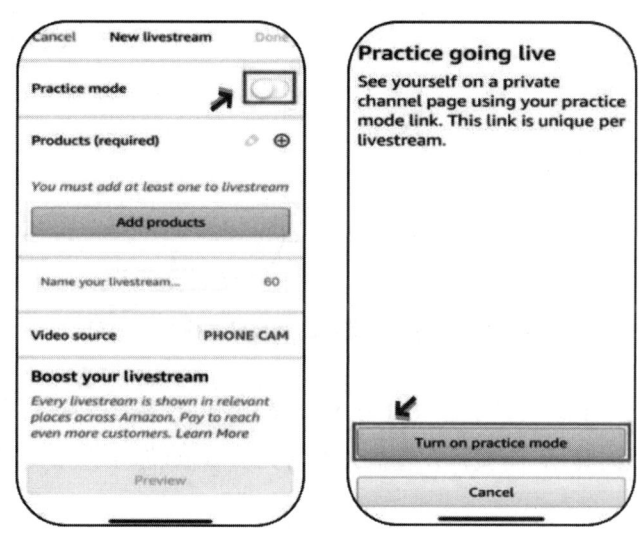

图 10－6　亚马逊直播练习模式创建界面

步骤3：添加要直播的产品，并设置直播主题（如图 10－7 所示）。直播时选定的产品会出现在直播窗口下方，这些产品也是主播在直播过程中要讲解的产品。选择好产品后，记得给直播间命名。我们可以根据直播的产品来命名，比如"3C 专场"；也可以根据促销节日来命名，比如"圣诞专场"；还可以根据直播产品的促销活动来命名，比如"Deal 专场"等。确切的直播主题一目了然，能告知受众该场直播的主要内容，服务的主要顾客群体类别等信息，例如 USA HOME DECOR ONLY，这个名称强调了直播主要是介绍美国家居类产品，因此在很大程度上排除了一些对家居不感兴趣的消费群体，更有利于锁定目标顾客。

步骤4：创建长度不超过 60 个字符的自定义横幅广告（Banner）（如图 10－8 所示）。在创建直播的页面下端还有"Boost your livestream"选项，它允许卖家付费来"增加直播覆盖面"的促销活动。Amazon Live 免费，品牌使用无需支付任何费用。但是，如果希望更多人看到产品的直播，可以选择付费来创建广告。现有 100 美元和 200 美元两档，按 CPM（Cost Per Mille，千人成本）计费，100 美元可以曝光 5 万～8 万次，200 美元大概是 8 万～12 万次的曝光。同时，直播账号的所有 listing 页面都会展示直播链接。另外，广告的类型分为与观看者分享促销信息和显示自定义消息两类。你可以在卖家后台（"广告"—"促

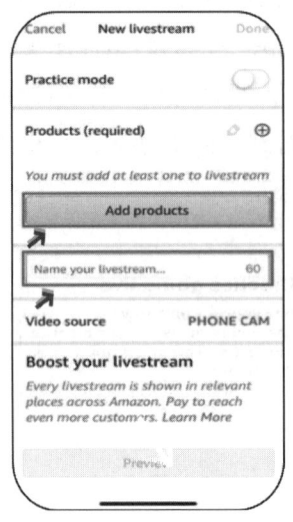

图 10－7　亚马逊直播产品添加及主题设置界面

销"）中找到自己的促销活动，然后在 Amazon Live Creator 应用中输入促销 ID。需要注意的是，促销仅在直播时显示，而横幅在直播开始后无法编辑，你在直播期间可以选择隐藏横幅或取消隐藏横幅。

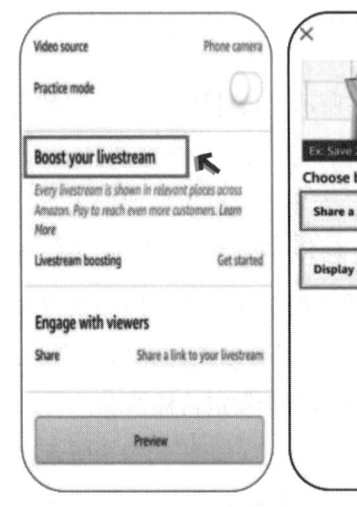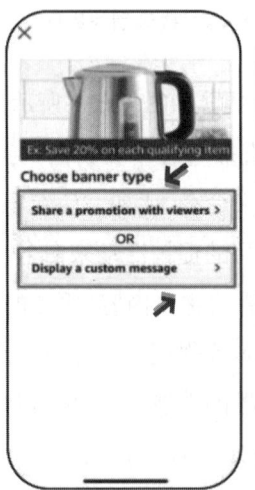

图 10－8　亚马逊直播横幅广告设置界面

步骤 5：设置直播开始时间并分享直播。设置好直播时间后，买家可以知道直播从什么时候开始，粉丝会收到相关的直播提醒，而直播也会出现在 Amazon Live 直播首页的"即将开始的直播（Upcoming Livestreams）"部分（如图 10－9 所示）。为了给买家更好的体验，通常建议在每周固定的时间直播，这样买家可以准时观看直播，并且不错过直播中的优惠。另外，虽然亚马逊没有限制卖家直播的时间，但不同时间段带来的经济效益也有所不同。看过国内平台直播带货的消费者会发现，一般工作日直播，带货主播会选择晚上的时间，就是消费者下班回家并且吃完晚饭之后，剩下的空余时间可以参与直播；而周末直播时间大多会选择在下午时段。

直播时间设置好以后，直播创建完成。为了让更多人看到新创建的直播，可以通过创建直播最初界面中"Boost your livestream"选项下端的"Engage with viewers"选项，将直播链接分享至社交媒体，让更多的观众参与进来。

图 10-9　亚马逊直播界面 Upcoming Livestreams 部分

步骤 6：产品准备，开启直播。当我们的直播分享出去以后，接下来要做的就是准备好直播要展示的产品。为了给买家更好的购物体验，亚马逊要求用实物直播。产品准备还包括产品的直播排序、产品直播的促销活动设置以及直播促销码设置等。如果要使用 OBS 软件进行直播，还需提前设置，待一切准备妥当，预定直播时间开始即可正式直播。亚马逊平台对于直播的卖家有一定程度的流量支持，当直播的观看人数上升时，直播的曝光度会逐渐提高，在这个时候可以推出你的明星产品或主打产品，以增加该产品的销量；一些卖家倾向于在直播一开始先推出一些性价比高的产品，先把人数和流量提升起来，再逐渐推出主打产品。卖家们的推销策略各有不同，如果是首次直播，建议中规中矩按照既定的产品顺序直播，往后的直播可以根据测试统计的数据来调整顺序。

三、亚马逊直播展示位置

当卖家创建好直播并正常开播后，通常消费者可以在哪些地方看到直播，或者说亚马逊直播会在哪些位置给我们带来流量？一般情况下，亚马逊直播的展示位置有以下几类。

（一）Amazon Live 首页

亚马逊直播可能会出现的第一个属示位置是在 Amazon Live 首页。亚马逊上所有的直播都可以在此处找到，无论影响者红人直播还是亚马逊店铺品牌直播。Amazon Live 直播首页除了可以看正在进行的直播以外，还可以查看以往的直播回放以及即将开始的直播,也可以查看自己关注的影响者或者品牌直播。值得关注的是,亚马逊上面显示的观看量属于实时观看人数,而不是国内某些直播平台显示的人次。

(二)产品 listing 主图下方

亚马逊红人直播和亚马逊店铺品牌直播均有机会出现在所播产品详情页面主图下方(如图 10—10 所示),但目前这个位置的展示有一些随机性。直播出现在该页面,一是可以提升该产品流量转化率,二是可以避免竞争对手的直播出现在产品详情页主图下面抢夺流量,三是可以削弱竞争对手在产品详情页面投放 SB、DSP 等广告抢夺流量的影响。

图 10—10　产品 listing 主图下方的直播入口

(三)竞品 listing 主图下方

如果产品得到亚马逊扶持,那么亚马逊红人直播有机会出现在竞争对手产品详情页主图下方。如果直播出现在该位置,可以配合 SB、DSP 等广告最大程度地抢夺竞争对手该产品的流量,同时降低竞品的流量转化率。此消彼长之下,我们的产品相比竞品能够更快地成长起来。能否出现在竞品产品详情页面和产品本身也有关系,亚马逊把优质的产品推荐给买家的原则是不会变的,因此一般情况下,表现越好的产品越有机会获得推荐。

(四)Deal page 页面

如果我们在做 Deal 的时候配合亚马逊红人直播,可以带来更好的效果。能够做 Deal 直播的主播都是亚马逊上的 A-list 主播,他们属于亚马逊最高等级的影响者。Deal 本身会带来更多的流量和转化率,而 A-list 主播可以带来额外流量,同时提升流量转化率。两者相加之下,自然会让 Deal 效果更好。如果 Deal 直播获得亚马逊推荐出现在 Deal 首页顶部,买家进入 Deal 首页第一眼就能看到相关产品,这会进一步放大 Deal 效果。因此,目前 Amazon Live 上 Deal 直播的直播效果是最好的。Deal 页面的直播入口如图 10－11 所示。

图 10－11　DEAL 页面的直播入口

(五)红人店铺页面和品牌旗舰店首页

当影响者通过 Amazon Live 进行亚马逊红人直播时,影响者的粉丝会收到直播通知,同时直播会直接出现在影响者店铺首页。而当直播结束后,直播回放也会保留在影响者店铺首页。当买家进入影响者页面时,可以看到该直播回放。因此,直播回放也能够给亚马逊卖家带来一些价值,包括提升品牌影响力和增加销量。

当亚马逊卖家通过 Amazon Live 进行店铺品牌直播时,直播会出现在卖家品牌旗舰店首页。进入品牌旗舰店首页的买家都可以看到该直播,这有助于提升该品牌旗舰店流量转化率和品牌知名度。如果买家对品牌感兴趣还可以关注该品牌,以后品牌如果进行直播,关注者均会收到直播提醒。直播结束后,直播回放也会保留在该品牌旗舰店首页 24 小时,可以带来持续的好处。图 10－12 为亚马逊红人 Elizabeth 店铺主页直播入口,图 10－13 为亚马逊 EcoFlow 旗舰店店铺直播入口。

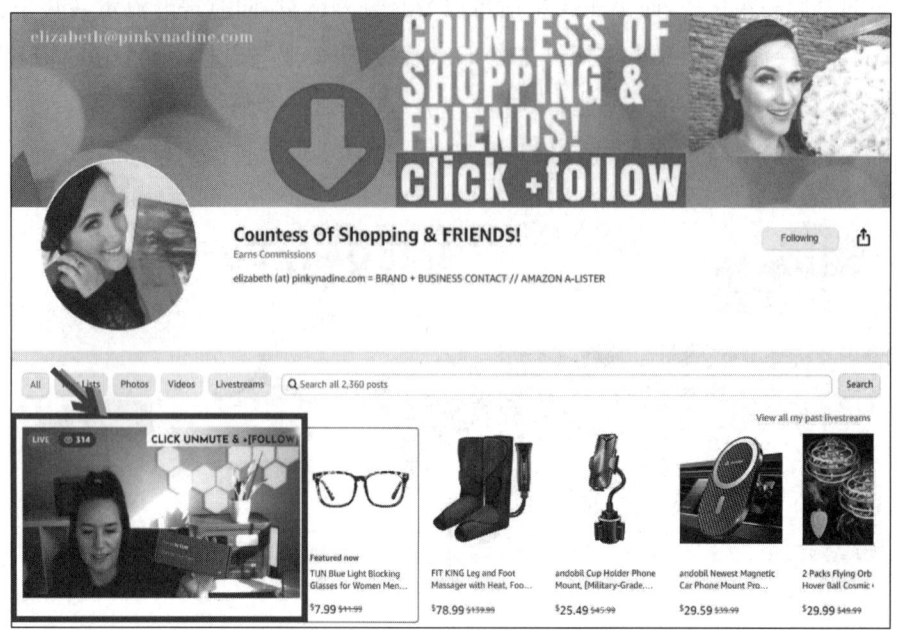

图 10－12　亚马逊红人 Elizabeth 店铺主页直播入口

图 10－13　亚马逊 EcoFlow 旗舰店店铺直播入口

第三节　亚马逊直播小技巧及禁忌

就像其他流媒体播放平台一样，Amazon Live 上也有一套流媒体播放规则。假如你想充分利用 Amazon Live 平台，并从众多用户中脱颖而出，这些规则都是非常有价值的。以下是一些亚马逊直播小技巧和禁忌。

一、亚马逊直播小技巧

（一）直播视频质量和声音的重要性

直播过程中，影像的稳定性非常重要。在练习模式中，可以调试最佳的直播影像位置，建议使用三脚架固定设备，以确保直播过程中直播设备不会随意晃动，给观看者留下专业的印象。另外，考虑到 iPhone 手机摄像头拍摄和显示图片的方式，向观众展示的任何内容都可能出现颠倒的情况，因此，务必通过练习模式检查直播要展示的图片，避免出现上面的问题。

同时，直播过程中的声音传播也是关键的一环。不建议直接通过 iPhone 手机麦克风收音，因为设备自带的麦克风不仅不便于主播移动时的讲解，而且当主播与设备距离超过 1 米时，收音效果会大打折扣。因此，建议购买外置麦克风，以最大限度地提高音质，确保观众能清晰地听到主播的讲解。

（二）直播前的设备调试

(1) 直播前将手机调为飞行模式，以免直播过程中来电和信息影响直播进程。

(2) 确认直播设备接入电源，因为直播是一个时间相对较长的过程。

(3) 确保直播时使用的网络通畅，因为断断续续的直播会流失大量的观看人数。特别是确保直播时使用的 Wi-Fi 没有其他非必要设备连接。直播期间，建议断开除了使用 Amazon Live Creator 应用的设备之外的所有设备，这样做可以确保直播应用获得最大的网络带宽，防止其他设备占用。

(4) 直播期间切勿退出 Amazon Live Creator，这个动作会导致直播结束。请勿在用于拍摄视频的设备上切换不同应用。

（三）合理选择直播的时间

亚马逊对于卖家直播的时间是没有限制的，卖家随时随地都可以直播，但是不同的时间段带来的收益有所不同。一般工作日带货主播会选择晚上的时间直播，就是消费者下班回家并且吃完晚饭之后,而周末大多会选择在下午时段直播。

(四)选择合适的产品直播

亚马逊平台最重要指标之一是转化率,而转化率与营销推广有着非常大的关系,所以很多卖家会针对 listing 做测评。为了提高转化率,卖家可以采取多种策略,如优化 A+页面、产品视频、买家秀、开箱视频等,从而助力产品成为爆款。同样地,亚马逊直播的转化率也跟产品本身有很大关系,因此,并不是任何产品都适合在亚马逊上做直播。以下是一些在 Amazon Live 上做直播的选品建议。

(1)新品不适合做亚马逊红人直播,建议做店铺品牌直播,以提升新品扶持期流量转化率,助力新品成长。亚马逊流量的转化率跟产品本身有很大关系,通常新品的转化率比较低,所以主播不太愿意接。但是直播对新品流量转化有价值,因此建议卖家做亚马逊店铺品牌直播。从投资回报率来看,如果产品多、店铺流量大,卖家可以考虑跟第三方 MCN 机构合作;如果产品少,整体店铺流量不大,建议卖家自己做店铺品牌直播。

(2)根据数据统计和影响者反馈,符合小类 100 名内、日销 100 单的双百产品做亚马逊红人直播效果不错。因为亚马逊只会把它认可的产品推给买家,双百产品已经得到亚马逊认可,更容易获得亚马逊流量扶持,转化率也比较好,主播更愿意带,所以通常建议亚马逊卖家拿双百产品尝试直播。

(3)对于不同品类的产品,如果买方市场越大,则红人直播效果越好,比如常见的纸巾。因为红人直播的流量相对比较杂,所以如果产品买方市场越大,进入直播间的观众中对该产品有需求的人越多。简而言之,越日常的产品,直播效果越好。相反地,如果产品市场需求小,意味着直播间内对产品有需求的人少,直播效果自然不好,因此这个类型的产品建议做店铺品牌直播,抓住店铺精准流量,至于是卖家自己做直播还是跟第三方 MCN 机构合作,要视具体情况而定。

(4)从价格来看,商品价格越低,红人直播效果越好。价格越低,买家的犹豫期越短,下单决策越快;价格越高,买家的犹豫期越长。价格是影响产品转化率的决定性因素之一,同样的产品价格越低,越容易成交。在面对不同价格产品时,买家的犹豫期是完全不一样的,比如去便利店买一瓶水我们不会纠结,但是如果去商场买一台电脑或者一辆车,我们肯定会花很多时间去研究调查。同样地,产品折扣越低,直播效果越好。因此,一般 Deal 直播的效果都还不错。

因为亚马逊直播需要寄送样品,所以如果产品价值很高,匹配的红人多,其实样品成本是非常高的。因此,对于价值高的产品,建议亚马逊卖家做店铺品牌直播,以抓住店铺精准流量。如果产品市场需求不错,并且计划长期持续直播,也可以考虑做红人直播,这样可以摊薄样品成本。

（5）对于相同品类的产品，通常产品本身表现，比如 listing、评分、评论数、首页评论质量等越好，效果越好。买家通常不会选择差评过多的产品。因此，相同品类的产品，产品本身的表现越好，越容易获得买家信任，直播效果越好。

（6）标品如配件类产品涉及型号匹配，不适合做亚马逊红人直播，建议做亚马逊店铺品牌直播。标品因为不具备普适性，比如 5 号螺丝只能配 5 号螺母，不同品牌的汽车配件往往不是通用的，如果做红人直播效果不好，因为有需求的买家通常会搜索相关配件型号去找产品和店铺。因此，这种产品做店铺品牌直播，其直播会更有价值。因为竞争对手都是卖同一个型号的商品，所以直播时详细展示介绍产品、及时解答买家疑问，对于提升购物体验具有极大价值。

（7）成人用品、电子烟、酒精等禁止做亚马逊直播，具体可以参考亚马逊直播相关规则。如果直播违禁品，那么你的直播权限会被亚马逊关闭。

（五）邀请共同主持人

在 Amazon Live 邀请嘉宾合作。多年来，QVC（Quality，Value，Convenience）销售方法的一部分一直是主持人之间的产品讨论——将相同的对话模式引入亚马逊直播中，增强产品介绍的互动效果。

（六）展示评论

亚马逊的优势之一是丰富的用户评论，这可以帮助买家做出合理的决策。在直播时，我们也可以展示所推荐产品的评论。此时，只需在计算机或 iOS 设备上查看并选择我们想要展示的评论，然后使用 Switcher Cast 将这些评论共享到自己的视频流中即可。

（七）做好事前演练

即使是现场直播，也请考虑事前熟悉脚本和做好练习。你可以在镜子前练习，观察自己的言行举止，比如，是否做出任何可能会分散观众注意力的手势，表现是否因不自然而僵硬。避免因为自己没有练习而对产品撒谎或抱怨。同时，也要避免在直播中使用"uh"之类的填充词。这些行为给观众带来的印象是，主播不仅缺乏信心，而且也不了解自己的产品。

（八）添加多种角度

Amazon Live 视频通常都很长，一般 1~2 小时。你可以将直播连接多个 iOS 摄像机，并从多个角度传输画面，用这些角度来强调你讨论的产品。假如想要展示运动装备，你需要调整摄像机角度以获取更宽阔的视野，展示模特或主播穿着运动装备时的面部特写。

二、Amazon Live 上的直播禁忌

（1）把流量留在亚马逊。很多卖家都走品牌路线，做自己的私域流量，但是在亚马逊直

播间，不要试图把客户引流到其他平台，类似于引流到自己的品牌社交媒体账号或者邮件列表，这样做很有可能使你的视频被亚马逊平台删除。

（2）不要讲解没有样品的产品。不要在直播中讲解一些没有样品的产品或者你不了解的产品。亚马逊要求直播时有实物展示，不能只是读 listing 的一些文案，要尽可能地以富有想象力的方式演示在售产品。

（3）不要在直播中展示不相关的产品。给你的直播定一个主题，不要在同一个直播中展示截然不同或不协调的产品，直播的产品需要符合直播主题。

（4）不要在直播下面加过多产品。不要在直播下面的轮播中加入很多产品，但是不去谈论这些产品。

（5）不要夸大促销价格。例如："这个产品在今天之后永远不会有这么低的价格""全网最低价格""无与伦比的价格""市场上最便宜的"等。如果你想强调价格，包括限时低价，信息都必须准确无误。一定要强调这个价格是目前直播的价格，避免消费者之后看回放时因对价格把握不准确而产生抱怨。

（6）不要诽谤以及贬低竞品。在提及竞品比较的时候，必须严格符合客观事实，不要说一些具有诽谤性或贬低其他品牌的话。例如："产品 X 拥有令人难以置信的 8GB 内存，比产品 Y 多 2G"，这个是可以接受的。但是，例如"产品 X 易于使用且看起来很棒；比产品 Y 好得多，Y 是垃圾"，这样的表述是亚马逊不能接受的。

（7）不要选一些不能证实的评论。要是你想在直播中提及一些 listing 的评论，不要选那些不能证实的评论。例如，"这是我最喜欢的使皱纹完全消失的面霜"意味着该产品客观上使皱纹"完全消失"。这是不可证实的声明，因此不要使用这种客户的评论，以防止立场出现漏洞，被消费者诟病或造成信任危机。

（8）尽量不要使用发布时间为一年以上的评论。使用客户评论时，不要使用产品页面超过一年的评论；不要断章取义，修改客户的评论。如果你要用 Amazon Vine 获取客户的评论，必须在直播期间口头提及。

（9）不要要求客户留好评。在直播时，让客户对你的产品发表评论是可以的，但是不能要求客户发表正面评论，也千万不要用好处来诱导正面评论。例如：不能说"如果您喜欢该产品，请留下 5 星评论，我会再给您 5% 的折扣"。

虽然大家不确定亚马逊怎样通过每天直播数千小时的视频来对此进行监管，但是毫无疑问的是亚马逊有办法，所以直播的时候一定要考虑这些注意事项和禁忌。

第四节 亚马逊直播实操补充问答

自从亚马逊开始大量邀请站外优秀红人入驻 Amazon Live 来创作直播内容,并赋予卖家亚马逊直播权限,直播的流量和热度就一直上升。无论是大型还是小型卖家,都把目光投向了亚马逊直播这个新的流量窗口,一些卖家也开始尝试直播,还有很多卖家正在观望。以下是一些亚马逊直播实操相关的补充问答。

一、品牌在亚马逊上直播是否需要付费?

在亚马逊平台上开展实时直播是不收取任何费用的,品牌店铺和红人们可以在 iOS 设备上下载 Amazon Live Creator 应用程序,进而开展免费流媒体直播。如果想要增加直播的推广流量,则需要通过类似 Amazon Live Influencers 的推广应用来扩大宣传的范围。推广直播会让直播显示在 Amazon.com 和亚马逊移动购物 App 应用的不同广告位上(包括商品详情页面)。

二、Amazon 直播商品的顺序重不重要?

重要。根据亚马逊平台的推荐算法和直播特性,商品轮播图中的第一件商品往往能获得更多曝光量。直播之前,可以点击商品选择器旁边的编辑按钮,以更改轮播图中的商品顺序。直播期间,你可以在 Amazon Live Creator 应用中点击任意一件商品,这样它就会在直播中突出显示。然后,该产品将移动到商品轮播图中的第一个广告位。利用此功能,买家能更轻松地了解正在介绍的商品。

三、在 Amazon Live 上直播时长多久合适?

一般来说,每场直播至少要持续 1.5 小时。因为亚马逊的直播时长与 GMV 挂钩,你在平台上直播的时间越长,账号就会不断升级,升级越高,店铺权益越高,如果升到了第 3 等级,你的直播就会被挂在首页展示。

四、为什么直播结束后指标会继续变化?

直播数据分析界面位于 Amazon Live Creator 应用程序的主页上,卖家可以通过该应用了解已有直播的各种指标数据,包括销售量、实时观看次数、未静音的观看次数和产品点击次数,如表 10-1 所示。需要注意的是,某些指标(如销售额)可能需要最多 48 小时才能在 Amazon Live Creator 应用程序中显示。直播结束后,由于亚马逊平台提供了直播回放和相关推荐功能,买家仍能在 Amazon.com/live 等不同位置看到过往的直播内容,并与之互动。因此,即便直播已经结束,相关的直播指标仍可能继续发生变化。如果卖家对直播进行推广,那么买家将有更多的机会在长达 48 小时的时间段内观看直播录像,并与之互动。

表 10—1　　　　　　　　　　　Amazon Live 直播数据指标

衡量指标	指标意义
Impressions 曝光量	直播的展示次数
Total Views 总观看次数	直播视频的去重观看次数,包括直播录像的观看次数;买家要至少能够连续两秒以上看到 50% 的播放内容才能记为一次观看
Unmuted Views 未静音观看次数	未静音情况下的视频观看次数
Average View Duration 平均观看时长	未静音情况下的平均观看时长
Clicks 点击次数	卖家在轮播图中点击商品或者将商品添加到购物车的次数
Click-through Rate 点击率	点击次数除以视频观看次数
Sales 销售额	向观看直播的买家出售的商品总销售额,包括轮播图中的商品购买以及同一品牌的其他商品的购买;买家在观看直播后 14 天内进行的购买被计入在内

五、直播能否回放?

Amazon Live 可以留存直播视频,用户可以在浏览直播频道时,看到之前留存的直播视频。因此,除了直播带来的流量,留存的视频还可以带来不断的流量。此外,直播回放视频中的精彩内容可经二次剪辑后制成短视频,并在亚马逊或其他平台上进行广告投放。

六、是否可以在直播期间使用第二台设备回答聊天、使用促销代码或者轮换产品?

是的。创作者在直播时可以在其他设备上登录自己的品牌账户或网红账户,以便进行聊天管理、审核观众留言、切换促销代码以及突出显示轮播内容。建议安排助播或者助手一起参与直播,他们以次级用户身份登录 Amazon Live Creator 程序进入你的直播间,从而帮助你进行直播控场。如果你选择独自直播,请提前计划如何控制轮播顺序,并适时突出显示重点产品,同时确保能够及时查看并回复聊天消息,以便能够实时与观众互动。

七、是否可以删除观众在观看直播过程中的不当留言消息？

是的。所有创作者都可以在直播时控制自己的聊天留言窗口。在电脑桌面设备上审核观众留言时，请先将鼠标悬停在要审核的消息上，再单击消息旁边的三个点，最后单击"静音用户（Mute User）"或"删除消息（Remove Message）"。"删除消息"功能将删除单个聊天消息。"静音用户"功能将禁止该用户进入你的聊天室，使他们无法再次在该聊天室中发送消息。对于移动设备，请按住要审核的聊天消息，将出现一个菜单，为您提供"审核消息"（删除单个消息）或"静音用户"（禁止用户再次发送消息）的选项。

八、直播结束后是否可以下载直播？

是的。自己的直播可以在结束后下载。点击应用程序的"Streams"部分，然后找到要下载的直播。点击直播，再点击直播详情页右上角的下载图标。视频文件最终会下载到你的设备存储空间，或者下载链接会发送到你的邮箱。

【本章总结】

直播电商，代替了单调的文字描述和图片描述，通过更加直观立体的形式拉近了与消费者的距离。随着国内直播热潮的涌起，国外直播电商也呈现阶梯式发展，很多平台都开通了直播功能，希望通过现场直播的形式来帮助商家提高产品的销量。继 TikTok 之后，2019 年亚马逊也乘着电商直播的浪潮，推出了 Amazon Live。亚马逊直播背靠亚马逊电商平台，用交互的方式，进行产品展示，与屏幕前对某产品有购买意愿的买家互动，让买家对产品有充分的了解，更高效地促进品牌曝光与转化，因而也吸引着众多亚马逊卖家不断尝试。而亚马逊官方也表示将大力扶持直播带货板块，为优质的直播卖家提供巨大的流量入口。

通常而言，亚马逊直播有三种类型：亚马逊官方直播（Amazon Hosts）、亚马逊红人直播（Amazon Influencers）以及亚马逊店铺直播（Brands）。除了亚马逊官方直播制作团队以外，SC 账号卖家和 VC 账号卖家做的直播都属于店铺直播，而亚马逊影响者在自己账户通过 Amazon Live 帮助多个卖家或品牌进行的直播带货属于红人直播。品牌如果想要开拓新渠道，不妨选择适合自己的直播带货方式，为品牌建立更直接与消费者深入互动的新窗口。

为顺利开启亚马逊直播，卖家们需要先登录 Amazon Live Creator 应用，绑定个人账户信息，然后登录到 Amazon Seller Central，并按照应用内说明创建直播，包括直播封面设计、直播产品添加和产品实物准备、自定义横幅广告切入、直播时间设定、直播分享等步骤。如果是初次直播较为生疏,可以在开播前演练,选择运行练习模式稍做预演。当卖家创建好直播并正常开播后,通常消费者可以在 Amazon Live 首页、产品 listing 主图下方、竞品 listing 主图下方、Deal page 页面、红人店铺页面和品牌旗舰店首页等处方便地收看相关直播。总体来讲,无论是哪种类型的亚马逊直播,或者直播出现在哪个位置,长期坚持直播对于引流、提升产品流量转化率都有很大帮助。

此外,就像其他流媒体播放平台一样,Amazon Live 也有一套或正式或非正式的规则。假如你想充分利用 Amazon Live,并在众多的用户中脱颖而出,学习直播小技巧、了解直播禁忌,同时掌握实操经验,是非常有价值的。

【课后思考】

1. 详细介绍目前可以通过 Amazon Live 进行直播的三类群体。
2. 完整观看一场亚马逊直播,并对其中的直播技巧做总结。
3. 如果你的亚马逊直播效果不好,请分析原因。